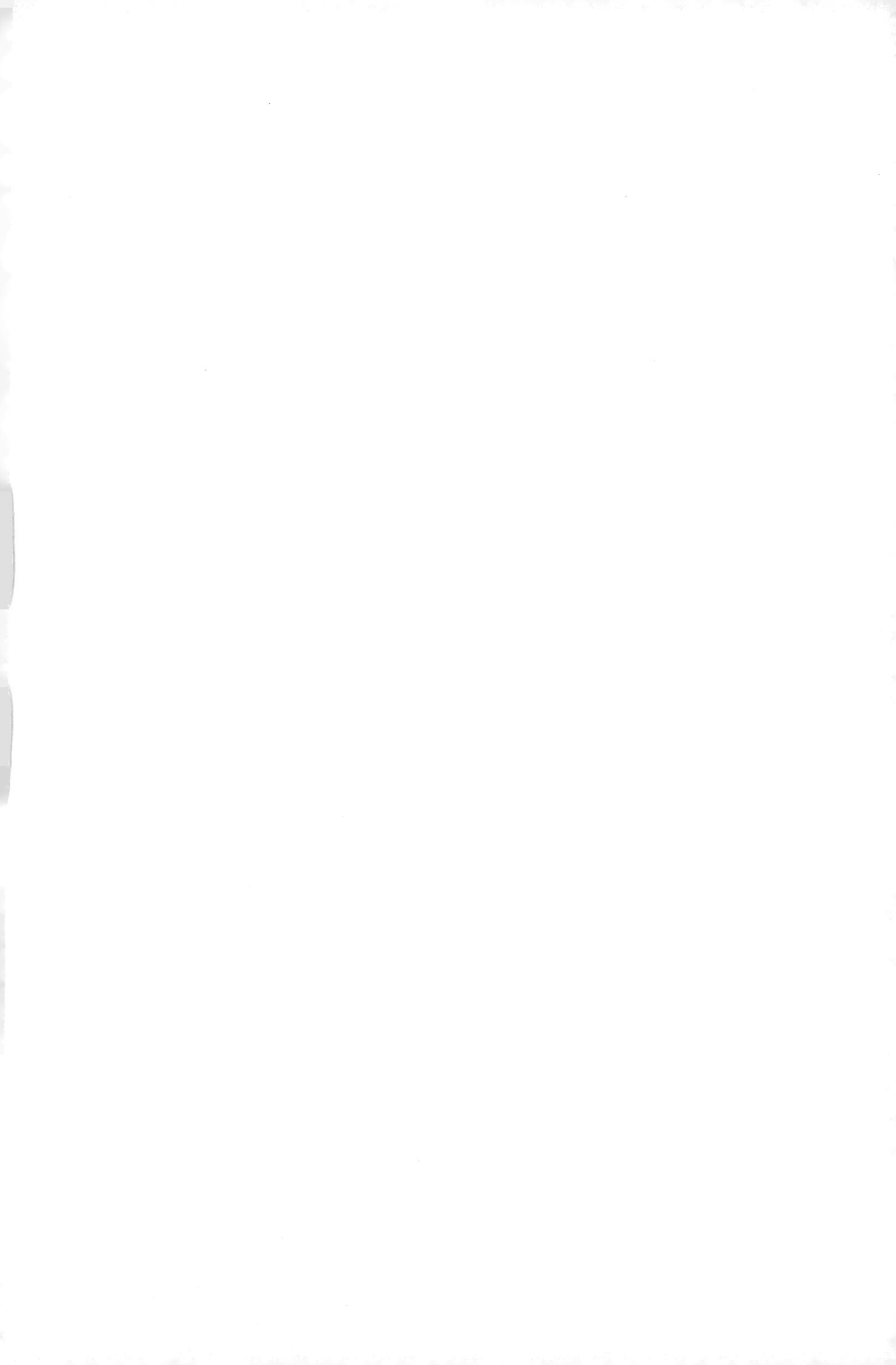

羅振玉 著

羅繼祖 主編　王同策 副主編

管成學　張中澍　陳維禮　黃中業　王同策　羅繼祖 整理

羅振玉學術論著集

第十集／下

車塵稿

車塵稿目録

予自戢影遼東，飾巾待盡。顧卷施不死，胷中尚有未了之事在。乃復奔走道途，不遑安處。每睠懷身世，憂來無端。北門之詩，古今同慨。偶親筆研，閒作小文。日月所積，得八十三首。爰顔之曰「車塵稿」，俾讀吾文者，知垂暮衰翁，尚耗日力於輪鐵螙簡中也。甲戌仲秋，松翁記。

目如下：

〔校記〕

〔一〕此目原列「柳均靈表跋」後，據正文次序改。

車塵稿

古文間存於今隸説

往在海東，撰《殷虚書契考釋》，始知古文有存於今隸中者。老友沈子培尚書曾植詑爲乾嘉以來言小學者所未知，謂予曰：「除《考釋》外尚有幾許？盍盡舉而耑爲一文以説之。」予諾焉。乃二十年來，此約未踐，而尚書墓草已宿矣。兹因暇日，以一夕之力成之，得五十四字，列舉於後。

上，篆文作「丄」。下，篆文作「丅」。古金文作「𠄞」、「𠄟」。上官鐙上作「上」，魚匕及下官鐏，下作「下」，是古文或作「上」、「下」，與今隸正同。此今隸合古文或體者一。

福，篆文从畐，今隸或从畐。考之古金文，諸福字罔不从畐，無从畐者。此今隸或體合古文者二。

皇，篆文从自，古金文皆作「皇」，象日出地上，光輝上出，或變土从王。秦公敦作「皇」，从[illegible]，乃[illegible]之變形，遂與「自」之或體「白」相似。今隸作「皇」，雖已失从[illegible]之象，而尚可見傳變之迹，足正篆文从自之失。此今隸合古文者三。

曾，篆文作「□」，古金文作「□」、「□」，今隸或作「曾」，从田，與古文正合。此今隸或體合古文者四。

牢，篆文作「□」，从冬省。殷虚卜辭作「□」、「□」，从宀，是古文亦从宀；與今隸正合。此今隸合古文者五。

哉，篆文从才。古文「才」作「□」，或作「□」。今隸哉从十，乃古文才。此今隸合古文者六。

周，篆文从□。今隸作「周」，从冃。古金文中，盂鼎、史頌鼎、虢盤、克鼎皆从□，與今隸合。此今隸合古文者七。

古「格至」之「格」作「各」，或作「佫」，後借「格」字爲之。許書有「各」、「格」，而無「佫」，今隸則有之，而已見於師虎𣪕。此今隸合古文者八。

趠，篆文作「□」，趠鼎作「□」，石鼓文「淖」，□姑𣪕「綽」，均从□。今隸卓从十，乃□、□之變，而非甲之古文，尚可見傳變之迹。此今隸合古文者九。

逆，篆文作「□」，从□。殷虚遺文作「□」、「□」、「□」，父丁尊作「□」，宗周鐘作「□」，並从□，即□之變，象倒人形。今隸从屰，尚見由□而變之形；作□，則象形晦矣。此今隸合古文者十。

邊，篆文从𡰪，今隸从臱。盂鼎作「傷」，散盤作「邉」，或下从方，或从方省，並與今隸合。此今隸合古文者十一。

德，篆文从悳，今隸或作「德」，从直。古金文德皆从直，無从悳者。此今隸或體合古文者十二。

遺，篆文从賣，賣从𦣝聲，古文睦。石鼓文遺作「䢖」，曶鼎賣作「賣」，君夫敦價作「儥」，雖有从𡳿、𡳿、屮之殊，而下並从罒，即目字。許書亦云：「𡖼，古文睦。」則下半之囧，乃目之譌變。今隸賣、儥、遺等字並从罒，足訂許書作囧之譌。此今隸合古文者十三。

衛，篆文作「衞」，古金文作「衛」，亦省作「衛」，見司寇良父毁鬲、攸比鼎。今隸或作「衛」，此今隸合古文者十四。

博，篆文从尃，今隸或从專。師寰毁作「𢾅」，不嬰毁之「軙」，毛公鼎、師兑毁等之「轉」，亦均从𠤪。此今隸或體合古文者十五。

對，篆文作「對」，从丵，从口，从寸，或从士，作「對」。許君謂漢文帝以爲責對而爲言，多非誠對，故去其口以从士也。然古金文對皆从丵，或省从丵，無从口者，足訂許君所謂文帝廢口从士之譌，今隸亦作「對」。此今隸合古文者十六。

尃，篆文从甫。王孫鐘、毛公鼎、番生敦並作「𠤪」，从𤰔。今隸作「尃」，或作「専」，此今隸或體合古文者十七。

敁，篆文从攴，今隸或从戈，作「战」。其字見《篇海》，而不見許書。然已見虢叔鐘。肈，篆文从⿰户攴，今隸或从⿰户戈，作「肈」。其字亦不見許書，而已見叔向毁。此今隸合古文者十八。

魯，篆文从白，今隸从日。古金文多从日，或从曰。許書从白，其上之入，乃誤以魚尾形合曰字。又「者」、「智」等字，篆文皆从白，古文亦从日，或从曰，與今隸同。此今隸合古文者十九。

集，篆文作「雧」，从雥，或省作隹。殷契文及毛公鼎已作「集」，與今隸同。此今隸合古文者二十。

兮，篆文从丂。丂，古金文作「丂」，司土司敦「考」字作「丂」，故兮字皆作「兮」。其他金文，考字皆从丂。今隸兮或作「兮」，考或作「考」。此今隸或體合古文者二十一。

于，篆文作「亏」，从丂。古金文中，如盂鼎、静毁、史頌毁、散盤等皆作「于」，與今隸同。此今隸合古文者二十二。

膚，許書作「臚」，从肉、盧聲。籀文作「膚」，與今隸同。然弘尊已有「膚」字，又⿱竹膚鼎之「⿱竹膚」，⿰膚阝侯小子敦之⿰膚阝，並从膚，則膚亦古文。此今隸合古文者二十三。

盨字，許書所無。今隸有之，始見《方言》。然王子申盨已有「盨」字。此今隸中存古文者二十四。

既，篆文从旡，今隸从旡，古金文亦皆从旡。此今隸合古文者二十五。

會，篆文从亼，曾省。今隸或从田，蔡子口匜正作「會」。此今隸或體合古文者二十六。

射，許書从矢，又曰篆文射从寸，與今隸同。然古金文多作「□」，从又持弓，石鼓文亦然。古金文之「□」，篆文多作「□」。今隸作射，誤弓形爲身。雖與許書同，而从寸之射，非篆文，乃古文，則可據古金文知之。此今隸合古文者二十七。

高，篆作「□」。古金文上从□，或作□。今隸或作「高」，與古文同。「亯」、「臯」等字亦同。此今隸或體合古文者二十八。

邦，篆文作「□」，从丰聲，古金文多从□。毛公鼎、子邦父甗、陳侯午段則作「□」，从□，今隸或作「邽」。《史記·孔子弟子傳》有「邽巽」，他書亦作「國巽」，則知「邽」確爲「邦」字。此今隸或體合古文者二十九。

昶，字不見許書，但見徐氏新坿，然已見昶伯匜。此今隸中存古文者三十。

朝，篆文从□，作「□」，今隸作「朝」。古金文皆从□，與今隸同而與篆文異。此今隸中存古文者三十一。

明，許書从囧，作「朙」。又云：古文从日，作明。今考之古金文，或从□，或从□，王孫鐘亦从□，知从囧、从日均古文。今隸作「明」。此今隸合古文者三十二。

克，許書作「□」。又云：古文作「□」，亦作「□」。今隸作「克」，下从儿。曾伯簠作「□」，與今隸同。此今隸合古文者三十三。

穅，許書从禾、从米，庚聲。或省作「康」，今隸作「康」。殷契文及古金文下均从⺌，象秕穅形，與今隸同。此今隸合古文者三十四。

實，篆文从宀，从貫。國差𦉜作實，中从田，隸書别搆亦作實。見《唐蘇瓌碑》。此隸書別搆合古文者三十五。

南，篆作「南」，从宋、羊聲。今隸作「南」，與散盤、無㠱鼎同。此今隸合古文者三十六。

宫，篆文作「宫」，从宀、躳省聲。古金文皆作「宫」，从吕。今隸或作「宫」。此今隸合古文者三十七。

吕，篆文作「吕」，膂骨也，象形。古金文作「吕」，今隸亦或作「吕」。此今隸合古文者三十八。

竂，从穴、尞聲。殷氏注：俗省作寮。按：殷虛遺文及毛公鼎並从宀，非俗省，與今隸同。此今隸合古文者三十九。

愈，《說文》所無，但有「俞」、「愉」。魯伯愈父鬲或作「俞」，或作「愈」。此今隸中存古文者四十。

方，篆文作「方」，古金文皆作「方」，今隸作「方」。此今隸合古文者四十一。

匍，篆文从勹，盂鼎作「匍」，匊番匊生壺作「匊」，均从勹。今隸作「匍」、「匊」。此今隸合古文者四十二。

兕，篆文作「□」。古文从儿，作「兕」。殷虚卜辭作「□」，與今隸同。此今隸合古文者四十三。

涉，《説文》作「𣶒」。篆文从水，作「涉」。石鼓文作「□」，格白段作「□」，並从水。今隸亦作涉。此今隸合古文者四十四。

猷，許書所無，但有「猶」字。毛公鼎、石鼓文均有「猷」。猷、猶殆一字，與今隸同。此今隸中存古文者四十五。

原，《説文》作「厵」，从灥。篆文从泉，作「原」。散盤及雝白原鼎並从泉，今隸亦然。此今隸合古文者四十六。

漁，《説文》作「𤁋」，从𩺰、水。篆文从魚，作「漁」。殷虚卜辭皆作「漁」，今隸亦然。此今隸合古文者四十七。

龍，篆文从肉、□，肉飛之形，童省聲。殷虚卜辭作「□」，从□、□，象龍蜒蜿形。或徑作「□」，省□。龏，鼎作「□」。頌鼎龏亦从□。今隸龏別搆作「龏」，龔別搆作「龔」，均从龍。此今隸別搆合古文者四十八。

妥，見《爾雅》不見許書，然《説文》有「綏」字。妥、綏一字，許書佚妥存綏，殷虚卜辭及古金文均有之。此今隸中存古文者四十九。

戎，篆文从甲，作「□」。今隸作「戎」，與古金文同。十，古文「甲」字。此今隸合古文者五十。

凡，篆作「[illegible]」。許君云：从二、从古文[illegible]，與篆形不相應。散盤作「[illegible]」，與今隸同。頌鼎佩作「[illegible]」，即[illegible]之變。此今隸合古文者五十一。

野，許書从里、予聲。古文野从里省、从林而文作「壄」，與說不同。克鼎作埜，注殆是从里省、謂土字。从林，篆文誤也。今隸野亦別作埜。此今隸別搆與古文合者五十二。

鍾、鐘二字，並見《說文》，一訓酒器，一訓樂器。段氏注：「經傳鐘多作鍾，叚借酒器字。」案：古金文鐘或从童，或从重，殆一字。今隸鐘鼓字，或作鍾，與古金文同，非叚借。此今隸或體合古文者五十三。

《周禮》及《戴記》均有「銘」字而不見許書，徐氏補入新附。考厲氏鐘已有「銘」字，是銘字本古文。此古文之存今隸者五十四。

以上所載五十四文，均今隸上合古文者，又或古文已佚而尚存於今隸者，或今隸或體及別搆中間存古文者。好學深思之士，引申觸類，必有出於予所舉之外者，此姑示其一隅云爾。

順治康熙兩朝會試制度考

我朝鄉、會試取士之制，仿於有明而時有更革，《皇朝文獻通考》具載之。今於內閣大庫得順、康兩朝四科會試硃卷百三十餘册，以證《通考》，知《通考》不免疏誤。因參以《進士題名碑録》及《會典》、《清秘述聞》、《東華録》諸書，作《順治康熙兩朝會試制度考》以補正之，分疏如下：

一、分場及試題。《通考》載順治二年定鄉、會試初場四書三題，五經各四題，士子各占一經。二場論一道，判五道，詔、誥、表、内科一道。三場經、史、時務策五道。十五年，禮部議覆福建道御史趙祥星疏言：「會試第一場四書、五經題目，請欽定密封，送入内簾，刻印頒發。其二、三場題目，仍責令主考官照例擬出。」得旨：「第一場四書題目候朕頒發，餘著考試官照例出題。」《通考》又載康熙二十四年刑科給事中楊爾淑疏言：「試士先以八股，首闈七藝，重在四書。自乙丑科以後，會試及順天鄉試，四書題目俱乞皇上欽定。從之。凡鄉、會試屆期先一日恭請試題，密送内簾考試官，其五經及二、三場，仍令考試官擬出，照例恭進，著爲例。」案：順治十五年已有趙祥星疏，奉旨允行，何以又有此奏？豈順治朝尚未著爲永例耶？十六年，廣頒《孝經衍義》於學宮，命考官二場以《孝經》命題。至康熙二十九年，議准鄉、會試二場《孝經》論題甚少，嗣後考試，將《性理太極圖説》、《通書》、《西銘》、《正蒙》一併命題。五十五年，論題去《孝經》，專用《性理》。康熙二年，停止八股文體，鄉、會試以策、論、表、判取士，分爲二場。第一場試策五道，第二場四書論、經論各一篇，表一道，判五條。直省學政，亦以策論考試生童。《槐廳載筆》引《會典》同。三年，更定科場試題。鄉、會考試自甲辰年爲始，頭場策五道，二場用四書、本經題作論各一篇，三場表一道、判五道。案：《通考》所記，證以諸卷，舛誤者二事：一、《通考》記以《孝經》命題事，列順治十六年之後，十七年之前，且謂因頒《孝經衍義》乃命考官於二場以《孝經》命題。此條初疑爲康熙朝之事，錯列順治朝，然《孝經衍義》以順治十三年勅修，康熙二十一年續輯成書，二十九年刊行，三十年始頒行各行省學宮，無順治十六年已頒行之事。且觀世宗二場廢《性理》命題，仍用《孝經》論，謂：「《孝經》一書與五經並重，蓋孝爲百行之首。我聖祖仁皇帝欽定《孝經衍義》，以闡發至德要道，誠化民成俗之本也。鄉、會試二場向以《孝經》爲論題，後改用《太極圖説》、《通書》、《西銘》、《正蒙》。夫宋儒之書，雖足羽翼經傳，豈若聖言之廣大悉備，今自雍正元年會試爲始，二場命題宜仍用《孝經》。」恭繹此旨，知頒行《孝經衍義》及鄉、會試二場向以《孝經》命題，截然二事。其稱及《衍義》者，蓋述聖祖之重《孝經》，非謂因頒行《衍義》始以《孝經》命題也。至二場以《孝經》命題，考之順治辛丑科，二場論題爲「聖人在上，以仁育萬物」，尚未用《孝經》。至康熙二十四年乙丑科，二場題爲「聖人之教不肅而成」，則已用《孝經》，於時在《衍義》頒前六年。其兼用《性理》書命題，殆如《通考》所記，在康熙二十九年。其去《孝經》專用《性理》諸書，殆在五十五年。至雍正元年，復用《孝經》。是用《孝經》命題，不在順治朝，亦非因頒行《衍義》遂以《孝經》命題，證據確鑿，《通考》之誤至章章矣。至謂康熙二年停止八股，鄉、會試以策、論、表、判取士，分爲二場，三年更定科場試題，自甲辰年始，頭場策五道，二場四書、本經題論，三場表、判，其説尤誤。《通考》又載四年禮部侍郎黄機疏言：「制科取士，皆係三場，先用經書，次用策論。今甲辰科止用策論，減去一場，似太簡易。臣請嗣後復行三場舊制，下部知之。」此條足證甲辰科未嘗有三場，且與前二條並列，實自相矛盾。今再證以《清秘述聞》，康熙二年各省鄉試，實仍試四書文，三年會試始改試策、論、表、判。且考改試策論，僅甲辰、丁未兩科。至八年己酉鄉試，即復試八股文。《槐廳載筆》引《會典》作七年仍復舊制。觀兩科試卷，均但有兩場，并無以表、判爲三場之事。《東華録》載：康熙二年八月癸巳，禮部遵旨議覆鄉、會試停止八股文，改用策、論、表、判，鄉、會兩試頭場策問五篇，二場用四書、本經題作論各一篇，表一篇，判五道，以甲辰科爲始。從之。所記較《通考》爲得其實，然非兩科硃卷具存，固末由斷定之矣。

二、考試官及同考試官。《通考》載：順治三年，定選用考試官例，禮部議會試主考。屆期，禮部開列内院大學士、學士、六部尚書、侍郎、都察院堂官職名，題請簡用，不言其名額。今檢《清秘述聞》，則順、康兩朝人數有二人、四人、六人、七人之殊。順治八科中，考官二人者三科，四人、六人者各二科，七人者一科。康熙二十一科中，二人者三科，四人者十八科，雍正五科中，考官二人者一，三人、四人者各二，亦尚未有定額。至同考試官，《通考》記開科之始，定二十員，後不爲例。内用翰林官十二員，六科官四員，吏部司官一員，禮部司官一員，兵部司官一員，户、刑、工部司官每試輪用一員。今就《清秘述聞》所載會試同考官，順治朝八科中除四年丁亥科爲十七人，《東華録》：康熙四年正月丁卯，允禮部請會試同考官十八人，視《述聞》所載多一人，不可曉，俟考。六年己丑科爲二十一人外，他科皆爲二十人。康熙二十一科中，由三年甲辰至五十二年癸巳，均爲十八人。惟中間十二年癸丑科爲十七人，而五十四年乙未、五十七年戊戌、六十年辛丑三科，每科同考官均至三十二人。雍正元年癸卯科則爲三十七人，又增矣。是考試官、同考試官兩朝均尚無定額。而「同考試官二十人後不爲例」之説，亦未實行，後且大增也。至同考試官資格，就《清秘述聞》所載，知預定各衙門員數，順治朝尚約如規定，然已不免出入。至康熙朝則不符定制處更多，兹列表以明之如左：

〔會試年〕	翰林官	六科	各部司官	總額	備考
順治三年丙戌	十二	四	吏、禮、户、兵各一。	二十	符定制。
四年丁亥	十一	三	吏、刑、兵各一。	十七	翰林、六科、部曹各減一人。
六年己丑	十二	四	吏、禮、兵各一，工二。	廿一	工曹多一人。
九年壬辰	十二	四	吏、禮、兵、刑各一。	二十	符定制。
十二年乙未	十二	四	吏、禮、兵、刑各一。	二十	符定制。
十五年戊戌	十二	四	不用部曹，用庶子、中允、洗馬、司業各一人。	二十	不符定制。
十六年己亥	十二	八		二十	是科不用部曹，六科官多四人，不符定制。
十八年辛丑	十八	二		二十	不用部曹，翰林多六人，六科少二人，不符定制。

續　表

〔會試年〕	翰林官	六科	各部司官	總額	備考
康熙三年甲辰	九	一	兵、户各二,吏、禮、刑、工各一。	十八	自是科後,益不符定制矣。
六年丁未	八	一	户、刑、兵各二,工、吏、禮各一。	十八	
九年庚戌	六	二	户三,兵、刑各二,吏、禮、工各一。	十七	
十二年癸丑	八	二	吏、兵、户各二,刑一。	十七	
十五年丙辰	十一	一	刑、兵各二,吏、禮各一。	十八	
十八年己未	十六		户二。	十八	
廿一年壬戌	九	三	吏、禮、户、刑、兵、工各一。	十八	
廿四年乙丑	十四	一	吏、户、禮各一。	十八	
廿七年戊辰	十七	一		十八	
三十年辛未	七	四	户、刑各二,吏、工、禮各一。	十八	
卅三年甲戌	十	三	户、兵、刑、吏、禮各一。	十八	

續表

〔會試年〕	翰林官	六科	各部司官	總額	備考
卅六年丁丑	十	二	吏、户、禮、兵、刑、工各一。	十八	
卅九年庚辰	十	三	吏二，禮、户、刑各一。	十八	
四十二年癸未	八	三	吏二，户、禮、刑、工各一，内務府一。	十八	内務府官派充同考官，僅此一見。
四十五年丙戌	十二	科、道各一。	吏、户、禮、刑各一。	十八	
四十八年己丑	六		吏、户各三，兵、刑各二，禮、工各一。	十八	
五十一年壬辰	十四	一	吏、户、禮各一。	十八	
五十二年癸巳	十一	一	吏三，户、刑、工各一。	十八	
五十四年乙未	廿一		吏三，户、刑、禮、工各二。	卅二	
五十七年戊戌	廿三	一	吏四，刑三，禮一。	卅二	
六十年辛丑	廿五	科二，道一。	吏、兵各一，户二。	卅二	

綜觀前表，順治八科中，前六科尚符定制，末三科已多不合。至康熙朝與定制不合益多，豈曾有更制之論，《通考》失載歟？

三、分房校閲。《通考》載順治十四年旨：鄉、會主考、同考務要會集一堂校閲試卷，公同商訂，惟才是求，不許立分房名色。康熙五十四年諭：鄉、會試房官若有情弊，主考亦無如之何。今將一房卷令不同省房官二人同閲，如一人有情弊，發覺後二人并坐。雍正元年諭：近科以來皇考於順天鄉試及會試房考官慮其人邪正不一，特命每房各用二人同閲試卷，使之互相覺察，彼此鉗制，用意良爲周密。但法久弊生，一房兩考官豈皆遇秉公持正之人？設有一狡黠者參雜其間，即爲賢者之累。況二人或皆不肖，則朋比作奸，爲弊更甚。嗣後仍著照《科場條例》，各房止用一人校閲，其責既專，其功罪亦難推諉。由此兩諭觀之，知順治朝不許分房。康熙朝令二人同閲，以防流弊，直至雍正朝始照《科場條例》定每房爲一人。今考之四科存卷，知順治十八年辛丑五十五卷中，同考試官六人者三十九卷，四人者九卷，二人者七卷。康熙三年甲辰二十四卷中，同考試官五人者十八卷，四人者五卷，二人者一卷。六年丁未二十五卷中，同考試官五人公薦者二十一卷，四人公薦者三卷。二十四年乙丑二十卷則均同考試官一人閲薦。是兩朝初皆五、六人公薦，惟人數偶有參差。至康熙乙丑則已是一人閲薦，不始於雍正初。然《東華録》載康熙六十年三月庚午諭：「大學士等會試中式卷内，每房原派同考官二員。今卷面上止有一人印記，或係一人獨閲，或係二人同閲，是何情由？該部嚴察以聞。」是聖祖末年，尚諄諄於二人同閲，以防流弊爲言，則乙丑科一人閲薦，殆不久仍改爲多人公薦。《通考》失記，故雍正初仍有各房止用一人之諭耶？

四、謄録所官、對讀所官。鄉、會試均有謄録所官、對讀所官，其名額《通考》不載。今觀四科存卷，卷後所載謄録所官均一人，是有定額。對讀所官則每科人數不盡同。順治辛丑、康熙甲辰兩科，均官二人，生一人。丁未科則官四人，生一人。乙丑科則官、生各一人，是名額未有定也。丁未對讀所官四人中，有葉映榴，知其中亦間有名流矣。

五、中式名額。《通考》載順治三年，禮部奏：「今年二月會試天下舉人，其中式名額及内簾考官，均宜增廣其數，以收人才而襄盛治。」得旨：「開科之始，人文宜廣。中式額數准廣至四百名，房考官二十員，後不爲例。」十五年酌減鄉、會中額，會試進士、鄉試舉人，照原額減半，以疏通選法。十八年，定會試視卷數多寡，臨時定額。案：丙戌開科廣額爲四百名，證以《題名碑録》，是科取中三百七十三名。尚有未與殿試者三十名，合四百有三名。次科丁亥減爲二百九十八名。《東華録》載：康熙四年正月丁卯，允禮部請命，會試取中三百名，與《題名碑録》人數不合。然至九年壬辰科，訖十八年辛丑科，每科三百七八九十餘名不等，與首科人數畧同，是「後不爲例」之説，未嘗實行。至十五年戊戌科，中額仍是三百八十二人，亦未照定額減半。直至康熙朝，中額始鋭減，每科大率百數十人至二百人。其多至二百六七十人及以上者，二十一科中才四科耳。《大清會典》、《槐廳載筆》引。《通考》及《東華録》記歷科取中名額，與《題名碑録》多不合。今據《題名碑録》揭兩朝各科中額，而坿注三書異同，爲表如左：

科	額	三書與《題名碑録》異同
順治三年丙戌	三七三	《會典》作「四百」。
四年丁亥	二九八	《會典》及《東華録》作「三百」。
六年己丑	三九五	《會典》作「四百」，《通考》作「二百九十五」。
九年壬辰	三九五	《會典》作「四百」，《東華録》作「三百九十七」。
十二年乙未	三九七	《會典》作「三百五十」，《通考》作「四百四十九」。
十五年戊戌	三八三	《會典》作「四百」，又欽賜殿試一名。《通考》及《東華録》均作「三百四十三」。
十六年己亥	三七八	《會典》作「三百五十名」。
十八年辛丑	三八三	《會典》作「四百」。
康熙三年甲辰	二〇〇	《會典》作「一百五十」，《東華録》作「一百九十九」。
六年丁未	一五三	《會典》作「一百五十」，《東華録》作「一百五十五」。

續表

科	額	三書與《題名碑録》異同
九年庚戌	二九九	《會典》作「三百」，《東華録》作「二百九十二」。
十二年癸丑	一六六	《會典》作「一百五十」。
十五年丙辰	二〇九	《會典》作「一百九十五」。
十八年己未	一五一	《會典》作「一百五十」。
二十一年壬戌	一七九	《會典》作「二百」，《東華録》作「一百七十六」。
二十四年乙丑	一六四	《會典》作「一百五十」，《東華録》作「一百二十一」。
二十七年戊辰	一四六	《會典》作「一百五十」。
三十年辛未	一五七	《會典》作「一百五十」，《東華録》作「一百四十八」。
三十三年甲戌	一六八	《會典》作「一百五十」。
三十六年丁丑	一五〇	《會典》作「一百五十九」。
三十九年庚辰	三〇五	《會典》作「三百」。

續　表

科	額	三書與《題名碑録》異同
四十二年癸未	一六六	《會典》作「一百五十九」，又欽賜殿試三名。
四十五年丙戌	二九〇	《會典》作「三百」。
四十八年己丑	二九二	《會典》作「三百」。
五十一年壬辰	二七七	《會典》同，又欽賜殿試十五名。《東華録》作「一百七十七」。
五十二年癸巳	一九六	《東華録》作「一百四十三」。
五十四年乙未	一九〇	
五十七年戊戌	一六五	《東華録》作「一百七十一」。
六十年辛丑	一六二	《會典》作「一百六十三」，又欽賜殿試二名。

據右表觀之，知兩朝中式名額初無一定。而順治十八年中，開科者八，中額多逾三千。康熙朝則六十年中，開科者二十有一，中額不及四千二百。蓋世祖時，海内甫定，故亟興文教，以綏輯人心。至聖祖時，則治安已久，故循名責實，期無冒濫。兩聖人因時施化，與天地同功矣。

六、會副。丁未科袁時中卷，同考試官五人中有主事蔡、主事俞。考之《清秘述聞》同考官類，蔡爲兵部主事蔡兆豐，字雪餘，江西金谿人，辛丑會副。俞爲禮部主事俞有章，字易庵，浙江會稽人，乙未會副。案：國朝鄉、會試皆有副榜，鄉試副榜二百數十年未嘗廢罷，會試副榜則僅順治一朝有之。《通考》順治元年定取中副榜之制，鄉、會試卷有文理優長，限於額數者取作副榜，與正榜同發。舉人中副榜者，免其廷試，禮部即咨送吏部授職，而不載罷廢在何時。據《東華録》則在康熙二年正月癸巳，足補《通考》之略。會副免廷試，故姓名不見《題名碑》。今順治八科中，姓名可考見者僅蔡俞二人，且知會副官部曹得充同考試官。此亦考國初會試制度者所宜知，故並著之。

遼居雜著乙編序

弱齡志學，不賢識小，囿於訓詁名物者垂三十年。中更世變，翻然知悔，始從事于成己成物之學。聞道苦晚，皓首無成，亦差賢於冥行不返而已。頻年奔走餘閒，結習未忘。間補訂舊著，益以新知，復成書數種。兒輩録付手民爲《遼居雜著乙編》。自時厥後，當不復用力於此。爰志卷端，以訟吾過。癸酉仲夏。

松翁未焚稿序

予年十六，始志於學，雖履境艱屯而志氣彌厲。私意方來歲月且久長，苟不致夭折者，於古人所謂「三不朽」之一，或薄有成就。乃中更國變，轉徙流離，日月逝於上，體皃衰於下，行年已六十有八矣。平昔所懷，百不償一。皓首遯荒，仍終日蜷伏書叢中，與蟫魚同生死而已。閒作小文，不欲再存稿，兒孫輩顧以爲可惜，編成一卷，予署其端曰「未焚稿」。蓋予意虛耗歲月於此，固焚棄不足惜者也。癸酉端陽。

古器物識小録序

我朝國家承平垂三百年，古器日出，故名物之學超越前代。然乾嘉諸儒，大抵偏重文字，古器物無文字者，多不復注意，予恒以爲憾。往備官京師，每流覽都市，見古器無文字人所不注意者，如車馬器之類，見輒購求。復以暇日爲之考訂而筆記之，擬爲《古器物識小録》，先後得數十則。旋經國變，棄置篋中。頃兒子輩撿笥得之，録爲一卷，得八十餘則。近闢洛榛蕪，然古器物出世者日益夥。聞洛中曾出三代古車一，完全無缺。顧土人以其木質已朽，悉剥取其金飾。嘗謂《考工記》車制甚詳，而金工獨不及。若就洛中所出古車一一考其規制，必有可補正乾嘉諸家所説，不僅可知全車之金工已也。自今以往，斯學之前途，當有與出土古器物而日新者，此編不過其濫觴已耳。辛未仲夏。

順康兩朝會試硃卷目録序

内閣大庫所藏會試硃卷凡四科，曰順治辛丑，曰康熙甲辰，曰康熙丁未，曰康熙乙丑。今存辛丑科姓名完具之卷五十五，失姓名者二十八，失姓名且殘損者十三。甲辰科姓名完具者二十四，失姓名者八，失姓名且殘損者二。丁未科姓名完具者二十五，失姓名者十四，失姓名且殘損者五。乙丑科姓名完具者二十二，失姓名者十三，失姓名且殘損者四。合計四科姓名完具之卷百三十有六，失姓名者六十一，失姓名且殘損者二十四。案：《養吉齋叢録》言鄉、會試卷向貯南庫，積久至不可容。嘉慶庚午奏請焚之。則此四科存卷乃嘉慶朝之焚餘，至可珍也。今録姓名具者，並據《進士題名碑録》著其籍里。其有仕履可見者，令長孫繼祖撿記於下。諸卷中有可據以考國初會試制度補正前聞者，别爲《順治康熙兩朝會試制度考》附焉。繕録既完，爰弁語於簡首。

武梁祠畫象圖考序代

古昔畫圖，最先施之屋壁，後乃移之縑素。年祀綿遠，遺蹟日湮。居今日欲求漢兩京以前繢畫，以考古宫室衣冠名物制度，不可得也，幸間存之古金石刻。三古物象，畧存於彝器彫文刻鏤中，而宫室、庖厨、輿馬、雜器及人物容飾、冠裳、樂舞、百戲、狩獵之狀，則畧見漢世諸圖象。石刻存於山左者爲多，其著録尤先者，爲《武梁祠圖象》。顧前人但考文字而不及物象。曩聞嘉定瞿木夫先生曾撰《武梁祠石刻畫象考》，苦不獲見。久始得寫本，蓋已成書，未板行也。其書于圖中事實，考之甚詳。于《韓王聶政圖》，考其榜題與圖象不合，謂當是高漸離擊筑事而誤，尤爲精密。

惟説圖中物象不免疏舛：如第一石第二層第一圖，伏戲手持矩，厥狀至明，瞿氏既稱爲如木匠之曲尺，是矣，而説解中又用鄭康成説，謂爲持斗機。第二圖，祝誦氏冠兩歧之冠，而謂爲似散髮無冠。第三圖，神農之冠與祝誦氏畧同，乃亦以爲似蓬首。又神農氏爲力田之狀，故衣而不裳，其衣有下緣，與袴顯判，乃云袴與上衣連而不可辨。第三層第二圖，閔子父之車，瞿氏云有蓋無帷無繫，如今人所用之轍。考古車皆有蓋無帷，惟婦人車始有帷，詩所謂「漸車」者是也，木夫先生未曾説解。第二石第四圖，鍾離春冠形多歧如蓮花，與在前之梁節姑姊之捄者、在後之梁高行冠形並同。殆古者婦人之冠如此，瞿氏乃均謂爲髻鬟。又卷後附圖四十，前石室第六石圖四人發弩，二人以足，二人以手。《漢書·申屠嘉傳》「以材官蹶張」，注：如淳曰：「材官之多力，能脚踏强弩張之，故曰蹶張。律有蹶張士。」師古曰：「今之弩以手張者曰擘張，以足踏者曰蹶張。」圖中所繪二人擘張，二人蹶張，與顔注正合。其第二人手持矢，尤爲發弩之明證。而瞿氏於第一圖云「此戰陳兵亂中拘人之狀，其物似弓而有柄，即所謂桎梏也」，於第三圖言「手擂桎梏之物」，第四圖言「此人手擎物有長柄，似亦兵器，與前桎梏物稍異」，則均不識其物而强爲之説矣。又有圖象可識而瞿氏無説者，如後石室第五石：二人相向，下爲蛇身相糾結，一人手持矩，他一人手持物作「[illegible]」狀，乃規也。中央之「丨」，乃定中心之器。「丿」旁之上向者，乃所以畫圖形之器，安于「丨」上，「一」則能推移伸縮，俾圖形可大可小。其上向之「丨」與「丿」，當爲鋭末，圖則誤作鈍末矣。古規形象久不傳，賴此知之也。

予既以此書壽之黎棗，爰書其得失于簡端。山左古圖象若孝堂諸石刻，雖無文字而可考古名物者，倘有好古如木夫先生者爲之考證，予將繼是編以刊傳之。

滿洲寫真帖序

光緒中葉，吾友湖南博士肇遊禹域，以藤田劒峯博士爲之介，爰訂交於滬江。傾蓋談藝，歡若平生。因偕遊會稽，探禹穴，浮海至四明，訪萬季野、全謝山先生故里，登天一閣觀范氏藏書，臨歧遲廻，不忍去。復南渡漢水，北至燕京。既歸，遺書道游觀所得，且謂此行不獲出山海關一覽明季戰壘與有清興王之迹，以證史事，美猶有憾，期償諸異日。乃後此十年間，果再渡遼，詣興京，謁永陵，弔吴漢槎、楊大瓢謫戍之地。過奉天，徧覽大内法物，啟文溯閣觀《四庫全書》，並影寫五體《清文鑑》，手疏所見秘檔古籍，更影照山川文物以歸。

及宣統初元，君與京都大學諸教授同至春明，觀學部所得敦煌古卷軸，相見益歡。辛亥國變，君與劒峯及狩野君山、桑原隲藏諸博士，富岡君撝講師勸予避地海東，爲卜寓居於京都。

予乃與海甯王忠慤公携家往，君存問備至，與諸博士恒過從，翦燈瀹茗，考古衡今，殆無虚日。暨予將歸國，君復與上野有竹、小川簡齋兩翁謀於吉田山造精舍，俾予講學其中。當時未克副君意，然高誼則不能忘也。

於時君已患膽石病，就醫者受手術，僅乃得痊。復遠航歐洲，徧覽我西陲所出古文物於英法兩京。因是體力漸衰，疾疢時作，而劬學逾壯年。又十餘歲，滿洲建國。君扶病偕兩京諸博士欣然遠來，謀剏滿日文化協會以振興儒術。慨舊日遊觀之地，已非疇昔，故府秘藏，藷落垂盡。因出行笈囊遊所影《滿洲寫真帖》見示，謂返國當精印流傳，以志今昔之感，預屬予爲之序。乃君歸未逾歲，斯願未償而凶問遽至。君既卜葬，其孤遵遺命責前諾，予烏可以辭。

伏念君抱經世之畧，廣學甄微，靡藝不綜，尤精於乙部。交遊徧天下，嗜學問逾飢渴，愛友朋如性命。今文化協會締搆方始，而君遽没東方。學術之不幸，爲何如耶？

予交君垂四十年，久而誼益篤。每念往昔論學儔輩，歐洲則沙畹博士，海東則劒峯、君撝諸君子，國内則王忠慤公、沈乙庵尚書、柯蓼園學士，並與君交善。今先後並作古人，君又繼往。間有存者，亦山川修阻，無復賞析之歡。頹然暮齒，人海寂寥，念天地之無窮，感百年之易盡。異日斯文所寄，逝者不作，來者其誰？序君之書，不覺萬感之交集矣。康德改元秋。

宋玉牒寫本殘葉跋

宋寫本《玉牒》殘葉一紙，高今裁衣尺尺有三分，廣尺五寸六分，硃絲闌。闌内廣尺一寸，高五寸五分半，葉五行，行十四字，蝴蝶裝。其文曰：「士竘三子」，第一行，低一格寫。至「武經郎不微」，二行。至「修武郎不斻」，三行。「不凋」，四行。此三行每行皆低二格。「士峕二子」，五行，低一格寫。至「忠翊郎不殫」，六行。「武經大夫改贈正議大夫不衰」，七行。此二行皆低二格。「士竨三子」，八行，低一格寫。至「左朝請郎不退」，九行。「武德大夫贈武功大」。十行，下缺。此二行皆低二格。

案：内閣大庫所存宋《玉牒》殘本，舊藏學部圖書館，今在北京圖書館。凡二種。據江陰繆太史荃孫所記，一曰「仙源類譜」，前署「少保右丞相提舉編修《玉牒》、提舉修《四朝國史》、提舉修《國朝會要》、提舉詳定三司勅令、衛國公、食邑八千五百户、實食封三千七百户史浩奉勅編修」，款凡二行。勅字以下提行。存太祖位下第六世二卷，卷一及二十二。第七世五卷，卷二及二十二、二十六、三十、四十五，但二十六闕下半卷。太宗位下第六世六卷，卷四及六、二十一、三十九、四十一、五十六，但卷四闕下半卷。第七世十五卷，卷□及二十七、四十四、五十、六十二、九十六、九十八、一百、百十一、百十四、百二十一、百二十五、百三十一、百三十八、百四十，但卷□闕上半，六十二、九十六均闕末葉，百三十八闕後半卷。又零葉一册，不知卷數。一曰「宗藩慶系録」，存太祖位下第六世一卷，卷四。第七世二卷，卷十三、十七。太宗位下第六世一卷，卷二十。第七世八卷，卷十八及十九、二

十三、二十七、二十八、三十、三十四、三十九。魏王位下不叙世數一卷，卷七。第六世四卷，卷二及三、九、十二，但卷九闕末葉。第七世五卷。卷八、二十二、二十三、三十五，又卷三十六存半卷。

此殘葉記士竘、士訔、士竨三人，均太宗第四子商恭靖王元份曾孫仲嘗之子，見《宋史·宗室世系表十四》商王房。士竘第三子「不砊」，《表》誤作「不矻」。元刊本作「砊不」，誤。士訔第二子武經大夫改贈正議大夫不衰，《表》但作「正義不作「議」。大夫」，不著由武經大夫改贈。士竨，《表》誤作「士靖」。士竨三子，而《表》記其子五人，曰左朝請郎不退，曰贈蘄州防禦使不遷，曰不昏，曰不逆，曰從義郎不逾。此殘葉除長子不退外，其次但存「武德大夫贈武功大夫」而名已損，不能據以正《表》之誤，爲可憾也。但士竨三子，《表》乃作五，其誤固顯然無疑矣。此僅一殘葉，已可校正史表誤字三。若北京所存尚四十餘卷，取以比勘，其所得當不可數計。惜燕雲修阻，不得一償此願也。

繆氏記《類譜》及《慶系録》，每半葉均五行。惟《類譜》行十五字，《慶系録》行十九字，此行則十四字，不知爲《類譜》抑《慶系録》，然字數既已稍異，或非一書。《元史》言宋《玉牒》種類至繁，有牒、有籍、有録、有圖、有譜。此究爲何種，不可考矣。予平生所見宋官書寫本，有《宋太宗實録》及《乾象新書》，並此而三，然均爲殘帙。安得海内好古者，取此三書同印行之，豈非藝林盛事乎？爰書以俟之。

明熹宗實録寶訓殘卷跋

《明熹宗實録》殘卷，朱絲闌，端楷書，今存卷十九、三十八至四十五葉。三十一、四至十葉。三十三、四十二至四十七葉。三十七、四至七葉。三十八、三十二、三、六各半葉，三十七全葉。八十四，一至三葉。《寶訓》存卷二、三十九至四十三葉。三、一至九葉。四，二十五、六及四十八葉。共全葉四十九，半葉三。

案：全謝山先生《酌中志跋》謂馮銓惡《天啓實録》害己，遂焚其書。朱竹垞先生《兩朝從信録跋》謂馮氏見天啓四年紀事毀己，遂去其籍，無完書。《滿洲名臣傳》載：順治八年剛林以纂修《明史》，闕天啓四年至七年《實録》，請勅内外各官懸賞購求。《東華録》載順治五年諭：内三院亦言纂修《明史》闕天啓四年、七年《實録》。記事雖略有不同，然謂熹宗朝《實録》無完書則一。此殘葉卷十九及三十一、三十三、三十七、三十八，不知爲何年月，卷八十四爲天啓七年五月。雖斷闕不完，然吉光片羽，亦可寶矣。付裝既竟，爰書簡末，以示方來。

遼金元三史節要滿文譯稿殘卷跋

此稿塗乙甚多，乃譯成後又潤色者。考《太宗皇帝實録》，天聰九年五月己巳，上召集文館諸臣諭之曰：「朕觀漢文史書殊多飾詞，雖全覽無益也。今宜於遼、宋、金、元四《史》内擇其勤於求治而國祚昌隆或所行悖道而統緒廢墜，與夫用兵行師之略以及佐理之忠良、亂國之奸佞有關緊要者，據實彙譯成書，用備觀覽。」又《世祖實録》順治元年三月甲寅，大學士希福等奏言：「先帝特命臣等將遼、金、元三《史》芟削繁冗，惟取其所行善惡得失及征伐畋獵之事，譯以滿語，繕寫成書。臣等將《遼史》高祖至西遼耶律大石末年，凡十四帝共三百七年，金凡九帝共一百一十九年，元凡十四帝共一百六十二年，詳録其有裨益者，始於崇德元年五月，竣於崇德四年六月，今敬繕成書以進。」奏入，上展閲再四。命賞大學士希福鞍馬一匹、銀四十兩，學士胡丘、察不害、王文奎各馬一匹、銀三十兩。四年正月戊辰，賞譯《遼》、《金》、《元史》蒙古侍讀杜雷、塞稜等各馬一匹、銀三十兩。據此知此書雖以崇德四年六月譯竣，乃越四年始繕寫進呈。又知總裁爲希福，分纂譯者爲胡丘、察不害、王文奎、杜雷、塞稜諸人也。《世祖實録》又載順治三年十二月壬辰，頒賜諸王以下，甲喇章京理事官以上滿文遼、金、元三《史》。則此書似已經刊行，故以頒賜臣下也。又大庫所存殘卷，尚有宋、明兩《史》殘稿。《宋史》之譯，已見《太宗實録》，特並未與《遼》、《金》、《元》譯本同頒行。至繙譯《明史》，則未見記載。且國初時尚未奉勅編纂，疑是據《實録》繙譯者也。書以俟考。

滿洲實録圖跋

此圖八册，藏奉天大内。每册前後有「乾隆御覽之寶」及「古希天子」圓璽，册末載高宗皇帝題詩，並注稱：《實録》八册，乃國家盛京時舊本，敬貯乾清宫。恐子孫不能盡見，因命依式重繪二本。一本貯上書房，一本恭送盛京尊藏，傳之奕世。恭繹詩注，知此本爲據舊本重繪。其原本藏乾清宫者，今不知尚無恙否也。考《太祖實録》初刱于太宗朝，《國朝宫史》及《皇朝文獻通考》均謂崇德元年十一月勑撰。《宫史》不載撰人名，《通考》謂是希福、剛林。厥後，康熙二十一年重修，雍正十二年再修。今大庫尚存初修稿本殘卷，與此相校，一一吻合，惟地名、人名不同。知此即希、剛二公初奉勑撰本，至地名、人名則乾隆間重繪圖時所改訂也。又考《太宗實録》載天聰九年八月乙酉，畫匠張倫、張應魁恭畫《太祖實録》圖成賞倫人户一、牛一頭，應魁人户一，是舊圖成於張倫及張應魁之手。又載崇德元年十一月，太祖武皇帝、孝慈武皇后《實録》告成進呈，命禮部官設宴于内國史院。宴畢，賜國史院大學士希福、剛林各雕鞍良馬一匹、銀五十兩，諸學士銀兩有差。《宫史》、《通考》乃誤以書成恭進年月爲勑撰之年。二張畫圖於天聰九年告成，必稿本已具乃能據以作圖，則勑撰之年必在九年以前可知也。又知當時《太祖實録》外尚有《孝慈武皇后實録》，不知内府尚存當時進本否？其名不載《宫史》諸書，殆入關以後因歷代無皇后實録，遂尊藏不復著録歟？此書《奉天通志》館曾付影印，惟原本係滿、蒙、漢三體文，乃影印時將滿、蒙文除去，重録漢文。異日當再付精印，一仍舊式，並謹考源流，恭爲之跋以俟之。

又謹案：《皇朝開國方畧》書成，高宗與諸臣聯句詩注：編纂《方畧》皆本於開國《實録》，蓋崇德元年所輯，文直事核，足資垂信。開國《實録》，係以滿洲、蒙古、漢字三體恭繕，舊藏盛京翔鳳閣，後貯内庫，云云，又爲此書即《武皇帝實録》之確證矣。至《養吉齋餘録》載今乾清宫有尊藏《太宗戰圖》八册，太宗殆太祖之譌，並附正之於此。

太祖實録康熙朝重修稿本殘卷跋

我朝《太祖皇帝實録》，一修於崇德元年，重修於康熙二十一年，至雍正十二年復加以校訂，乾隆四年書成，即今皇史宬本也。此爲康熙朝重修稿本。知爲康熙朝者，太祖初謚「承天廣運聖德神武肇紀立極仁孝武皇帝」，康熙元年加謚「承天廣運聖德神功肇紀立極仁孝睿武弘文定業高皇帝」，雍正元年於「仁孝睿武」下又加「端毅」，乾隆元年於「端毅」下加「欽安」。此本標題與康熙元年加謚同，而無「端毅」、「欽安」字，故知爲康熙朝重修本矣。此重修稿殘本凡三種，爲初修、再修、三修。初修本存七册。首册訖癸未二月。二册起癸未七月，訖甲申九月。兩册間缺五、六兩月。三册起己亥正月，訖庚辰十一月。四册爲天命四年五、六、七月。五册起天命四年八月，訖五年十一月。六册起天命六年正月至十一月。此三册相銜接。七册起天命九年正月，訖十年十一月。第二次稿本存五册。第一册至癸未止，後題署卷一。第二册起甲申正月至乙酉止。此二册相銜接。三册起天命四年二月至年末。四册署卷七，起天命五年至六年六月。此二册相銜接。五册署卷九，起天命九年至十年末。第三次稿存卷一及卷三，首尾完全，其分卷則與皇史宬定本同矣。

《實録》依滿文譯漢，故三稿文句多異同，知其然者，朱竹垞先生《喬侍讀萊墓表》稱「君充《太祖高皇帝實録》纂修官，《實録》以國書譯漢文，文義後先恒齟齬。君能曲暢本旨，一經濡削，語簡而事加詳」，是其證也。三稿文字有詳略，人名、地名、譯音初稿視崇德本已有更訂，而仍舊者十尚二、三。至次三稿，則與定本同者什九。兹略舉初稿有與崇德修本異者，如首册「山之上有潭曰他門」，崇德本作「他們」。定本作「闥門」。「山皆浮石，所傳東方肺色白山，即此是也」，崇德本無「所傳東方肺色白山，即此是也」二句。後此諸本，則全删之。充善生子三，曰石報奇費揚古，崇德本但作「石報奇」。定本作「錫寶奇篇古」。稱寧古塔貝子，崇德本作「王」，定本作「貝」。勒德世庫生子三，次娘費揚古，崇德本作「娘古」。定本作「尼陽古篇古」。略舉數端，以示之例。又太祖初年削平諸部，此本與崇德本並詳載諸部世系。自康熙二次修本，則均削除。但初稿與崇德本譯名異同亦甚多，予異日擬將前後諸本譯名異同，列表以明之。崇德本北京已有印本，而此三次殘稿則人間不得而窺。爰付影印，以存其真。俾異日作表時有所依據，謹書卷末以俟之。

御製欽若曆書跋

此書上編十六卷，下編十卷，鋟刻至精，爲内府刊本無疑。而前無序文及臣工姓名，嗣以内府所刊《歷象考成》校之，則與此書悉合。惟《考成》有表十六卷，而此無之耳。謹案：《曆象考成》，世宗皇帝御製序稱：「皇考聖祖仁皇帝生知好學，天縱多能，萬幾之暇，留心律曆、算法。」又曰：「爰指授莊親王等率同詞臣於大内蒙養齋編纂，每日進呈，親加改正，彙輯成書。」云云。則此編即《歷象考成》之初名，世廟時乃改名《考成》。爰取《考成》内刻本與此相校，知實係一版。惟書題「欽若歷書」挖改爲「歷象考成」，知此書在康熙朝已刻成，及世廟時改名加序，始頒行天下耳。予初得此書，訝《宮史》及《皇朝文獻通考》均不載，甚以爲疑。嗣乃知即《考成》，但《考成》有表而此無之，或原有而此本佚之歟？此事爲考内府刊本者所未知，謹書卷末以志之。

皇輿全覽殘稿跋

我朝康熙十八年聖祖勅撰《皇輿表》，已載《宮史》及《皇朝文獻通考》，而制《皇輿全圖》及《分省圖》則但載《聖訓》中。至《大清一統志》亦聖祖勅撰，乃歷雍正至乾隆初始告成，其始末詳載高宗御製序，初不聞撰《一統志》以前曾撰《皇輿全覽》。乃毘陵陶氏藏《欽定皇輿全覽》内府刊本，存盛京、直隸、山東、山西、陝西凡五省。陶君言此書剞劂至精，前無撰書臣工銜名，不知全書已否告成。舊有首册已失之，似記有撰敘進書表文，然則其爲全書告成審矣。予近得此書雲南省殘稿，加硃、墨、黄三色塗改，凡四册，殆是未定之稿。不知除陶氏所藏外，人間尚有足本流傳否？我朝入關，首以振興文化爲急務，故聖祖朝勅撰之書多有記載所不及者。如此書者，特其一耳。謹書卷末，以告當世之考我朝文化者。

霜柯餘響集跋

《霜柯餘響集》，計十八葉，古近體詩四十六首，不著撰人名氏。書法極精雅，酷肖汪退谷，致妄人於末行加「乙未夏四月秋泉居士汪士鋐」款一行。予以詩中所載事實考之，知爲錢唐符幼魯所撰也。册中往還諸人，有陳玉几、杭堇浦、萬柘坡諸先生，故知爲乾嘉朝人。又有《黄朗亭惠花露酒》詩，末韻有「酒泉如可换，吾欲向錢唐」句注：「此酒惟家鄉有之」。故知其人籍錢唐。又《寫懷》詩云：「粉署慙叨卿尉薦，郎官十載白髭須。簿書但覺如山積，案牘真成信手塗。廷試一回虚應詔，省闈六赴作遺珠。平生不得文章力，敢道聲名爵里無。」注：「詔試宏辭科，余丁内艱不赴。丙午、己酉兩科，薦而未售。」考乾隆元年詞科薦舉，因丁艱未與試者四人，曰金虞，曰嚴遂成，曰符曾，曰楊煜曾。四人中金、符均籍錢唐，惟金乃丁外艱，符乃丁内艱。則此集確爲幼魯先生撰，殆無疑矣。

《掌録》稱符曾字幼魯，監生，以工部侍郎休寧汪公保舉，授七品小京官，在户部監萬安倉。宏詞爲刑部侍郎静海勵公所薦，丁内艱不與試。詩章脱手清便，氣韻尤高，初刻有《賞雨茆屋集》，後居京師刻《春凫小稿》，遊江北有《雪泥紀遊稿》。《鶴徵後録》載：先生號藥林，後官户部郎中，所著尚有

《半春倡和詩》。先生在當時詩名甚盛，陳楞山、沈碻士、杭堇浦、袁簡齋、王蘭泉、胡稚威諸先生並交口稱道。稚威且稱其志清氣和，臨事有守，其賢於世，不徒(江)〔工〕詩。其仕履，蓋由小京官累升主事員外郎，而終於郎中。胡稚威序先生詩稱員外，《隨園詩話》稱符郎中，《蒲褐山房詩話》亦稱其爲户部郎，《杭郡詩輯》同。而近人修《杭州府志》謂官員外郎，《杭郡藝文志》作户部主事，均非舉其最後之官，爲坿正之於此。至先生文學行誼，諸家備載之而不及其書法之工。即以書論，亦當與山舟、山堂諸先生相抗衡，乃世鮮知者。爰著之册尾，以告來兹。

惺齋日課跋

《惺齋日課》二册，繕寫至精。夾板上一題「巖桂芳華」，一題「嶺梅清韻」，均隸書，下署「姪恩謹題」。册内不著撰人姓名，以卷中詩考之，殆高宗皇子也。詩凡六十首，聯句二首，倡和八家。卷中有《次金圃先生觀弈即事，元韻》、《即餞之兩江典試》二律。謝金圃先生以乾隆四十八年癸卯充江蘇學政，則册中諸詩作於乾隆朝，疑是成哲親王所撰。考成哲親王生於乾隆十七年，卒於道光三年，著《聽雨書屋集》、《詒晉齋集》、《倉龍集》。行篋中但有《詒晉齋集》，中有《九日送姪德恩等詣董各莊謁大兄安定親王三兄循郡王五兄純親王墓》詩，是成哲親王有姪恩，與册面題識同。但册中諸詩均不見《詒晉齋集》中，惜篋中無《聽雨書屋》及《倉龍》兩集，不獲一校之耳。

與王倡和者九人，曰汪廷嶼，曰李堯棟，曰平恕，曰汪如洋，曰陸伯焜，曰汪學金，曰姪恩，曰張時風，曰修仁。廷嶼字持齋，乾隆戊辰翰林，官至工部左侍郎。堯棟字雲松，乾隆壬辰翰林，浙江山陰人，官至湖南巡撫。恕字寬夫，浙江山陰人，官至户部左侍郎。如洋乾隆庚子狀元，浙江秀水人。伯焜字重暉，乾隆庚子翰林，江蘇青浦人，官至浙江按察使。學金乾隆辛丑翰林，江蘇鎮洋人，官至庶子。餘三人無考。此册往歲得之春明，檢筒得之，漫記其後，異日當更考之。

明鎮守東江總兵黄龍咨朝鮮國王文跋

右咨文，高今裁衣尺一尺八寸七分，廣三尺五寸，白棉紙書，並年月計之共二十二行。文末題崇禎陸年正月二十七日，上鈐征虜前將軍印，年月後有墨印大「咨」字，方廣三寸五分，下墨書押字如龍形，殆黄帥手署也。咨文乃報告軍情，其大意謂叛將孔有德逃潰奔登州，年前十二月三日被大軍掩擊，殺其渠魁李九成。本年正月二十七日，塘報稱衆賊家眷財物上船待發，將至皮島往朝鮮要糧接應，請加意毖防。又，上年十一月十一日，具咨貴國請借遼船五十號，鳥鎗三百門，擬以截勦，尚無一耗，乞查照原咨，速賜查發云云。

案：據此咨可訂正《明史・黄龍傳》及諸記載之誤者數事。《傳》稱：崇禎四年十月，耿仲裕率部卒假索餉名圍龍署，擁至演武廳，將殺之，諸將救免。未幾，捕斬仲裕，疏請正仲明罪。會孫元化劾龍剋餉致兵譁，帝命充爲事官。至六年春，賊襲旅順，龍禦敗之，斬賊魁李應元，生擒毛承禄、蘇有功、陳光福及其黨高志祥等十六人，獻俘於朝。帝復龍官。叙大捷及復官在六年春，不明記月日。而毛霦《平叛記》則載之甚詳，稱有德襲旅順在六年二月二十二日，至三月十八日敗賊於雙島，擒毛承禄。二十九日追賊至黄骨島，擒蘇有功、李應元等。此咨在六年正月，其所署官銜已作「欽差鎮守東江沿海等處掛征虜前將軍印專理恢勦事務、總兵官後軍都督府僉事」，是龍之復官在六年正月以前，不在六年四月敗賊擒將之後也。至咨文稱「年前十二月初三日，各賊出城困鬬，被我大軍掩擊，殺其渠魁李九成」，《平叛記》記此事則在十一月三日，《山中聞見録》同，誤差一月。咨文又稱本年正月二十七日提塘報稱正月十九日從登州逃出之朱有才説，十八日賊衆家眷財物俱已上船，只待潮長風順開洋，是六年正月孔有德仍在登州。《平叛記》載六年二月十三日孔有德遁去，十六日耿仲明、毛承禄夜遁，與此咨合。而《山中聞見録》則謂孔、耿之遁在五年十二月丙寅，可據此文及《平叛記》正之。至《聞見録》叙龍擒賊將王秉中、毛承禄、陳光福、蘇有功，斬李應元、田良祚事於五年十一月，則又誤之甚矣。《平叛記》又載六年四月十日敗賊於卓山，十三日敗賊於麻坨，謂先是副將周文郁檄朝鮮兵遏賊要路。及是時朝鮮遣雒君興、金自點來會師，而不及龍借船械事，此可補諸書之畧。又《明史·龍傳》載：五年冬，龍遣副將龔正祥率舟師四千，邀賊於廟島，颶風破舟，正祥陷於賊。《平叛記》則載：五年冬十月，龍遣龔正祥守黄城島，兵微船少，又爲颶風所碎。賊突至攻島，正祥被擄。案：據《平叛記》謂由登州出海四十里爲長山島，六十里爲廟島，再東行即黄城、鼉磯二島。正祥兵敗被擄在廟島及黄城島，二説不同，未知孰是，附記之以俟考。

龍鎮東江、守旅順，戰功卓著，賊拘其母、妻以刼之，龍不顧。至六年六月卒因遣師襲遠，旅順空虚，反抗大軍，壯烈以死。其精忠大節，照耀青史。今龍及當時死綏諸將墓尚在黄金山要塞地，予曾往瞻拜，已漸傾圮。其顯忠〔祠〕（詞）亦不知地址所在，但存一碑，今在博物館庭中。異日當勸鄰將修葺遺冢，復顯忠祠以勵忠節，倘亦鄰將所樂許乎？

明封琉球中山王尚豐敕跋

此敕予曩既據以考訂《明史》，惟頗疑此勅既已至琉球，不知何以尚存大庫。頃讀《世祖實録》，載順治十年閏六月戊子，琉球國中山王世子尚質遣使求貢方物兼繳故明敕印，始知此敕乃順治十年該國所繳進，故得在大庫也。今琉球社稷久墟，而此敕尚在人間，閲之令人生弔古之思矣。

天命十一年大貝勒代善等擁戴太宗誓詞跋

此誓詞已載《東華録》，此乃當時漢文初譯本，故文辭樸拙。誓詞凡四段，首爲《太宗對衆貝勒諸台吉誓詞》，次《三貝勒及十一台吉誓辭》，次《三貝勒對衆台吉誓詞》，次《諸台吉對三貝勒誓詞》。

《東華録》則約其文爲《太宗與諸貝勒衆台吉誓詞》各一。

此本文首稱「天聰丙寅九月初一日」，案：丙寅爲天命十一年，明年始改天聰，此作天聰，乃由後追前而誤。又，文中有議將太宗皇帝代君父爲君語，亦爲後來追述，當時但當稱皇帝，則此譯本必在順治朝矣。《東華録》記此事在九月辛未。是月庚午朔，辛未爲二日，與此差一日。然《録》稱九月朔行即位禮，不容設誓在翌日，當以此爲得也。

文中諸貝勒台吉譯名，與後來譯名多不合。《東華録》之「代善」，此作「代散」，「莽古爾泰」作「莽古勒泰」，「德格類」作「唐來」，「濟爾哈朗」作「濟爾哈郎」，「阿濟格」作「阿濟哥」，「阿哥多爾袞」作「多爾坤」，「多鐸」作「多多」，「杜度」作「都都」，「岳託」作「卓它」，「碩託」作「所它」，「薩哈廉」作「薩哈亮」。又，文中「削奪皇考所與户口」，此作「收取父所授之諸申」。《太宗實録》《採要》本。天聰九年九月庚寅諭曰：「我國屬有滿洲、哈達、吴喇、葉赫、輝發等名，乃無知之人往往稱爲『諸申』。夫諸申之號，乃席北超墨爾根之裔，實與我國無涉。自今以後，一切人等止許用我國滿洲原名。」又辛丑諭衆於朝曰：「國名稱爲滿洲，其各旗貝勒所屬人員稱爲某旗貝勒諸申」，諸申之義正爲户口，然厥初則爲族姓也。國初譯名先後往往不同，意當時但用國書，入關後始譯以漢文。嘗見順治十年鄭親王奏，署名作「紀而哈朗」，又與此不合。

崇德四年禁丹白桂示跋

此示以高麗紙印之，用滿漢兩體書，後署崇德四年六月二十六日，上鈐滿文硃印。其文曰：「户部示諭官民人等知悉：照得丹白桂一事，不許栽種，不許吃賣。本部禁革不啻再三，近日王府貝勒貝子等俱已禁止。間有梗法愚民，竟不遵守，仍舊栽種吃賣。豈不想從前無丹白桂時，亦何損於人？自今以後，務要盡革。若復抗違，被人捉獲，定以賊盜論，枷號捌日，遊示捌門，除鞭撻穿耳外，仍罰銀玖兩，賞給捉獲之人。倘有先見者徇情不捉，被後人捉獲，定將先見者併犯者一例問罪。若有栽種丹白桂者，該管牛禄章京及封得撥什庫縱不知情，亦必問以應得之罪。其在地撥什庫打五十鞭。有奴僕出首主人，果係情真，首者斷出。仰各固山、每牛禄照此謄寫行該地方，務使通知，特示。」云云。

案：丹白桂即烟草，方氏《物理小識》：烟草，萬曆末有携至漳泉者，馬氏造之曰「淡肉果」，漸傳至九邊，崇禎時嚴禁之不止。崇德四年值崇禎十二年，是當時關内外並禁之也。又姚旅《露書》：烟草産吕宋，本名淡巴菰。劉廷璣《在園雜志》：淡巴菰，産吕宋。關外人相傳，本於高麗國。厲樊榭《咏烟草天香詞序》：烟草出於明季，自閩海外之吕宋國移種中土，名淡巴菰，又名金絲薰。張蒿庵爾岐《詠烟詩》：「福建競誇干拔龜，金絲近日重高麗。」是烟草在閩者傳自吕宋，在關外則傳自高麗。曰丹白桂，曰淡肉果，曰淡巴菰，曰干拔龜，皆同名而異譯。而丹白桂之名，則僅見之此示也。

《三朝實録採要》載天聰八年十二月甲辰，上謂和碩薩哈廉貝勒曰：「聞有不遵烟禁猶自擅用者。」薩哈廉對曰：「臣父大貝勒曾言：所以禁衆人不禁諸貝勒者，或以我用烟故耳。若欲禁止用烟，當自臣等諸貝勒始。」上曰：「不然。諸貝勒雖用，小民豈可效之？如諸貝勒服用貂鼠、猞狸猻、閃緞、蟒緞、金銀等物，庶民豈得效之乎？朕所以禁止用烟者，或窮乏之家，其僕從皆赤體無衣，猶買烟自用，故禁之耳。」又崇德六年二月戊申諭户部曰：「前所定禁烟之令，其種者與用者俱經屢行申飭矣。近見大臣等猶然用之，以致小民效尤不止，故行開禁。凡用烟者，惟許各人自種而用之，若出邊貨賣者處死。」據此知烟禁始天聰八年，惟但禁庶民。至是年遂併諸王貝子、貝勒亦禁之。六年，又以禁令不行而弛禁。入關以後，則不但種食不禁，殆出邊貨賣亦不禁矣。

順治元年攝政王安民令旨跋

此令旨乃刊刻告布京外者，以黄紙印刷，四周加龍邊，首書「大清國攝王令旨，諭官吏軍民人等知道」，末署「順治元年七月初八日」。《東華録》亦全載其文，惟字句間有異同，而文末「有負朝廷惠養元元至意」句下，此有「庶幾政平訟理，家給人足，四方風動，用慰予心，特諭」諸句，《録》則無之。又，《東華録》記此事於七月壬寅。案：是月丙戌朔，壬寅乃十七日，亦未免疏誤，爲舉正之。

鄭親王等議定阿布泰那哈出罪案奏跋

此爲順治十年四月三十日諸王大臣等奉旨飭議定。太祖時，阿布泰、那哈出姊弟謀陷太宗罪案，由叔和碩鄭親王等覆奏，稱：「臣謹遵旨會勘，得太祖時墨勒根王之母及阿布泰夫婦欲陷太宗所行諸惡事，臣等盡知。後太宗皇帝嗣位，不念舊惡，特從赦宥。至太宗升遐，我皇上嗣服，阿布泰夫婦怙惡不悛，仍欲成其前謀，同邵托夫婦、阿打里母子又陰謀作亂，欲遷皇上而立墨勒根王。事覺，邵托夫婦、阿打里母子已經正法，阿布泰夫婦係墨勒根王親舅，事因匿而未發。今依律定罪，阿布泰夫婦兩次犯上作亂，阿布泰之婦年雖七十有餘，罪在滅族，仍擬重辟。阿布泰親生五孫及把言父子瓦因免等八人，俱擬斬。其家産俱應籍没，伏候聖旨。」云云。

謹案：《世祖實録》崇德八年秋八月庚午，大行皇帝賓天，國舅額駙阿布泰原在内大臣列，令出入大内。及值國家有喪，不入内庭，私從和碩豫親王多鐸遊。諸王貝勒、議政大臣等以阿布泰負主恩，無人臣禮，議奪牛彔，除國舅額駙名爲民。但載不入内廷，私從豫親王遊，隱其附逆事。至《太祖實録》載天命十一年八月，上大漸，使人召大福金即墨勒根王母。來。大福金吴喇納喇氏，美豐儀而心未純善，太祖恐其後爲亂於國，預以書諭諸貝勒曰：「我身後必令之殉。」諸貝勒以遺命堅請，乃以身殉。亦但言其恐後爲亂，亦不明記陷太宗事。幸此奏之存，乃得詳其事實。至奏中之邵托，《世祖實録》作「碩託」，「阿打里」作「阿達禮」。《東華録》同。其謀擁立墨勒根王事，《東華録》亦記之，可與此奏相參照。而此奏所載阿布泰妻議罪事，則不載《東華録》，爰録之以補國史闕文。

順治十七年勅臣民捐金修明愍帝陵詔跋

此詔與《御製賜明太監王承恩墓碑》同在一檔，滿漢文俱完，末署「順治十七年」而不記月日。敬繹詔旨，因車駕兩幸昌平，見愍帝陵荒凉庳隘，典物未昭，用是布告方州，令舊日臣民捐金修造。恭讀詔文，有曰：「爾等溯厥源流，夙沐前朝之澤，凡兹臣庶，寧無故主之思？矧愍帝之終，異於往葉，而勸忠之感，當有同心。或籍列薦紳，或齒登編户，恩霑累世，德濊高曾。勿以革故爲嫌，咸致事亡之誼。各隨心力，共佐經營。」聖人如天之度，覆育之仁，至今讀之，令人感泣，不知當日臣庶其感奮應何如也？

謹案：我朝自入關勘亂，於有明崇禎帝及諸帝陵寢，保護至周。恩禮之隆，爲歷代所未有。據《世祖實録》《採要》本。所載甲申五月辛卯，攝政睿親王首爲明帝發喪，諭官民持服，著禮部、太常寺葬以帝禮。己酉，崇禎帝、后及妃袁氏、兩公主並天啟后張氏、萬曆妃劉氏，均一一禮葬，仍造陵墓。六月癸未，遣大學士馮銓祭故明太祖及諸帝陵。案：太祖陵在南京，尚未入版圖，當時得與祭者，殆昌平十三陵耳。十一月甲申，設看守故明十三陵，每陵夫二十四名，田二十二頃，並設太監二名，夫八名，照役給田，仍命户部量給歲時祭品。順治二年十月甲申，工部請以修造崇禎帝陵餘銀更建享殿，從之。三年三月己巳，昌平民王科等七人盜發明陵，事覺棄市。案：當是謀伐而未果，故云事覺。十六年三月丙午，建明崇禎帝陵碑，命大學士金之俊撰文。十月壬申，上駐蹕昌平州，道經明崇禎帝陵，淒然泣下，酹酒於陵前，並閱諸帝陵。甲戌，遣内大臣伯索尼祭崇禎帝，並遣官祭成祖至熹宗諸帝陵，諭工部曰：「前代陵寢，神靈所棲，理應嚴爲防護。朕巡幸畿輔，道經昌平，見明朝諸陵殿宇牆垣傾圮已甚，近陵樹木多被斫伐，向來守護未周，殊不合理。爾部即將殘毁諸處，盡行修葺。見存樹木永禁樵采，添設陵户。」甲申，諭禮部曰：「明崇禎帝勵精圖治，十有七年，宜加謚號，以昭實行，令謚莊烈愍皇帝，爾部即遵諭行。」十七年九月戊寅，上幸昌平州，視故明諸陵，遂駐蹕。此諭不載月日，據此知當在九月以後矣。當時於防護諸陵外，復優卹明宗室。順治元年十一月壬辰，賜明襄陵郡王朱魁圖白金、衣服等物，仍聽其自便。二年四月己丑，賜故明晉王朱審烜銀一千兩，郡王、公主各五百兩。七月壬申，定歲給故明宗室（瞻）〔贍〕養銀兩、地畝。三年正月辛未，定故明宗室卹典，可謂仁至義盡，覆載比隆。恭記於此，以告當世之治明季史事者，俾知我朝之以忠厚開基也。此諭爲《東華録》所不載，疑亦不見《世祖皇帝實録》，異日當至奉天一檢之。

御賜明太監王承恩碑文跋

此碑文曾載《東華録》，在順治十七年十月庚戌。此本記年而不記月日，但云付工部刊刻而已。承恩以寺人從莊烈帝殉國，故世祖皇帝褒卹甚至。《實録》載：順治二年四月甲子，給故明殉難太監王承恩香火地六十畝，聽其從葬故主陵側。十年十月戊子，遣禮部右侍郎高珩諭祭明末殉難諸臣范景文等一十六人，各予謚。承恩謚曰「忠節」。十六年十月壬申，上駐蹕昌平州，遣學士麻勒吉奠承恩墓。十七年七月辛巳，命大學士李霨撰碑。至是復親製此文，以褒忠節、勸後世。聖人維持倫紀之盛意，非第爲承恩一人。然承恩受此殊寵，固無愧色。其視生前食厚禄而死後入貳臣、逆臣傳者，其得失榮辱爲何如？書示後世爲臣子者，其亦於此知所擇耶。

孫廷銓因病乞休呈及太醫院甘結跋

此呈由抱呈家人崔祥呈内三院大人，請援同院大學士成克鞏例，由院咨達吏部，代題懇恩，解任調理。太醫院醫士程儀鳳别具甘結，以證明之。呈與結末並署康熙三年四月。

案：《滿漢名臣傳》稱廷銓於三年十一月以疾乞假歸里，《東華録》亦書廷銓乞假在十一月甲午，與呈不合，不知二者誰得。然《東華録》載十一月丁未，以魏裔介爲秘書院大學士，彼去此代理，應在一月中。豈廷銓以四月乞假，初未之允，至十一月再請乃允耶？至《魏裔介傳》稱康熙三年擢保和殿大學士，則爲内秘書院大學士之譌。國初設内三院，順治十五年改内三院大學士爲内閣大學士，而繫以殿閣之稱。康熙初元復内三院舊制，九年再改爲内閣。裔介以三年拜官，不應有保和殿之稱，爲附正之於此。又觀太醫院醫士甘結，知當時大臣乞病假，須醫士爲之證明。可見當日朝綱嚴肅，記之以示考國初制度者。

蘇禄國進貢表文跋

蘇禄國進貢表文二通：其一通殆以漢字譯蘇禄國語，書黄綾上，文理殊不可通；一紙則以漢文譯義，與尋常表式不異。前題「蘇禄國臣蘇老丹嘛喊味麻安柔律噒」，乃蘇禄國蘇丹名，後署「乾隆十八年七月」。文中述：「臣先祖父於雍正四年、乾隆五年幸邀天寵，敕許入貢。迨臣嗣位，思繼先志，敬遣親臣萬查喇齎奉表章、國土物件。」又云：「臣以區區蕞土，介於强鄰，庸才駑劣，未制頑悍。臣願以疆土、人丁户口編入中國圖籍，庶泰山可壓邱垤，鳳凰必驚燕雀，則三寶顔、干絲仔等得聞風遠避，臣得衽席攸安。」云云。

考《大清會典事例·禮部朝貢》類載：「雍正五年，蘇禄國王母漢末母那拉律林遣正使奉表入貢方物：珍珠、玳瑁、花布、金頭牙薩、白幼洋布、蘇山竹布、燕窩、龍頭花刀、夾花標槍、滿花番刀、藤席、猿凡十有二種。」「乾隆八年，蘇禄國王蘇老丹麻喊味呵稟勝甯遣使進貢方物：珍珠、玳瑁、燕窩、跂踏、牙薩、蘇山竹布、滿花番刀、夾花標槍凡八種。」母漢末母拉律林乃嘛喊味麻安柔嶙之祖，麻喊味呵稟勝甯則其父也。惟表載祖貢在雍正四年，《會典》則作五年；父貢在乾隆五年，《會典》作八年。道光《大清一統志》載：雍正四年，福建巡按奏蘇禄國王母漢末母拉律林遣使航海奉表貢獻方物，五年其貢使至京。是四年貢使至閩，明年乃至京。是表所記，乃遣使之年，《會典》乃記至京之年也。至乾隆五年之貢，則《一統志》亦書於八年，與《會典》同。豈貢使逾二年方至京耶？殊不可解。至十八年之貢，《會典》與《一統志》均書於十九年，殆亦書至京之年。《會典》稱該國王請以户口人丁編入中國圖籍，部議以窮島荒夷，傾心嚮化，則該國王之土地人民即在聖天子統御照臨之内，毋庸復行齎送圖册。《一統志》同，惟不載部議。《一統志》載二十七年復入貢，則《會典》所失載。至嘛喊味麻安柔律嶙之名，《會典》作「麻喊味安柔律璘」，《一統志》作「麻未案柔璘」，乃譯音詳略不同，非有異也。

暹羅國王進方物表跋

暹羅國王鄭華進方物表三通：一在乾隆六十年，其二均在嘉慶元年。一賀高宗歸政，一賀仁宗即位，其品物皆同。惟乾隆六十年貢有公象、母象各一，爲嘉慶貢所無。

案：《大清會典事例》卷五百三十四。均記此三貢，惟於乾隆六十年貢品失書馴象耳。表文後附載貢品，每品皆書内外。如沈香書外二觔，内一觔。《會典事例》謂恭進中宫方物，其數減半。所謂外，指進皇上；内，則進中宫者。《嘉慶重修一統志》卷五百五十二。載暹羅以乾隆四十六年，該國鄭昭立遣使入貢。嘉慶二年，國王鄭華以國慶重釐倍進方物，既失書乾隆六十年例貢，復誤記嘉慶元年兩貢爲二年，今兩表均書嘉慶元年五月初四日，足證《一統志》之誤。至《會典事例》載四十六年貢後尚有五十年、五十五年兩貢，《一統志》亦失書。

乾隆三十三年割辮案跋

此案均記乾隆三十三年江浙、直隸、河南、山東等省妖匪割辮、翦衣襟事，計上諭三通，廷寄四十四通，奏摺二十六通。當時雖捕獲匪徒數人，然卒不得端倪，亦未致發生他變，不過一時驚擾而已。憶光緒四年，江蘇發生割辮事，亦延蔓數省。割辮以外，尚有飛刀，打印，割童男陰莖、童女乳頭及翦雞羽等事。飛刀者，人體忽有刀傷。打印者，人身有紅瘢，若印章所印。然皆役使紙人爲之，人家居室中若置水盂，則紙人即墮水中。當時謡言甚多，謂凡人遭翦髮及經打印、飛刀等，體必潰爛致死，雞翦羽者亦然。並傳避之之術，出入張傘即可免。當時雖傳割陰、截乳，但不數見。惟翦髮者甚多，然閲數月即平息，亦無他異。不知妖匪爲此果何意也。附記於此，以資異聞。

順治辛丑科范澹西先生會試硃卷跋

范澹西先生硃卷三册，皮紙墨闌。第一卷九紙，第二卷七紙，第三卷十紙。後四紙無字，每半頁十一行，首尾完具。往歲得之内閣大庫，首卷前葉面墨書「一百四十二名范鄗鼎」及藍色「同考試官庶吉士翟」、「同考試官庶吉士楊」木記。二行又「第一場春秦伍北」七字，朱記。第二場、三場同，惟作「第二場」、「第三場」爲不同。後半頁墨記二行：首行「考試官大學士衛批」八字，第三行「考試官大學士成批」八字，次行墨書「取」字，第四行墨書「中」字。首場前爲四書藝三篇：首題「知止而後有定，定而後能静，静而後能安，安而後能慮，慮而後能得」；次題「子貢曰：夫子之文章可得而聞也，夫子之言性與天道不可得而聞也」；三題「易其田疇，薄其税斂，民可使富也。食之以時，用之以禮，財不可勝用也」。次經藝四篇：首題「秋七月庚午，宋公、齊侯、衛侯盟于瓦屋。隱公八年。夏，齊侯、衛侯胥命于蒲。桓公三年。會于蕭魚」；襄公十有一年。次題「六月，雨僖公三年。春，西狩獲麟」；哀公十有四年。三題「冬，城防」；惠公十有三年。四題「齊人歸讙及闡」。襄公八年。次場「聖人在上，以仁育萬物」論一篇，謝表一篇，判五道。三場策問五篇。每卷末葉硃書謄録所官及謄録書手名二行，前鈐謄録官關防朱記，次粉紅筆書對讀所官及對讀生員名二行，前鈐對讀官關防朱記，末尾騎縫處鈐彌封官關防朱記，與後來卷式略同。

案：《清秘述聞》順治十八年辛丑會試，正考官成克鞏，副考官衛周祚，同考試官楊爲楊正中，字爾茂，順天通州人，戊戌進士。同考試官翟爲翟世琪。字湛持，山東益都人，己亥進士。所記是科四書藝，首題誤作「知止而後有定」一句，次題落「子貢曰」三字，當據此卷正之。又案：《進士題名碑録》載先生乃康熙丁未三甲一百七名進士，殆先生以辛丑貢士至丁未始補應朝考也。先生爲山右儒宗，不以科名重。然予獨取此卷裝潢藏襲者，俾知士夫之所以圖不朽，固在此不在彼也。

《會典事例》康熙三年，題准《春秋》題目，鄉、會試俱出單題。又，乾隆元年，覆准《春秋》合題甚無當於經藝，嗣後概行停止。《科場條例》康熙九年，題准《春秋》脱母等題俱删去，止以單題、合題酌量均出。乾隆元年，議准《春秋》合題原屬牽强，甚無當於經傳之義，應如所奏，嗣後概行停止。又乾隆七年，監察御史陳大玠奏稱：「《春秋》一經，前有單題，有合題，有比題，有脱母題，自我朝定制，芟其繁雜，鄉、會試以二單題、二雙合題試士。近日停止合題，衹出單題，殊覺太易。請嗣後仍舊上單題、二雙合題，俾士子研精經傳。」大學士會同禮部議駁，謂「該御史因單題太少，欲復合題以難之，是割聖經以從試事也，尤爲非體，毋庸議」。是《春秋》題向有單題、合題、比題、脱母題四種。《養吉齋叢録》七謂：單題者，單傳也。合題者，合兩經爲一題也。脱母題者，題此經而題義則在他經之傳中，即他經與此經俱無關也。此卷《春秋》首二題，殆一合題、一脱母題耶？至比題又不知若何，附記俟考。

順治辛丑科許酉山侍郎會試硃卷〔跋〕

此卷面書「三百四名許三禮」，考官及同考試官並與范滮西先生卷同。亦習《春秋》故經，文題亦同。先生字典三，號酉山，安陽人。先受業於孫夏峯先生，後從黄棃洲先生受《三易洞璣》之學。初知海寧州，有惠政。先後八年，治績甚異。官御史時劾徐乾學，直聲振朝右。仕至兵部侍郎。著書闡道，至老不衰。其事實載《文獻徵存録》及《國朝學案小識》。予所得大庫試卷百餘册，其爲身心性命之學、以斯道爲己任者，滮西先生與先生兩人而已。

順治辛丑科楊於常太僕會試硃卷跋

此卷面書「九十一名楊佐國」，同考試官六人：曰庶吉士趙，曰庶吉士鍾，曰庶吉士周，曰庶吉士李，曰庶吉士王，曰侍讀馮。先生習詩，首場經藝首題爲「彼茁者葭二章」，次題「菁菁者莪，在彼中阿」，三題「昭兹來許」四句，四題「豐年多黍多稌」三句。考之《清秘述聞》，同考試官曰庶吉士趙者，趙之符；字爾合，順天武清人，己亥進士。庶吉士鍾者，鍾朗；字玉行，浙江石門人，己亥進士。庶吉士周者，周訓成；字方更，山西安邑人，己亥進士。庶吉士李者，李天馥；字湘北，河南永城人，戊戌進士。侍讀馮者，馮濟源字胎仙，順天涿州人，乙未進士。也。先生字於常，號荆湖，官至太僕寺少卿。康熙二十八年卒，張京江相國玉書爲撰墓誌銘。

康熙甲辰科熊慰懷司空會試硃卷跋

此卷面署「第六十八名熊一瀟」及藍印「同考試官郎中温」、「同考試官都給事中柯」銜名，二行。陰面「考試官學士王批取」，「考試官侍郎郝批取」，「考試官尚書杜批中」，「考試官大學士李批中」，凡四行，又一行批「平順」二字。首場策問五道，二場「修己以敬」論、「齊人來歸鄆讙龜陰田」論，擬上以太祖高皇帝、太宗文皇帝功德隆盛，加上尊號，禮成，羣臣賀表及判五道。

案：《清秘述聞》康熙三年甲辰科會試，考官爲內閣大學士李霨、户部尚書杜立德、吏部侍郎郝惟訥、內閣學士王清。至卷面之同考試官温，乃刑部郎中温如玉，字公喻，直隸成安人，壬辰進士。都給事中柯，則兵科給事中柯聳也。《皇朝文獻通考》康熙二年停止八股文體，會試以策、論、表、判取士，分爲二場。第一場試策五道，第二場四書論、經論各一篇，表一道，判五道。三年，更定科場試題。鄉、會考試，自甲辰年爲始，頭場策五篇，二場用四書、本經題作論各一篇，三場表一篇，判五道。今以此卷證之，則甲辰會試但分二場，未嘗以表、判列三場。據《通考》則似康熙二年已停止八股，改爲二場。三年，則又復二場爲三場。證以此卷，知不然矣。且據《清秘述聞》康熙二年鄉試並未廢八股文，各省命題仍是四書文三篇。至五年丙午，各省鄉試始改試論文。至康熙八年己酉科鄉試，又復八股文。則廢八股文改策、論、表、判，改三場爲二場，實始於康熙甲辰會試而終於丁未會試。《通考》紀載未詳，實賴此卷證之。《述聞》載是科論題，但載四書論，不載經論，亦賴是知之。司空歷仕，詳見國史本傳。

公本傳載：河道總督靳輔疏請高家堰外增築重隄，東水北出清江，停下河工程。詔以輔疏詢直隸總督于成龍，成龍奏下河宜開不宜停，重隄宜停不宜築。上命一灊偕尚書佛倫會勘，佛倫與一灊以宜從輔議還奏。至是，上允九卿議：停築重隄，開下河，罷靳輔任，佛倫以原品隨旗行走，一灊革職。三十年十一月，輔遺疏稱：「一灊勘河被斥，臣蒙皇上力排衆議，起復原官。一灊等事同一體，懇請矜恤。」詔：「以原官降三級用。」蔣心餘先生撰公墓表載此事，乃云：「往勘淮徐河工，與河臣靳文襄等議論不合，扶病復命，遂解組去。後文襄遺疏薦公，人兩賢之。」記事舛誤，爲附正之於此。

康熙丁未科會試袁向若提學硃卷跋

此卷首葉前面署「第三十九名袁時中」，後有藍印「同考試官主事鄭、主事蔡、主事俞、郎中賈、檢討蔣公薦」，凡七行。「公薦」二字，一字一行。葉陰爲「考試官侍郎馮批取」、「考試官學士劉批取」、「考試官尚書梁批中」、「考試官尚書王批中」，凡四行。又一行批「精到可採」四字。第一場策問五道，第二場「惟天下至誠爲能化」論,「萬邦作孚」論,擬上以白糧改折累民,仍令全運本色,羣臣謝表及判五道。

案:《清秘述聞》是科考官爲户部尚書王宏祚、兵部尚書梁清標、吏部侍郎馮溥、秘書院學士劉芳躅,至同考試官主事鄭乃兵部主事鄭崑璧。字滄庵,山西文水人,戊戌進士。主事蔡乃兵部主事蔡兆豐,字雪餘,江西金谿人,辛丑會副。主事俞乃禮部主事俞有章,字易庵,浙江會稽人,乙未會副。郎中賈乃工部郎中賈雲龍,字震東,山西夏縣人,己卯舉人。檢討蔣乃蔣宏道。字扶之,山西臨汾人,己亥進士。是科仍是第一場試策問,二場試四書、經論、表、判,蓋廢八股文至是科而止。前跋熊一瀟卷,訂《皇朝文獻通考》康熙三年甲辰科更定表、判在三場之誤,今再證以此卷,知改試策、論、表、判,始終但分兩場,未嘗有三場試表、判之事也。時中字向若,號來庵,鄞縣人,仕至貴州提學僉事,見黄棃洲所撰墓誌銘。

康熙乙丑會試蔣文孫制軍硃卷跋

此卷面墨書「第二十名蔣陳錫」,又藍印「同考試官禮部精膳清吏司主事盛閲薦」款。其陰面爲「考試官經筵日講官起居注翰林院掌院學士兼禮部侍郎孫批取」,「考試官經筵講官禮部右侍郎兼翰林院侍讀學士董批取」,「考試官户部右侍郎王批中」,「考試官刑部尚書張批中」款四行。又一行批「思沈力厚」四字。首場試題,四書文爲「顔淵問仁」一節,「仲尼祖述堯舜」全章,「孟子曰聖人百世之師也」一節；經藝爲「采采芣苡，薄言采之」四句，「如山如阜」四句於論「鼓鐘」二句，「莫敢不來享」二句。二場「聖人之教不肅而成」論，擬上面諭南省地方大小諸吏，以變易風俗、崇實務本，必使家給人足，以副老安少懷之至意，羣臣謝表及判五道。三場策五道。

案：《清秘述聞》是科考官爲刑部尚書張士甄、户部侍郎王洪緒、禮部侍郎董訥、掌院學士孫在豐，其同考試官盛則盛符升字誠齋，江南崑山人，甲辰進士。也。順治、康熙兩朝考官人數不定，以二人、四人爲多，亦有三人、六人、七人者。同考試官亦然，往往二人、四人、五人、六人不等，惟乙丑科僅一人閲薦。予所見是科硃卷凡十九人均然，此卷其一也。《清秘述聞》載四書文第三題，脱「孟子曰」三字。《皇朝文獻通考》載康熙二十四年刑科給事中楊爾淑疏請：「自乙丑以後，會試及順天鄉試四書題目俱乞皇上欽定。」從之。云乙丑以後，則是科四書文題尚非出自欽定歟？是卷第二、三場末載謄録所官爲國子監博士孔尚任，謄録所官中乃有名流，他卷所罕見也。陳錫，國史有傳。

康熙四十五年進士登科録跋

内閣大庫藏鄉試録不少，而登科録則罕見。此册前列玉音，次列讀卷官馬齊、席哈納、張玉書等十三人，提調官席爾達等四人，監試官綽奇等四人，受卷官金泰等十人，彌封官殷德納等十二人，收掌官韓奇等十人，印卷官安達禮等四人，供給官哈世譚等十人，填榜官李保臣等十八人銜名。次爲策題。次爲恩榮次第。次一甲三人王雲錦、吕葆中、賈國維對策。末新進士題名，每葉四人，每人名下注籍貫、年歲、生日、三代名及鄉、會試名次。以《進士題名碑》校之，二甲之叢方菡，《碑》作「叢方函」；三甲之何秉忠，《碑》作「陳秉忠」；韓暵，《碑》作「韓叟」。張必新後，《碑》有尚居易，此《録》則無之。此《録》止於汪度弘，《碑》則此後尚有劉嗣因、郝濬，是此録闕末葉。至《碑》與《録》之異同，殆以《録》爲得矣。惟録無尚居易名，則不可解也。是科得人最盛，若喬崇烈、稽曾筠、宫鴻歷、王耆、彭維新、方綮如、陳厚耀，並以文學官績著聞。若吕葆中，則名列逆案。查嗣庭則以文字遺戍者也。又滿洲三甲進士有名騷達子者，命名之奇殊不可曉。

康熙十一年江南鄉試題名録跋

此録宋體字寫本，蝴蝶裝，計試題十一葉，題名四葉。是科首場四書文，首題「子曰：我非生而知之者，好古，敏以求之者也」，次題「成己，仁也」五句，三題「夫君子所過者化」三句。《清秘述聞》首題失書「子曰」二字。首場經文《春秋》四題，曰「冬十有二月，齊侯、鄭伯盟于石門」。隱公三年。夏，齊侯、衛侯胥命于蒲」，桓公三年。曰「秋，宋大水」，莊公十有一年。曰「會于蕭魚」。襄公十有一年。夏，公會齊侯于夾谷」，定公十年。曰「公會吴于橐皋」。哀公十有二年。所謂二單題二合題也。是科中式舉人六十二名，其知名者爲彭定求。《清秘述聞》記是科考官爲刑部員外郎詹惟聖、内閣中書沈允范，則此録所不載，爰附記之。

乾隆戊午科江南鄉試録跋

是科中式舉人一百二十六名，其知名之士曰第二名沈德潛，曰第三十六名邵齊燾。《録》中刻歸愚《春秋》義一、論一、表一、對策五篇。其第十四名爲泰州附生徐述夔，則身後以所著《一柱樓詩集》有悖逆語，歸愚爲作傳，致追削官謚者也。往嘗疑歸愚何以爲徐作傳，今乃知爲以鄉榜同年故矣。是科考官爲陳悳華、許王猷。

乾隆二十五年山東鄉試録跋

是科首場四書藝三題、論一題。二場五經藝各四題，五言八韻律詩一題。三場策問五篇。案：《科場條例》乾隆二十二年准御史袁芳松奏：自乾隆己卯科鄉試爲始，於第二場經文之外試以五言八韻唐律一首。又《皇朝文獻通考》載：二十二年，議准會試第一場四書文外加試《性理》論一篇。核之此《録》悉合。予所藏二十五年《廣西鄉試録》，三十五年《浙江鄉試録》並同。此科所得知名之士，曰孔繼涵，曰顔崇檢。

乾隆五十三年戊辰科山東鄉試録跋

是科首場四書藝三題，五言八韻律詩一首。二場《詩經》藝四題，論一題。三場策問五道。案：《科場條例》乾隆四十七年議准副都御史覺羅巴彦學奏：嗣後鄉、會試將二場排律詩一首移置頭場制藝後，即以頭場之《性理》論移至二場經文後，三場五策照舊舉行。又五十二年，大學士、九卿遵旨議准：鄉、會試二場向用經文四篇、論一篇，伏思士子束髮受書，原應五經全讀，自應於鄉、會試二場酌改每經各出一題。惟士子專習一經，奉行已久，明歲即届，鄉場爲期甚近，若即改用五經考試，或致二場不諳題解。查宋臣朱熹有將各經分年試士之議，應先請仿照其法，自明歲戊申鄉試爲始，鄉、會五科之内，以次考畢五經，即邊省、小省經輪年考試之後，亦俱能誦習五經，曉悉意旨。再於鄉、會試二場裁去論一篇，五經各出一題。此後即作爲定例。奉諭：明歲鄉闈爲期較近，若遽以《易經》命題考試，其向非專經者，或致不諳經旨，難於取中。因思士子以《詩經》爲本經者多所有，明歲戊申鄉試，著先以《詩經》出題，次年會試著用《書經》，俟下次鄉試再用《易經》，以後按照鄉、會科分輪用《禮記》、《春秋》。庶士子得以漸次兼通講求精熟，不致臨時草率應試，云云。徵之此《録》適合。

乾隆六十年乙卯恩科江南鄉試録跋

是科首場四書藝三題，五言八(言)〔韻〕排律一題。二場五經文各一題。三場策問五道。案：《科場條例》乾隆五十八年咨准：查五十二年大學士、九卿議准五經輪試畢後，鄉、會試二場裁去論一篇，五經各出一題，作爲定例等因在案，應再行申明，各省一體，遵照辦理。是二場去論用五經題，自五十九年甲寅恩科各省鄉試起，直至光緒末年止，未嘗改易。是科中式一百二十四名，副榜二十二名。知名者有孫源湘、席世昌、陳詩庭、李林松。予所藏是科尚有《江西鄉試録》。

(徐)〔郤〕王義楚鍴跋

此器光緒閒出江西高安，共三器，一五字，一十字。此器文字獨多，凡三行半，三十有五言。其文曰：「唯正月吉日丁酉，郤王義楚擇余吉金，自作祭鍴，用亯于皇天及我文考，永保台身，子孫寶。」三器中，予往在滬瀆先見五字者於嘉興張大令鳴珂許，其文曰：「義楚之祭耑。」曾手拓其文見贈，且釋其後，因此器有「郤王」字，因考定「義楚」即《春秋·昭公六年》聘楚之「儀楚」。案：大令言至確，王孫鐘「威儀」作「威義」，乃「義楚」即「儀楚」之確證。蓋聘楚時義楚方爲徐公子，逃歸後曾君徐國，而《春秋》失書。此器之作，在聘楚以後君徐之時也。銘文中「台」作「㠯」，齊鞷氏鐘「以孝于台皇祖文考」，其書「台」字正作「以」下「心」，與此同。《釋詁》：「台，我也。」《書·仲虺之誥》：「予恐來世以台爲口實。」「永保台身子孫寶」者，猶言永保予身，子孫永寶矣。五字器中，「耑」字無金旁。此作「鍴」者，因耑以金爲之，故增金，猶銘中「作」字因耑爲酒器，故增酉旁作「酢」也。耑即酒器之「觶」，亡友王忠愍公考之至確。惟傳世之觶，文皆在腹内器底，此則在外側，誠觶中之奇品也。五字一器，今歸廬江劉氏。此及十字器，在建德周氏許，予寓津沽時以厚價讓歸雪堂，命兒子福頤橅拓一本，付之裝池，爰跋語於軸尾以志之。

魯大司徒𠤱跋

此器銘文作「𠤱」而形如豆，非簠簋之簠也。宋《博古圖》十八。載劉公鋪形亦如豆，知豆亦名鋪，其字或作「𠤱」也。

宋公（佐）戈跋

此戈濰縣陳氏簠齋藏。文二行十字，曰：「宋公𢀩之所賠丕易族戈。」案：宋公𢀩即宋元公佐，戈字之「[illegible]」即「左」字。古左字，同敦作「[illegible]」，齊西亭罏「國佐」之「佐」亦作「[illegible]」，佐乃後起之字，初但作「左」。此戈之宋公𢀩，即宋公佐也。古器所著人名見載籍者，此戈以外若攻吴王鑑之「攻吴王夫差」，郾戈之「郾即「燕」。王喜」，齊鐈之「國佐」、秦呂不韋戈及吾家之楚王頵鐘及郘王義楚耑，寥寥數器而已。

魏正始石經尚書堯典殘字跋

往歲得《堯典》古文、篆、隸三體蟬聯書之者殘字凡五行，因得證明以前所出古文居中書，篆、隸二體分注古文下者，爲永嘉之亂後補刻，曾爲之跋，載《遼居乙稿》，其石今已歸山東圖書館。近又見一石，亦該館所藏，尚存字六行。首行存「安允」，三體畧具。欽明文思安安，允恭克讓。次行存「九」字隸書，「族」字，三體具，「九」字古文及篆書。以親九族，九族既睦。三行漫滅，但存「時」字古文。黎民於變時雍。四行亦但存古文「時」字。敬授人時。五行存「中」字古文、篆書。日中星鳥。六行存「交」字古文之半及篆書。蓋亦《堯典》文，與往歲所見同出一石。文前空二行，首行乃經題，次行則篇題也。予近亦從洛估得此石，乃與前石文相銜接，存字六行，漫滅視前石尤甚。首行存「九」字隸書之半，「族」字古文及篆書。以親九族。次行存「雍」字，三體具。黎民於變時雍。三行存「命」字，三體具而大半漫易。分命羲仲。四行存「星」字隸書。日中星鳥。六行但見「平」字隸書之半。平秩南訛。餘俱不可辨，蓋經永嘉王彌、劉曜入洛，焚毁二學，石經刼火，故漫漶若斯也。正始刻石下逮永嘉不過七十年，石已燬壞，今又歷千餘年，顧得出沈埋而登几席，豈非藝林之快事哉？予藏熹平殘石逾百而正始殘石僅此，爰取墨本與山東圖書館殘石合裝，並記其後。

闕特勤碑李文誠公寫定釋文跋

此釋文乃文誠手自校寫，六橋都護三多藏。取校文誠所撰《和林金石録》，已加改正。然尚有未盡勘正者，如文中第三行「武功成於七德」，「七」誤作「一」；六行「曾祖伊地米施匐」，「施」誤作「駝」；七行「北燮眩靁之境」，「燮」誤作「處」；十行「發揮遐壤」，「壤」誤作「軌」，予校定《和林金石録》時，已一一改定。然予所録亦有誤字二：六行「祖骨咄禄頡斤」，「咄」誤作「吐」；末行「七月辛丑朔」，「七」誤作「十」，爲補記於此，所謂目能見千里而不能自見其睫者非耶？又文末署開元二十年七月辛丑朔七日丁未。考玄宗開元十七年初用大衍術，依術推之，是年七月實爲壬寅朔，七日得戊申，碑誤差一日。諸家考是碑者均未語及，並附志之。

安南都護李象古墓誌跋

象古爲曹成王李皋子，事實坿皋傳，稱其「自衡州刺史爲安南都護，元和十四年爲楊清所殺，妻子支黨無噍類焉」。《憲宗紀》亦稱「元和十四年十月壬戌，安南將楊清殺其都護李象古以反」。舊史亦作：「十月丙午朔壬戌，安南軍亂，殺都護李象古並家屬、部曲，千餘人皆遇害。」此《誌》則作「元和十四祀八月十九日，遇部將楊湛清搆亂于軍，郡公之室韋氏洎三男二女，戕於一刻之間，沈於長江之濵」。叙象古之死在八月，「楊清」作「楊湛清」，又詳記其家人被害者妻一、子女各二，均可補正兩《書》。曹成王三子，《傳》稱爲象古、道古、復古，《宗室世系表》之次第則先道古，次象古，次復古，似象古爲道古弟。《誌》稱「公即冥之後，公之令弟金吾將軍道古哀絶人琴」云云，則《傳》叙象古在道古之前爲信，《表》則誤以弟爲兄矣。象古及家人沈尸於江，故《誌》稱「長慶元年十一月九日，嗣子縝虔窆衣冠於洛陽先太師之塋右」。《宗室表》失載象古嗣子縝之名，據《誌》則以道古子嗣，《表》亦漏畧也。撰文人守將作少監太原縣男王仲周。

鄉貢進士李耽墓誌跋

此《誌》爲其兄業撰文，歷叙先世，稱「大唐景皇帝第七子禕，豁達大度，器量恢弘，□元皇帝相埒，封郇王。君諱耽，字遐威，景皇帝七代孫。大父授許州長史，時禄山將强兵圍許州，食竭兵盡，逾月城陷，冒敵而殁，贈太子僕。嗣金吾將軍、壽州刺史、左散騎常侍，著大勳績，不獲大用。妣河内常氏，有子十三人，六人早亡。次兄存穆，佐鄜州，除校書郎，調授興平尉。次兄權，拜涇州節度使。次兄存質，官至御史大夫、汾州長史。次兄業，五秉戎旃，首忝夏臺，轉岐隴，歷太原，移白馬，今秉天平軍節度使。次兄存實，膳部員外郎，楊州左司馬。弟櫝，侍御史。」

案：李耽名見《唐書・宗室世系表》鄅王房。耽祖許州司馬澄真，生壽州團練使文通，破蔡州有功，終遂州刺史。子七，曰監察御史穆，次權，次質，次業，次實，次耽，次櫃。《誌》稱大父許州長史，嗣壽車騎將軍汾州刺史懿。汾州生敏，周開府儀同三司、太子太傅。太傅即公之六代祖。太傅生務，隋唐州刺史。唐州生煥，隋監門兵曹。監門生懷儉，南賔令。南賔生知仁，定王府記室。記室生芬，河南尉。河南生公，公諱均，釋褐調補東郡叅軍，轉授越州司倉、太子通事舍人、溧陽令。滿歲授大理司直、考城令，以大曆九年七月卒。

案：《唐書・宰相世系表》「魯孝公子夷伯展孫無駭生禽，字季」，誤以禽爲無駭子，《元和姓纂》同。據《誌》則禽爲無駭孫也。《表》又稱「景猷，晉侍中。二子：耆、純。耆，太守，號西眷」，而不載純子，與誌載純子道平、道載始分東西眷亦不合。《表》又載「晉太常卿、平陽太守純六世孫懿，後魏車騎大將軍、汾州刺史。生敏，字白澤，隋上大將軍、武德郡公」，而不及敏之子孫，但記敏從祖弟道茂一系。此誌則詳記敏以下六世，足補《表》缺。誌爲李師稷撰，文有「先是，師稷曾王父北海郡守以仲子妻之」，北海郡守謂李邕，均爲邕婿，故師稷撰文款自稱外孫。而《唐書・宰相世系表》列師稷于邕玄孫行，中間誤增一代，亦當據誌正之也。此誌後無銘，故署題稱靈表，分刻兩石，皆左行。《全唐文》不載師稷文，予嘗欲據傳世石刻文字之佳者補唐文佚篇，此其一矣。

隋通事舍人長孫仁墓誌跋

《誌》稱：仁，字安世。曾祖裕，魏武衛大將軍、太常卿、平原侯；祖光，魏左光禄大夫、周勳絳熊三州刺史、平原侯；父熾，隋大理寺卿民部尚書、靖公。仁以開皇十四年詔舉賢良，用釐庶務，應詔被舉，授右領軍府司兵，歷仕太子舍人檢校河南郡陟縣令。隋亡，不仕而卒於唐武德四年七月。案：《唐書・宰相世系表》州刺史，而不著其名。據《表》乃知爲澄真與文通，惟《表》于穆弟六人均不著其官職，《誌》則載之甚詳，且記質之名曰存質，實之名曰存實，與《表》亦異，均當據《誌》正之。

沂州丞縣令賈欽惠墓誌跋

《誌》稱欽惠爲隋太學博士演之曾孫；太學博士、崇文館學士公彦之孫；太學博士、詳正學士玄贊之子；以門户解褐叅汴州軍事，歷相州司户，遷沂州縣令。長子司農主薄怡，次雍縣尉勵言，勵言有子勝。欽惠以開元二載四月四日終於位，云云。案：十餘年前，欽惠之父玄贊誌出中州，記其先世畧同。惟彼《誌》稱演官隋齊王府文學，與此爲異耳。《元和姓纂》不載玄贊子孫，賴此《誌》詳之。文爲蕭穎士撰，《全唐文》載蕭文二十餘篇而無此文。《誌》末有「姪棲□書」款，「棲」下一字存木旁，他半不可辨，書法亦大雅可觀，唐誌之佳者。

騎都尉靖徹墓誌跋

《誌》稱徹字萬通，河南洛陽人，齊靖郭君之苗裔。曾祖珍，隋任吉州刺史；祖康，皇朝任涇州別駕；父倧，皇朝任博州司倉。案：《元和姓纂》稱靖爲齊田氏之族，靖郎君之後。誤「郭」爲「郎」，可據此正之。

曹州考城縣令柳均靈表跋

此誌述柳氏先世甚詳，稱柳氏之先姬姓，出自后稷。至周武克殷，封母弟旦於曲阜，子禽繼焉。降及八葉，生孝公。孝公生公子展，展孫無駭，駭孫禽。禽有純德，爲魯士師，食菜柳下，謚曰惠，厥後因命以氏。自士師至晉黄門侍郎純爲世代。純二子，長曰道年，次曰道載，始分爲東西眷，公系于西眷，至後魏稱稚二子：子裕、子彦。子裕，右武衛將軍、平原公。二子：紹遠；兕，後周絳州刺史、平原公。生熾，隋户部尚書、饒陽公。生安世，而不著官職。《元和姓纂》作「稚生子裕、紹遠」。《魏書》亦稱紹遠爲稚子，《表》以兕與紹遠爲兄弟行，當依《魏書》正之。又《誌》稱子裕名裕無「子」字，與《表》及《姓纂》、《魏書》均不合，則未知孰爲得也。至安世名仁，《表》書其字而《姓纂》又作「熾生代」，避太宗諱改而又奪安字。仁官通事舍人，亦足補《表》之缺。

刑部尚書長孫祥墓誌跋

此誌與其父仁誌同時出土。《誌》稱：詳，曾祖光，周武衛大將軍、勳絳雄三州刺史、平原公；祖熾，隋户部尚書、饒良靖公；父安世，隋通事舍人、陟縣令。案：《元和姓纂》及《唐書·宰相世系表》並稱熾封饒陽公，據《誌》則當作「饒良」非「饒陽」也。而稱其父「安世」而不作「仁」，則與《表》合，殆當時以字行耶？《表》與《姓纂》並稱祥孫孝紀而不及其子名，據《誌》則祥有子光，足補《表》及《姓纂》之缺，但不知孝紀爲光子否耳。

太子詹事源光乘墓誌跋

《誌》稱：光乘先世，隋刑部侍郎之嫡子，諱崑玉，貞觀中爲比部郎中；比部之子諱翁歸，明慶中爲雍州司户；司户之子諱修業，長壽中爲洛州司馬、涇州刺史。府君即涇州第三子。核之《唐書·宰相世系表》，所載世次均合，惟《元和姓纂》崑玉生翁歸，翁歸生循業，循業生光裕、光垂、光賔、光譽，則誤「修業」爲「循業」，「光乘」爲「光垂」，當據此《誌》及《唐表》正之。《誌》稱光乘昆弟七人，並推麟驥，長幼四子，皆謂人賢，而《表》則但載光裕兄弟四人，又不載光乘子之名，據《誌》則稱嗣子左羽林軍倉曹洌、左清道兵曹佋，足補《表》缺，然亦尚佚其二也。至《誌》稱府君元崑光俗，不作光裕，則疑繕寫之譌矣。撰文人柳芳，兩《唐書》均有傳，《全唐文》載其文三篇，得此又增一首矣。

殿中少監苗弘本墓誌跋

《誌》稱：弘本，字天錫。曾大父諱延嗣，登制舉科，官至中書舍人、桂管採訪使；大父諱含液，進士策名，官至尚書祠部員外郎；先考諱稷，官至少府少監，贈工部尚書。尚書既孤，爲從父太師所愛，因命爲己子，故尚書入仕稱宰相子，其甲籍蔭胄遂繼太師，是以公弟兄今稱曾祖殆庶，汝陰郡太守，贈太師；祖晉卿，太保，贈太師焉。案：《唐書·宰相世系表》載稷爲晉卿子，又載稷子詹，字浚源，而不載弘本，别載殆庶弟延嗣中書舍人、太原少尹，子含液，含液子穎。今以《誌》證之，知稷本含液子，以少孤撫于晉卿，非晉卿所生。又含液官尚書祠部員外郎，稷官少府少監，《表》並失書。又弘本子四人，曰知微、九皋、定郎、舶主，亦足補《唐表》所不及。《誌》爲姪集賢直學士恪撰，姪河南縣尉博書。《唐表》載含液玄孫有恪，而不書其官，據《誌》則恪爲弘本姪，乃含液之曾孫，非玄孫，《表》亦誤差一代矣。

尚書兵部侍郎壽春郡公黎幹墓誌跋

幹，兩《唐書》均有傳，以《誌》證之，事實均合。惟《誌》稱幹字貞固，壽春人。高王父瑠瓎，隋戎州刺史；烈考道弘，皇越巂縣令，贈華州刺史，《傳》均不及。又「壽春人」，《傳》作「戎州人」，殆幹之高祖官戎州，遂家於戎，壽春乃其舊貫耶？《舊傳》稱幹以善星緯術數進，《誌》亦稱其天寶中隱于岷山，垂二十年，究極天人，尤覈理術。史稱德宗初即位，幹密居轝中，詒中官劉忠翼。事發，詔與忠翼除名長流。既行，皆賜死於藍田驛。不言罷斥之年及長流何地。《誌》作大曆十四祀，詔徙端州，可補《傳》之略。惟《誌》作以素疾而終，則作文者諱飾，又不如《傳》之得實也。《誌》稱幹子九人，前監察御史烑、河南府士曹燧、成都尉炬、陽翟尉熠、陸渾尉煖、煉、燭、焕、炤等。《元和姓纂》作幹生烑、炬、常、燧、熠、熉，僅烑、炬、燧、熠四人與《誌》同，而遺煖、煉、燭、焕、炤，又别出常與熉，殆字之譌，亦當據《誌》正之也。撰文人殿中侍御史宇文邈，見《唐書・宰相世系表》，官至御史中丞。

鄭當妻王氏夫人墓誌跋

《誌》稱：夫人曾王父諱崟，實亞宗伯；王父諱礎，擁節黔巫；嚴父璠，今連帥浙右。案《唐書・宰相世系表》烏丸王氏：崟，懷州刺史。子楚，黔中觀察使，誤「礎」作「楚」，又不及礎子璠。璠爲浙右連帥，職位非卑卑者，乃亦佚之，知《唐表》之疏誤多矣。

廣平郡太守恒王府長史寇洋墓誌跋

《誌》稱：洋字若水。曾王父諱暹，隋襄國郡守、通城閔公；王父諱志覽，皇歸州刺史；烈考諱思遠，曹州長史、上柱國。案：《元和姓纂》周儀同通城侯勇生迪。迪生志覽，唐洛州功曹、歸州刺史。志覽生恩遠，曹州長史，誤「暹」作「迪」，誤「思遠」作「恩遠」，又失書暹之官職，均當據《誌》補之。《姓纂》又稱恩遠生毗，兵部郎中，而不及洋。

滑州瑶臺觀女冠徐氏墓誌跋

此《誌》前署義成軍節度使、銀青光禄大夫、檢校户部尚書兼滑州刺史、御史大夫李德裕撰文稱：徐氏潤州丹徒縣人，名盼，字正定，疾亟入道，改名天福。大和己酉歲十一月己亥終於滑州官舍，享年二十三。又曰：「長慶壬寅歲，余自御史丞出鎮金陵，徐氏年十六，以才惠歸我，長育二子，勤勞八年。」知徐氏爲衛公姬人，病亟入道，非真女冠也。史稱衛公後房無聲色娱，然此《誌》有「惟爾有絶代之姿，掩於羣萃；有因心之孝，合於禮經」及「殘月映於軒墀，形容如覿；孤鐙臨於帷幄，音響疑聞」語，其鍾於情亦至矣。《誌》又稱：「一子多聞早夭，次子燁將及捧雉，未能服縞。」《唐書·宰相世系表》載衛公子三人，曰椅、渾、燁。椅、渾殆非徐所生耶？此文不見《會昌一品集》。《誌》分書嫻雅，殆亦出衛公手，實出蔡有鄰、韓擇木之上。衛公不僅一時良相，其餘藝亦過人如此，足補前記所不及。

趙郡李燁妻鄭氏墓誌跋

此衛公之子李燁妻鄭氏墓誌。稱：「夫人諱珍，字玄之，以開成庚申歲八月望歸於予家，洎大中乙亥歲五月晦，蓋五百五十二旬也。」文述門閥盛衰及夫人婦德，讀之令人悽感。其稱「予長兄故尚書比部郎鍾念少子曰褎，顧其靡識危慨之際，令予子之。夫人鞠育勤到，至愛由衷，恩過所生」云云，稱長兄尚書比部郎而不書名。據《唐書·宰相世系表》稱德裕子渾，比部員外郎。則燁之長兄比部郎即渾，然《表》列渾於椅之次，而《誌》稱爲長兄，則渾兄椅弟，《表》失其次，於渾下又失書褎也。據《誌》燁有二子，曰莊士，曰莊彥，《表》亦失書。

郴縣尉李燁墓誌跋

《誌》稱：燁字季常，爲衛公第五子，始自浙西廉帥□公商辟從事，授校書郎，俄轉伊闕尉、河南士曹。及衛公平囬紇，拜太尉，特詔授集賢殿校理。大中初，衛公三被讒逐，君亦謫尉蒙山十有餘載。旋大艱，號哭北嚮，請歸護伊洛，會詔許歸葬，君躬護顯考及昆弟亡姊凡六喪，洎僕馭輩有死於海上者，皆輂其柩，悉還親屬之家。今皇帝嗣位之歲，御丹鳳肆赦，詔移郴州，道中得瘴病而卒。

案：燁事，新、舊兩《書》皆附見衛公傳，而記述至簡，故據《誌》存其崖略。嗚呼！衛公三世勳德，其經國大猷，具載史乘。而爲凶讒所閒，竄死南荒，子弟殉之，千載而下，猶令人憤懣不已。而彼蒼生才，乃亦摧酷之至是，則又何耶？《誌》爲從弟濬撰，殆衛公兄德修之子，《唐表》亦失書。

趙郡李氏女墓誌跋

《誌》稱：「小娘子曾祖諱吉甫，門下侍郎、同中書門下平章事，贈太師；祖諱德修，楚州刺史兼御史中丞，贈禮部尚書；考諱從質，度支兩池榷鹽使兼御史中丞。中丞不婚，小娘子生身於清河張氏。」又稱：「女心歸釋氏，情向玄門，以咸通十二年十二月二日遘疾於洛陽履信里第，享年三十有四。」云云。從質不婚而生女，小娘子以歸心釋氏，致三十四而不嫁。吉甫累世清德，乃亦有此，殆唐人之俗習然也。文爲季弟鄉貢進士尚夷撰。《唐書·宰相世系表》不書德修子孫，據《誌》則子從質，孫尚夷。《李燁誌》有從弟濬，與從質殆亦昆季矣。

北海郡守贈秘書監李邕墓誌跋

此誌近出洛陽，取新舊兩《書》本傳校之，互有詳略。《誌》稱天后朝以文召試，拜左拾遺。時廣平公璟爲御史丞，劾易之且撓，公抗音離次，極讜言，軒陛惴恐，太后不能爲辭。遵化之放，布衣孔璋請以身贖，並與兩《傳》同。又稱：「譙王之難，韋后之亂，公之忠力，焜燿今昔。」又「罹禍之後，邊將作亂，故留於鄲東三十里，未及歸葬。先帝克平，幽顯皆復。尚書盧公訟理，追贈秘書監，以大曆三年十一月與夫人温氏同窆」，皆《傳》所略。《傳》但云「後因恩例，得贈秘書監」而已。誌又稱：「公之胤曰穎，曰歧，曰翹。家之竄也，而歧死矣。」《宰相世系表》載邕二子：歧、穎，而誤翹爲穎孫，則當據《誌》正之。至《新書》載邕妻温上書請戍邊自贖，則《誌》之所略也。《誌》述邕之先世，謂烈祖恪隨晉南遷，食邑於江，數百年矣，而《世系表》稱後漢會稽太守高陽侯就徙居江夏，則未知其孰爲得也。撰文人署族子著作郎昂，其名亦不見《世系表》。

江夏李氏室女墓誌跋

《誌》爲女從祖兄鄉貢進士駉撰並書，稱女曾祖暄，皇起居舍人，贈刑部尚書；祖鄆，皇殿中侍御史、東都留守判官；父損，皇宿州蘄縣令。案：《唐書·宰相世系表》載邕從子瑄，起居郎。暄子鄆。誤「暄」爲「瑄」，又不書鄆官職，亦不載鄆子損。《李邕誌》稱楊州長史韋公，遇公從子暄謀葬有闕，以錢二十萬及芻薪之物以備用，字亦作「暄」。《表》書瑄名與邕子同輩行，則暄爲邕猶子，其字實作「暄」，不作「瑄」也。駉之名，《表》亦不及。

侍御史孫虬故室裴氏墓誌跋

《誌》稱：夫人曾王父昱，京兆府高陵令，贈工部尚書；烈祖垍，元和朝宰相；顯考處休，並州掾。案：《唐書·宰相世系表》載：昱，高陵令。生垍，相憲宗。垍生鍠，而不及處休，不知鍠與處休爲一人抑二人耶？

福昌縣丞李君夫人廣平劉氏墓誌跋

《誌》稱：夫人諱媛，字玄真。曾祖令植，皇朝銀青光禄大夫、禮部侍郎，謚曰憲；祖曆之，皇朝河南府永寧縣丞；父從倫，滁州刺史。案：《唐書·宰相世系表》：令植，禮部尚書。子孺之，京兆少尹。孫從一，相德宗。《元和姓纂》：應道，吏部郎中。生植，禮部侍郎。以《誌》證之，《姓纂》誤「令植」爲「植」，《唐表》誤禮部侍郎爲禮部尚書，其失書曆之一系，則一也，當據《誌》補正之。

左清道率府録事叅軍于公夫人裴氏墓誌跋

《誌》稱：夫人曾王父亳州鄼縣縣令，諱昚；王父寧州刺史，贈户部尚書，諱守忠；列考儀王傅，諱巨卿。案：《唐書·宰相世系表》載：昚字歸厚，南鄭鄼令。子守真，字方忠，邠寧二州刺史。孫巨卿，衛尉少卿。《誌》之「守忠」，《表》作「守真」，未知其孰爲得也。

猗氏縣主簿盧公故夫人崔氏墓誌跋

《誌》稱：夫人爲皇朝贈太常少卿子美之曾孫，温州刺史溆之孫，夏州行軍司馬兼御史中丞放之季女。案：《唐書·宰相世系表》載子美、溆、放世次，與《誌》正合。惟《表》不載子美贈太常少卿、放官檢校郎中爲異耳。撰文之盧商，相宣宗，兩《書》均有傳。

遂安縣尉李君夫人博陵崔氏墓誌跋

《誌》稱：夫人高祖彭，隋開府儀同三司、十二衛大將軍；曾祖寶德，皇工部主爵二司郎中；祖儉，朝散大夫、汾州司馬；考義斌，豫州司户。案：《唐書·宰相世系表》載：彭生寶德，寶德下空一格，載道斌。據此《誌》則寶德子儉，儉子義斌。《表》失書儉一代，至道斌不知爲儉子抑昆季之子，不可知矣。

裴簡妻清河崔氏墓誌跋

《誌》稱：夫人六代祖君實。五代祖懸解。高祖融。曾祖禹錫，皇中書舍人，贈定州刺史，謚曰貞公。祖引，皇河東縣尉。父絢，皇進士擢第，中牟縣尉，充易定節度推官。核之《唐書·宰相世系表》，世次均合，惟《誌》不書融以上官職，《表》均有之。又《誌》之「懸解」，表作「縣解」，縣、懸古今字，非有異也。

上黨郡大都督府長史宋遥墓誌跋

《誌》稱：公諱遥，字仲遥，廣平列人也。曾祖滕王府記室府君，曰懿；大父贈天水郡長史府君，曰孝恭；皇考贈禮部郎中府君，曰玄弉。遥自國子進士補東萊郡録事叅軍，移密縣尉，擢監察御史、殿中侍御史、内供奉，遷司勳員外郎、度支郎中，拜中書舍人，除御史中丞，賜緋魚袋，尋加朝散大夫、督府長史。天寶六載二月，終上黨公舍。案：《元和姓纂》載「唐秦州長史生元奭、元弉」。「元弉，晉原尉，生遥、适。遥，禮、户、吏侍郎，左丞，魏汴州刺史」。不及玄弉祖懿及懿子孝恭。於遥之歷官，稱禮、户、吏侍郎，魏汴州刺史，均當據《誌》補正之。撰文人宋鼎，署銀青光禄大夫、行兵部侍郎、上柱國。《唐書·宰相世系表》誤作「鼎，兵部郎中」，《姓纂》亦作侍郎，與《誌》合。

相州刺史賀蘭務温墓誌跋

《誌》述賀蘭氏得姓之源，謂其先太公之後，代爲慶氏，至侍中純，避漢安帝父諱，改爲賀氏。洎後魏尚書令訥以元舅之貴，定建立之策，封賀蘭國君，賜姓賀蘭氏。《元和姓纂》謂賀蘭氏「代居元朔，隨魏南遷河洛，魏以忠貞爲賀蘭，因命以氏。孝文時，代人咸改單姓，惟賀蘭氏不改」。與《誌》不同，書以俟考。

滄州東光縣令許行本墓誌跋

《誌》稱：行本字奉先，本河間高陽郡人，後家于晉陽，從牒徙居於河内，今爲河陽縣人也。曾祖彪，儀同三司、善元郡守、寧國縣公；祖康，齊梁州都督、江夏縣公；父緒，皇朝散騎常侍、司農太府等卿、瓜州都督、上柱國、真定公。案：《元和姓纂》載「許北之，後居中山，北齊武川鎮將許彪生康，康生緒、洛、仁。緒，太府少卿、蔡州刺史、左常侍。孫義均」。而不及康子行本。《姓纂》所謂孫義均不知是否行本子？此《誌》載行本子義琳等，殆不止一子矣。《姓纂》稱行本爲中山系，《唐書·許世緒傳》作并州人。《許洛仁碑》作博陵安喜人，然亦載其先世權居晉陽，藉貫互歧，殆以此《誌》所述爲得也。緒本名世緒，避太宗諱，故《誌》與《姓纂》皆作緒，殆以《世緒傳》爲得也。行本夫人崔氏誌與此誌同時出土，叙許氏先世同，惟稱父緒爵真定縣公，此誌「縣」作「郡」，《唐書》本傳亦作「郡公」，則行本夫人誌誤矣。

僞周承奉郎吴續墓誌跋

《誌》稱：續字光始，其先濮陽人。祖考從官京洛，今復爲洛州合宫縣人。曾祖孝直，陳散騎常侍、大舟卿；大父敏恭，陳晉安王刑獄參軍；考景達，隋嘗藥奉御，唐秦王祭酒、中散大夫、尚藥奉御、永安縣開國男。夫人郜氏，唐陜州桃林縣令師之長女、侍御史弘基之歸妹。案《元和姓纂》濮陽鄄城吴氏：「其先祖自濮陽過江，居丹陽，歷仕江左。七代孫景達，唐尚藥奉御。曾孫令珪，贈太尉。女即章敬皇太后也。」失載景達祖父及子續。又載安定郜氏：「唐殿中御史、陜州刺史郜弘基，生貞鉉。」亦不及弘基之父。撰文人朝議郎行司禮博士潁川韓思復，兩《唐書》均有傳。

河南府密縣丞薛迅墓誌跋

《誌》稱迅：字迅，河東汾陰人。曾祖獻，金紫光禄大夫、行尚書工部侍郎、内陽公、食邑一千三百户；烈祖諱孝侑，皇宫門丞；先考諱融，皇中大夫，淄川、上洛、淮安、清河郡四太守。公即清河君第五子，歷仕許州許昌尉、曹州成武尉、陜州芮城尉、河南府長水尉、密縣丞。嗣子偉，次子絛。案：《唐書·宰相世系表》載西祖薛氏：獻，工部侍郎、内陽公。子元嘏，孫孝廉、孝侑。孝廉子融。誤以孝侑爲獻孫，又誤以孝侑子融爲孝廉子。《表》又書融子退而不及迅，而載孝侑孫延、退、近，近之猶子述，以孝侑爲獻子，迅爲融子例之，則孝廉、孝侑均獻子，與元嘏同輩行。迅、退、延、近、述同輩行，《表》之舛誤甚矣。

蕭言思墓誌跋

《誌》稱：言思曾祖岑，梁吴王；祖球，隨秘書監；父繕，皇朝衢州刺史。案《唐書·宰相世系表》：蕭岑，吴王，子球。球子膳，衢州刺史。誤「繕」作「膳」。前數年，言思、考繕墓誌亦出土，其文正作「繕」，不作「膳」也。《表》不載球官職，據《誌》知官隨秘書監，《繕誌》亦作隨秘書監文化侯。言思不仕無位，故《誌》題稱「衢州蕭使君男墓誌」。言思卒於僞周聖曆二年，而《誌》題不書大周，殆鄙其閏位而削之歟？

雍州長安尉王行果墓誌跋

《誌》稱：行果曾祖子景，北豫州別駕；祖元季，本州大中正、開府儀同三司；父有方，岷州刺史。行果子晙，易州刺史。次子曒，幽府户曹。證之《唐書·宰相世系表》，世次官位一一吻合。殆晙相玄宗，有譜牒可據，故無舛誤耶？

吏部常選鄭公夫人宋氏墓誌跋

《誌》稱：夫人曾祖大辯，皇遂州司馬；祖守恭，皇睦州遂安縣令；父楚辟，大理少卿。案：《唐書·宰相世系表》載：大辨，卭州刺史。子守恭，遂安令。孫楚辟，兵部郎中。《元和姓纂》：唐卭州司馬大辯生守恭，遂安令。生楚璧，兵部郎中。「大辯」之「辯」从言，與《誌》同，不作「辨」。惟大辯官，《表》作「卭州刺史」，《姓纂》作「卭州司馬」，《誌》作「遂州司馬」，則未知其孰是也。

閬州司馬鄧賓墓誌跋

《誌》稱：賓字光賓，京兆長安人，漢司徒高密侯禹之二十二代孫。高祖暠，隋開府儀同三司、華州刺史、燕郡襄平二太守、禦南大將軍。皇家受命，拜金紫光禄大夫、營州總管，累遷散騎常侍、冀魏二州刺史、臨川郡開國公。曾祖弘業，尚衣直長符璽郎。大父儉，杞王府主簿、平羌富義二縣令。考泰，汾州孝義縣丞。年十七以門資補左驍衛司戈，尋轉蒲州寶鼎府左果毅都尉、左衛司階，遷隰州長史。頃之，擢拜殿中侍御史。先天初，歸妹竊權，嗣皇養正，陰有奪宗之心，計潛窺偶都之隙。公義形於色，奮不顧身，與左丞相劉幽求等同心戮力，以輔一人。廷奏姦謀，反爲太平公主所伺，遂謫居秀州。明年，芟夷元惡，徵公爲岐州司兵絫軍。未拜，遷河北、蒲城二縣令。因求醫長安，爲權寵所忌，陰中以他事，復貶爲睦州分水縣令。久之，遷閬府司馬。以開元十年閏五月十三日遘疾，終於達州唐興縣之旅館。一子良佐，先公卒。

案：《元和姓纂》載南陽鄧氏：陳亡入長安。乾曾孫暠，唐魏州刺史、臨川公。暠孫惲，刑部尚書、淮陽子，生汪、仲、温、洋。而不及弘業以下至賓四世。賓之事實，見《唐書》劉幽求及王琚傳。《幽求傳》謂崔湜等坿太平公主，有逆計。幽求與右羽林將軍張暐定計，使暐説玄宗，請督羽林兵除之。帝許之，未發也，而暐漏言於侍御史鄧光賓。帝懼，即列其狀。睿宗以幽求等屬吏，劾奏以疎間親，帝密申之，乃流幽求於封州，暐於峰州，光賓於繡州。《琚》傳亦稱侍御史鄧光賓漏謀，與《誌》所載畧異，《誌》則謂賓實與幽求同謀者。撰文人爲齊澣，《唐書》有傳。當時與賓同在朝列，所記當較史傳爲得實也。玄宗爲太子時，凡與靖(天)〔太〕平公主之難者，若劉幽求、鍾紹京、崔日用、王琚、王毛仲等多不以功名終，甚至身遭誅戮，賓其一也。在國家恩禮固薄，亦由諸人之不能持盈保泰所致，令尚論者發深慨矣。

宋棗木本蘭亭跋

此棗木本《蘭亭》，前十餘年出鉅鹿宋故城中，兩面刻。陽面爲唐人雙鈎本，凡三十行。首行署「蘭亭」二字，下注：「唐人雙鈎本。」末行署「乾符元年三月」。文中第三行「少長咸」三字，第八行

「欣俛仰之間以爲陳迹猶不」十一字，均雙鈎未填廓。案：其書勢蓋歐撫支裔也。陰面刻柳臨本，亦三十行。首署「蘭亭前序」，後署「公權」二字款。木質堅好無損，至爲可珍。鉅鹿故城於宋南渡時爲水所陷，十年前土人治地，發現舊市廛遺迹，得陶器甚多。木質品有北宋時「抵當庫木札」，墨書如新，今存予家，此板則歸定海方藥雨太守。趙文敏《蘭亭序跋》謂宋南渡時士夫家有一本，此其一矣。藥雨珍惜甚至，拓朱墨二本贈予，爰付裝池而書其末，以示世之考稧帖者。

遼妙行大師碑跋

此碑兩面刻，已中折，一面刻「大昊天寺建寺功德主傳菩薩戒妙行大師行狀碑」，「乾統八年門人沙門即滿撰，比邱義藏正書」，三十三行，行七十三字；一面刻「中都大昊天寺妙行大師碑銘」，「比邱廣善撰，比邱義藏隸書」。行狀碑末記「大定二十年中秋沙門覺瓊建碑」，銘末年月已泐，但存「大□□□□□□秋」字。然亦是覺瓊建，又均爲義藏書，則爲一時所立可知也。

《行狀碑》記大師事實頗詳，稱：「師契丹氏諱志智，字普濟，國舅大丞相楚國王之族，遼太平三年生。重和十三年遇海山守司空輔國大師赴闕，師從秦越國大長主懇祈出家，興宗批許。後偏歷名山，靈感甚多。清寧五年，大駕幸燕，秦越大長主以所居第宅爲施，(清)〔請〕師建寺，並施稻畦百頃、户口百家、棗栗蔬園、牛□器用。尋公主薨變，懿德皇后爲酬母願，施錢十三萬貫，道宗皇帝至□五萬貫，敕宣政殿學士王行己監修。寺成，道宗御書『大昊天寺』榜，敕參知侍郎王觀論撰碑銘。咸和三年，天火焚寺，奉旨依舊修完。咸和六年，延壽太傅大師授師戒本。大安九年，師於寺中庭崇建佛塔，六簷八角，高二百餘尺。昌六年示疾，八月九日卧化。」

案：《行狀》稱師契丹氏，《碑銘》作姓蕭。《遼史·后妃傳序》：「后族唯乙室拔里氏而世任其國事。太祖慕漢高皇帝，故耶律儼稱劉氏，以乙室拔里比蕭相國，遂爲蕭氏。」據《碑》則蕭之本姓亦作契丹也。《蕭孝忠傳》：重熙十二年，封楚王，拜北院樞密使。薨，追贈楚國王。《碑》所云「國舅楚國王」即孝忠也。秦越大長主，《遼史·公主表》誤作「秦晉大長公主」。聖宗欽哀皇后女，初適蕭海里，繼適蕭胡覩，均以不諧離。後適蕭惠，生懿德皇后。大昊天寺爲懿德皇后成母志而造。《畿輔通志》：一百七十八。寺在西便門大街之西，今已廢爲農田。《順天府志》一百二十八。引《大元一統志》：大昊天寺在舊城，寺建於遼。按乾文閣待制孟初撰《燕京大昊天寺傳菩薩戒故妙行大師遺行碑銘》：道宗清寧五年，秦越大長公主舍棠陰坊第爲寺土百頃，道宗施五萬貫緡以助，勑宣政殿學士王行己領役。既成，詔以「大昊天寺」爲額，額與碑皆道宗御書。大殿之後建寶塔，高二百尺，有神光飛繞如火輪。清信施財者沓至，師壽八十一。所記與《行狀》多合。今則孟初碑已不存，而志不言及此二碑，至道宗書王觀作之碑亦佚。《畿輔通志》載觀尚有御筆等碑。觀，南京人，咸雍中官翰林學士，《遼史》有傳。《碑》載海山守司空輔國大師及延壽太傅大師，其人不可考。其以公孤之位加之僧徒，始於李唐，遼代亦沿之。如《興宗紀》重熙十九年春正月庚寅，僧惠鑑加檢校太尉，《道宗紀》咸雍二年十二月戊子，僧守忠加守司徒，六年十二月戊午，加圓釋、法鈞二僧守司空。房山天慶六年《正慧大師遺行造塔記》，亦署永泰寺崇禄大夫檢校太尉，並其例也。《碑》中紀年，重熙作「重和」，咸雍作「咸和」，此或是金世避世宗諱改。壽昌省「壽」字，但作「昌」，殊不可曉。此石原在北京，畿輔、順天兩《志》乃均失載。數年前某軍人運至奉天，欲充石材以造墓，幸以事變未及礱平。近乃移至博物館，遣工拓墨，並書其後。

《春明夢餘録》六十六。載：金昊莧寺，大定四年秦越公主建，正統四年王振修，改爲隆恩寺。誤以大昊天寺爲大定四年建，又誤以秦越公主爲金人。《帝京景物畧》同。孫北海殆沿劉氏之譌，爲附正於此。

宋岳倦翁書宸翰録卷跋

此卷爲倦翁手寫，前題「宸翰録」三字小楷，精雅絶倫，似南宋高宗書石經。卷中録高宗賜武穆御札七十六通，起紹興四年，訖十一年。《金佗稡編》分編三卷。取校此卷，文字頗有異同，有可取以校正《稡編》者。每札之前有題，記當時事實，或具年月。今比勘異同，紹興四年第一札，題「先臣奏請先復襄鄧六郡」，「先臣」卷作「珂王父」。以上凡「先臣」字皆作「王父」。第三札「前功遂廢」，「遂」卷作

「盡」。又「唯侯朝廷千里饋糧」，「侯」當從卷作「俟」。又「密遣間探」，「探」卷作「諜」。第五札題，「邊報急」卷作「邊報孔亟」。札「可即日引道」，卷無「日」字。五年第三札末「十四日」卷本無。六年第一札「督護戎昭」，「昭」當從卷作「軺」。又「本於伐叛」，「本」卷作「期」。第二札「父兄蒙塵」上空三字，當據卷補「勅朕以」三字。第三札「協贊事機」，「協」卷作「叶」。第六札「邊報甚急」，「急」卷作「亟」。第十一札題「戰于何家塞」，「塞」當從卷作「寨」。札「登聞三捷之□」，「之」下闕字，當從卷補「功」字。又「俾遠赴於師，期庶士無於飢色」，當從卷作「俾遠赴師，期庶士無飢色」。七年第一札題「令以德音徹諭」，「徹」當從卷作「檄」。札後一行曰「卿可作(作)恭被親筆手詔，移檄中原州縣官」，卷無此行。第三札「朕所眷倚」，卷作「朕所倚眷」。第九札題「張俊、楊沂中之旨至淮西」，「俊」當從卷作「浚」。又「諭先臣招捕」，卷作「諭先王父招諭捕討」。第十札題「先臣具奏」，卷作「王父」。前奏札「固不害爲恢復之圖也」，「圖」卷作「計」。第十一札「可更戒飭所留軍馬」，「戒」卷作「加」。八年第一札題「恐詒後世譏謀」，「謀」當從卷作「議」。第二札「無一須索」，「須」卷作「需」。十年第五札「雖屢殺獲」，「屢」卷作「累」。第六札「即於國體士氣」，「氣」卷作「勢」。第七札題「因復請詣在所」，「在」上脱一字，當從卷補「行」。第十札題「初，先臣召對罷，詣資善堂，見孝宗皇帝英明雄偉，退而歎曰：中興基本，其在是乎！時儲極虛位，天下寒心。權臣媢忌人言，在廷莫敢倡議。先臣獨念聖眷優渥，不敢愛身，思欲盡言以報，至是虜再叛盟」，卷無「初先臣」至「至是」七十二字。第十二札題「劉錡既又戰退兀朮等軍，復賜御札」，卷無「既又賜御札」五字。札「至光、蔡、陳、許」，卷作「至蔡、陳、光、許」。第十六札「理宜先有以旌賞之」，卷作「理宜旌賞」。第十七札題「仍合措置屯守蔡潁」，「合」當從卷作「令」。第十八札題「以先臣軍爲慮」，卷本作「以王父一軍爲慮」。第十九札「間虜併兵東京」，「間」當從卷作「聞」。又「獨當强敵」卷作「獨當敵衝」。又「諒深體悉」，「諒」卷作「想」。第二十札「此已遣楊沂中」，「此」(卷)〔當〕從卷作「比」。第二十一札題「賜卿札報諭，仍寓嘉歎之意」，卷作「賜御札報諭嘉歎」。十年第一札題「僞昭武大將軍韓常」，卷無「昭武大」三字。又「先臣遣賈興報許之」，卷作「報許之」。又「第遣將以背嵬五百」，卷作「以背嵬軍五百」。又「秦檜主和議，懼得罪於虜」，卷作「秦檜力主和議，懼失虜心」。又「先臣抗疏，以爲虜人巢穴盡聚東京，屢戰屢奔，鋭氣沮喪。得間探報兀朮已盡棄輜重，疾走渡河。况今豪傑鄉風，士卒用命，天時人事，强弱已見。時不再來，機難輕失。臣日夜料之熟矣，惟陛下圖之」，卷作「王父抗疏，以爲兀朮屢敗，機難輕失」。又札末「遣此親札，諒宜體悉」，卷無此二句。第二札「但以卿昨在京西，與虜接戰，遂遣諸軍掎角並進。今韓世忠在淮陽城下，楊沂中已往徐州，卿當且留京西」，卷本無「與虜接戰」以下文。十一年第一札題「春正月」，卷無此三字。又「令先臣以兵至江州」，卷作「令以兵至江州」。第二札題「今虜在淮西」，「今」卷作「全」。第三札末「七日」二字，卷無。第四札題「以四月庚辰」，卷無「庚辰」二字。又「十日己卯」，卷無「己卯」二字。第七札題「乃益疾馳以行」，卷無「馳以」二字。第八札「乃心王室」，「乃」卷作

「盡」。第九札題「十九日戊子，先臣出師之奏始至」，卷無「戊子先臣」四字。札「可望如卿素志」，卷無「可望」二字。第十札末「八日」二字，卷無。第十二札題「以四日癸卯」，卷無「癸卯」二字。第十三札題「先臣還舒之奏始至」，卷無「先臣」二字。第十四札題「以十三日辛亥」，卷無「辛亥」二字。又「先以八日丁未」，卷無「丁未」二字。又「且喻以適中機會之意」，卷無此句。第十五札題「先臣既獨以孤軍駐定遠」，卷作「王父獨以孤軍駐定遠」。

七十六札中，可據卷補正《稡編》者十餘字。札後有跋十四行，其文曰：「先王父起自蓬藋，首蒙高宗皇帝異遇，擢之行伍，授以節鉞，兩河之士，望風響應，戰無不勝，功無不取，故所被詔勅，皆出自高廟手札。教誨勤渠，勸獎備至，一時文武之臣，無能出先王父之右者。藏之篋笥，天章爛然，足垂千禩。中遭權臣之禍，遂籍之有司。王父齎志九原，深冤幾于不白。迨我孝宗皇帝御極，洞燭前枉，拔先人于流離瑣尾之餘，抗疏請還前札，感沐白。「白」上殆脱「昭」字。迨我皇上御極，聖恩延平再合，先人捧誦雀躍，屢欲刊示無窮，而彙次未成，溘先朝露。不肖珂既承治命，敢不佩紳。用是，纂輯年月次第，彙爲一卷。其他散軼未備，請俟將來搜訪，以付貞珉。非敢自附于繼述，蓋亦痛我先王父始終遇合之難。而歷覽之餘，庶幾奕世之後，猶有望兩河而興慨者。臨書泫然，不勝哀感。嘉泰二年歲次壬戌九月十一日，孫珂百拜敬書。」其文與《稡編》後跋不同，故特録之。

山窗秋爽，既爲詳校異同，復記之卷尾，以志武穆與倦翁忠孝相承。此卷流傳七百餘年，完好無恙，所至有鬼神爲之護持，不僅爲寒齋重寶已也。

此卷往歲得之滬江，前有小籤題「宋岳倦翁書高宗賜武穆王宸翰」，旁注「宋元名賢題跋」，不署姓名。觀書勢，殆出國初名人手，而舊裝已破蔽，題跋全失，故不能知此卷流傳之緒。惟陳雲伯先生文述《頤道堂集》有此卷跋，謂嘉慶戊寅在常熟得觀於李君仁穀，屬爲題識，並請登諸樂石，置武穆祠壁，以增湖山之重。文末又有「既爲雙鉤勒石，復編次爲一卷，付諸剞劂」云云，則此卷既已刻石，且别刊木以廣其傳。但岳祠之石，今不知尚無恙否？刻石時，不知題跋是否尚存？異日當移書故鄉友人，爲覓一本，别裝一卷，以資參證。爰書以俟之。

祭内藤湖南博士文

維年月日，羅振玉率子福葆，謹以生芻之奠，致祭於湖南博士之靈，曰：猗嗟先生，東海耆英。學窮三古，聲振八紘。儒珍邦彦，威鳳祥麟。何期一旦，遽夢兩楹。嗚呼哀哉！在昔訂交，滬江之濵。我倡公和，親仁善隣。講道論德，温故知新。卌年逝水，俄絶光塵。嗚呼哀哉！掛冠神武，避地瀛洲。賃廡築舍，公爲我謀。勖我遠圖，慰我煩憂。邱山之惠，纖芥未酬。嗚呼哀哉！元凶既殄，皂帽西歸。謀營講舍，冀阻征騑。鄉心莫挽，别袂俄揮。鴨川祖餞，馬帳永違。嗚呼哀哉！舊邦新命，扶疾來賓。山川昔游，朋舊重親。期弘聖道，用覺斯民。爲山方始，鴻圖未申。嗚呼哀哉！彼蒼何酷，一老不遺。國喪耆舊，世失師資。德音日遠，賞析無期。神山脩阻，卮酒空持。嗚呼哀哉！尚饗！

附記：此稿初由黄中業標點，張中澍復校，張寫有校記。後又由我核閲一遍，改正。

繼祖一九八七年四月廿七日。

後丁戊稿

後丁戊稿目録

後丁戊稿

予居遼之歲，編在津沽時丁卯、戊辰兩年之文爲《丁戊稿》，厥後續刊者凡四編。自去歲懸車謝客，疢疾餘生，一歲之中病恒居半，意欲焚棄筆硯，不復更爲文字。乃結習未忘，復得雜文六十一首，命次孫承祖編寫爲一卷。長孫繼祖復於予往歲日記中得舊文未刊者二十一首，總得九十二首，顏之曰「後丁戊稿」。計去津沽時十年矣，而景迫桑榆，業不加舊，仍復爲此無益以遣有涯，撫膺自訟，良自愳夫。戊寅冬，貞松老人書。

釋止

止爲足

《説文》：「止，下基也。象艸木出有阯，故以止爲足。」段君曰：「此引伸假借之法。凡以韋爲皮韋，以朋爲朋黨，以來爲行來之來，以西爲東西之西，以子爲人之稱，皆是也。」案：據段注是。許以艸木出有阯爲止本義，而以訓足爲假借之義。今考古金文及殷虚栔文从止之字皆作𣥂，象足形，前象足指，後象足踵。止乃象形字。《詩》「麟之止」，《易》「賁其止」、「壯于前止」，《士昏禮》「北止」，注皆曰：「止，足也。後世增足作趾。」《釋言》：趾，足也。許君不知止爲足形乃象形字，故凡由止孳生之字，多誤訓爲象艸木。

徐行，足一前一後爲步

《說文》：「步，行也。从止𣥂相背。」案：步，絜文作[glyph]，象右足在前，左足在後，非相背也。

《釋名》：徐行曰步。

由卑而陞爲陟

《說文》：「陟，登也。」案：絜文作[glyph]，象兩足由卑登阜形。

由高而卑，爲夅，亦作降

《說文》：「夂，从後至也。象人兩脛後有致之者。」「夅，服也。从夂、㐄相承，不能並也。」又「降，下也」。案：夂，古文作「[glyph]」，象足由上而下形。夅即「降」字，絜文作「[glyph]」，象兩足自阜而下，二字形義並同。許君一訓服，一訓下，誤認爲兩字。

兩足並爲癶

《說文》：「癶，足剌癶也。从止、𣥂。」案：許訓足剌癶，不得其解，登字从之。絜文登字上从[glyph]，象兩足相並。許君訓登爲上車也，義亦欠明晰。登从癶，象兩足並，乃登車後足形。若上車時，則兩足一前一後，不能並也。

兩足相背爲舛

《説文》：「舛，對臥也。从夊、㐄相背。」案：古金文及栔文雖無舛字，然以栔文韋字作「[illegible]」、「[illegible]」例之，知必作「[illegible]」。《書栔菁華》有[illegible]字，下正从[illegible]，象兩足左右向，兩踵相抵。舞字从此，蓋舞時足之方位屢變，或左右向。許訓對臥，形失而義亦乖矣。韋、舛義同，皆取象於足相背。

舉踵爲企

《説文》：「企，舉踵也。」栔文作「[illegible]」，从人、从止，正象舉踵形。

疾趨爲走

《説文》：「趨，走也。从夭、止。」夭者屈文作[illegible]。案：古金文走字皆从[illegible]，作「[illegible]」，無从夭者。《釋名》：疾行曰趨，疾趨曰走。義與許同。

羣走爲犇

《説文》：「犇，走也。从夭，賁省聲。與走同意。」案：石鼓文奔作「[illegible]」，从三走，又省作「[illegible]」，盂鼎作「[illegible]」，同。象羣走之形。許但訓走義，亦未備其省三[illegible]爲一，厥誼相同，乃象形字，非賁省聲。然克鼎奔字下已从卄，周公彝从[illegible]，乃由止而變，非卉也。

行所適爲之

《説文》：「之，出也。象艸過屮，枝莖漸益大，有所之也。一者，地也。」案：栔文作「㞢」，从止，在一上。止象足，一象所之之地。《釋詁》：「之，往也。」乃之字本義。

爲出

《説文》：「出，進也。象艸木益滋，上出達也。」案：栔文出皆作「𡳿」，从止，从凵。吴中丞説凵象屨形，古禮入則解屨，出則納屨。

爲㞷亦作往

《説文》：「㞷，艸木妄生也，（从㞢）在土上。」又，「往，之也。」案：栔文㞷作「𡉉」，从之，土聲。𡉉即王，栔文王字亦作「𡉉」，非土也。加彳則作「往」，㞷、往一字，許誤爲二字二義。

行在前爲先

《説文》：「先，前進也。从儿，从之。」栔文作「先」，象己已達所之之地，而人在後，是先也。

却行爲復

《説文》：「復，卻也。从彳、日、夊。」又，「夊，行遲曳夊夊也。」案：夊，古文作「夊」，象足退卻形，故復字从之。今人見尊長，臨退時必却行數步，以示敬，觀此文，知古已然矣。許云行遲曳夊夊，語不可解。

自他至爲各

《説文》：「各，異辭也。从口、夂。夂者，有行而止之，不相聽也。」案：栔文作「□」，从□，象足自他而至之形，从口，自名也。師虎敦作「□」，庚嬴卣作「□」，增彳或增辵，義同。

往而返爲复，亦作復

《説文》：「复，行故道也。从夊，畐省聲。」又，「復，往來也。从彳，复聲」。段注：「返，還也。還，復也，皆訓往而仍來。」又，「夊，行遲曳夊夊也。象人兩脛有所躧也」。案：栔文作「□」，从□，象足由往而返之形。畐从盤又作「□」，复、復一字。段注謂復行而复廢，疑彳部之復乃後增。據畐从盤，知復亦古文之後出者。

行所經爲歷

《説文》：「歷，過也。从止，厤聲。」案：栔文作「□」，又作「□」，象人行田中，足所經皆禾；或行林中，足所經皆木也，皆示經歷之意。

不行而止爲処

《説文》：「処，止也。从夂，夂得几而止也。」案：栔文処作「□」，止在几間，象不行而止也。

不行而進爲前

《説文》：「歬，不行而進謂之歬，从止在舟上。」

此爲訂正吳中丞出反字說而作。中丞説止爲足形與从止諸字形甚精確，而乏引證，且謂反出二字，相對出作「出」，則反字當作「[glyph]」。曩見其說似是而無徵，及觀契文及古金文均作「[glyph]」，與今篆同，則中丞理想中謂當作「[glyph]」者，誤也。中丞又疑《禮記》：「堂上接武，堂下布武」之「武」亦从兩止，即步字，後人誤釋爲武。今考之契文，有衜字，从武从行，則古有步武字無疑。至篇中云倒行爲[glyph]，夅乃象足由高而下，非倒行，此又爲修辭之失矣。

釋行

四達之衢謂之行

《說文》：「行，人之步趨也。从彳、亍。」《釋名》：「行，伉也，伉足而前也。」均以行爲行走字。案：行走乃引伸之義，其字形象四達之衢。殷契文行作「[glyph]」，父辛觶同，正象四通道。古文亦作「[glyph]」，乃書寫時略變其形，非有異也。《詩毛傳》訓周行爲大道，乃行之本義。許書行部諸字，若術、若街、若衢、若衡、若衕等字，均爲道路，是其證矣。

亦謂之道

《說文》：「道，所行道也。一達謂之道。」案：散盤道作「[glyph]」，曾伯簠及石鼓文作「[glyph]」，皆从行，亦象四達之衢。許訓一達謂之道，與《釋宮》同，均非也。散盤从[glyph]，與从辵同；篆文从[glyph]，辵之省也。説詳下。

行引伸爲行走，爲百行；道引伸爲道理，爲引導

道者人所共由，故引伸爲行走，爲百行，爲道理。殷絜文及石鼓行字亦作「⿴行人」，於行中著人，後人誤釋爲道。兼示行走義。石鼓文「⿱衜又」，下从又，象人不識塗，以又又爲手形。指導之，故又爲引導字。

省行則作彳，故从行之字古文或从彳，从彳之字亦或从行

《説文》：「彳，小步也。」又：「亍，步止也。」案：彳爲行之省，非别有其字，不能析而爲二。以殷絜及古金文考之，从行之字或省作彳，或省作亍。古文左右每無别。觀絜文行字作「⿴行人」，又作「⿰彳人」；辵，絜文作「⿴行止」；彷，絜文作「⿴行方」。均彳爲行省之確證。

或彳下增止爲辵

徃，《説文》古文从辵；復，古文从辵；後，古文从辵。徵之古金文：德，王孫鐘从辵；復，散盤从辵；後，余義鐘从辵，其證也。

从辵之字亦或省从彳

《説文·辵部》：⿺辶正或从彳，作「征」；⿺辶且或从彳，作「徂」；徙或从彳，作「⿰彳止」。返，《春秋傳》从彳，作「⿰彳反」。更證之古金文：還，鄂侯鼎作「⿰彳睘」；遺，曶鼎作「⿰彳貴」；邊，盂鼎作「⿰彳臱」；避，古金文多从彳。又證之絜文，逢，从彳作「⿰彳夆」；逆或从彳作「⿰彳屰」，均辵或省从彳之證。

亦或省从止

絜文：追作「[illegible]」，遘或作「⿱冓止」，均辵之省。

亦或从走

遣，㝉鼎及遣小子敦均作「⿰走遣」；赶，居簋作「迁」。

或从辵更加大

叔多父敦趯从「[illegible]」；城虢遣生敦遣从「[illegible]」；姬趛母鬲从「[illegible]」。皆是。

由前觀之，彳、辵等字皆由行之借義孳乳而生，許乃細別之而訓彳爲小步，象人脛三屬相連；訓辵爲乍行、乍止。試觀之，辵部諸字固無合乍行乍止之義者，咸因字形未明，義遂因之而舛也。作《釋行》以明之。

《説文》又有廴、㢟二部。廴注：「長行也，从彳，引之。」廷、延、建三字隸之。㢟注：「安步。㢟，㢟也。」延字隸之。案：廴部之廴篆文作「[illegible]」，古文所無，惟古文彳字或書作「[illegible]」，或書作「[illegible]」，乃一字而寫法稍異，非兩字也。征伐之征，許在辵部，作「𨑜」，或从彳作「征」。徵之古金文，鄂侯馭方鼎曰「王南征」，書作「[illegible]」，其下云「還自征」，則書作「[illegible]」。無㠱敦「王征南夷」，書作「[illegible]」，是[illegible]即[illegible]之變形。段君注𨑜字云，此與《辵部》延征字音義同，而尚未知即一字也。至征字，吕鼎「吕征于大室」，丁未[女凡]商角「征貝用作父辛彝」，其義均爲迻。徙，即許書《辵部》之徙，不當別立一部。《延部》之延，漢瓦當文作「□」，亦从彳。若《廴部》所隸之廷、建二字，則古文廷作「□」，建作「□」，石鼓文𨖷字从此。繹山石刻「建」字同，均从乚，非从廴，爰坿正之於此。

釋奚

《説文·大部》：「奚，大腹也。从大，𦃃省聲。𦃃，籀文系字。」案：奚訓大腹，不見他經注。字形从大，但象人形，不見大腹之象。又古形聲字往往兼會意，訓大腹而从𦃃省聲，亦不可解。考奚字見古經注者但有二義：一訓女奴；一訓何。而以字形觀之，實爲《周禮》女奚之本字。其字从𦃃省，从大，𦃃亦聲，蓋會意兼形聲字也。知者，《周禮·天官·序官·酒人》「奚三百人」，注：「古者，從坐男女没入縣官爲奴，其少才知以爲奚。今之侍史官婢或曰奚宦女。」又《春官·序官》「奚四人」，注：「奚，女奴也。」又，《禁暴氏》：「凡奚隸聚而出入者，則司牧之。」注：「奚隸，女奴男奴也。」古者以縲索拘攣罪人，𦃃之字象以手持索，所以繫罪人，奚字正象之。徵之古金文，丙申角奚作「□」，予家舊藏一卣，文曰「□」，乃均象以索繫人之狀。更徵之殷栔文，字作「□」，亦象手牽索以繫人。又別作「□」，下从女，因奚爲女隸，故亦从女。《説文·女部》又有「嫨」字，注：「女隸也。」段注：「《周禮》作『奚』，假借字也。」段君殆以嫨爲女奴之本字，而奚爲假借，不知奚嫨乃一字，故契文作「奚」或作「㜎」。段君於許君違失時有糾正，而此獨墨守何耶？至鄭注謂奚或曰宦女，證之字形，則爲從坐没官之人無疑，或義實未允也。近吴中丞作《奚字説》，謂奚字象婦人首戴物形，於字形尤乖迕矣。

説文鐲鈴鉦鐃四字段注訂

《説文》：鐲，鉦也，軍灋，司馬執鐲；鈴，令丁也；鉦，鐃也，似鈴，柄中上下通；鐃，小鉦也，軍灋，卒長執鐃。段君「鈴」字注：「《晉語》十一注：丁寧、令丁，謂鉦也。《吴語》十九：丁寧、令丁，謂鉦也。今《國語》皆奪令丁字，而存於舊音、補音。《廣韻》曰：鈴似鐘而小。然則鐲、鈴一物也。古謂之丁寧，漢謂之令丁。」「鉦」字注：「鐲、鈴、鉦、鐃四者相似而有不同。鉦似鈴而異於鈴者，鐲、鈴似鐘有柄，爲之舌以有聲。鉦則無舌。柄中者，半在上半在下，稍稍寬其孔，爲之抵拒。執柄摇之，使與體相擊爲聲。《鼓人》『以金鐃止鼓』，注曰：『鐃如鈴，無舌有柄，執而鳴之，以止擊鼓。』按：鐃即鉦。鄭説鐃形與許説鉦合。《詩》『新田』傳曰『鉦以静之』，與《周禮》止鼓相合。」「鐃」注：「鉦、鐃一物，鐃較小，渾言不别，析言則有辨也。《周禮》言鐃不言鉦，《詩》言鉦不言鐃，不得以大小别之。」

案：段君言鐲、鈴、鉦、鐃相似而有不同，是也。而又因鄭説鐃形與許説鉦合，遂謂鐃即鉦，又謂鐲、鈴一物，則有未合。考《鼓人》「以金鐲節鼓」注：「鐲，鉦也，形如小鐘。」「以金鐃止鼓」注：

「鐃如鈴，無舌有秉，執而鳴之。」是鉦即鐲。許君注：「鐃，小鉦也。」今以傳世實物考之，則鄭、許説爲得。予藏古鉦二，皆長柄狹身，其一中有銘文一，殆商代物，筒形正圓。他一文甚多，有「作此鉦□」，此字「金」旁可辨，他半漫没。據其銘文爲鉦無疑，其筒形則略廣而橢圓，殆周代物。柄皆實而不通，中均無舌，柄長，故可手執以仰擊之，非如鈴有舌，可振以搖之也。又有數鐃，柄與身皆短，皆不及鉦之半，柄中空，無安舌處，須納以木柄，乃可執而仰擊之，與鄭言柄中上下通及許言小鉦説合。段解柄中上下通，其説紆曲糾葛，不可通。至謂鐲、鈴一物，乃因《國語》注謂丁寧、令丁即鉦而誤。許君注鈴爲令丁，令丁乃肖鈴聲，如後世言鈴當、郎當。鉦無舌，乃考擊，非振搖，不能有令丁之聲。然誤釋亦不自段始，許君已訓鉦爲鐃，「鉦」下許注疑有誤。「鐃」下既云小鉦，「鉦」下不應迴釋以鐃，若云鐃之大者，庶與鐃注相應。《廣雅》已釋鉦鐃爲鈴，段君承其譌爾。衆説紛紜，本難決其得失，今據傳世之實物，始得定其從違，古物之有裨於經注，其功顧不偉歟！

説文錠鐙二字段注訂

《説文・金部》：「錠，鐙也。」「鐙，錠也。」臣鉉等曰：「錠中置燭，故謂之鐙。」「錠」字段注：《廣韻》曰：「豆有足曰錠，無足曰鐙。玄應引《聲類》無豆字，誤矣。」「鐙」注：「《祭統》曰：『夫人薦豆執校，執醴授之執鐙。』注曰：『校，豆中央直者也。』『鐙，豆下跗也。』執醴者以豆授夫人，執其下跗，夫人受之，執其中央直者。按：跗，《説文》作「柎」，闌足也。鐙有柎，則無足曰鐙之説未可信。豆之遺制爲今俗用燈盞，徐氏兄弟遂以膏鐙解《説文》，誤矣。」案：段氏之注，蓋以錠與鐙爲禮器之豆。許君錠、鐙二字互訓，殆指漢制言之，即然膏燭之器。今考傳世漢器諸銅錠，其形略如禮器之豆，其銘識有直謂之豆者。濰縣陳氏藏一器，銘曰：「土軍侯燭豆。」其稱鐙者甚衆，不遑縷數。其稱錠者，曰「橐邑家銅行錠」；曰「筑陽家銅小立錠」；曰「曲陽家銅錠」；曰「臨虞宫銅錠」；曰「十六年，工從爲内者造銅行錠」；曰「苦宫銅鳧喙燭定」，皆然膏與燭之器。且謂鐙爲膏鐙，亦不始於二徐。《楚辭·招魂》：「蘭膏明燭，華鐙錯兮。」《爾雅》：「瓦豆謂之登。」郭注：「即膏鐙也。」《急就篇》：「鍛鑄鉛錫鐙錠鐎。」顔師古注：「鐙所以盛膏，夜然燎者也。」鐙形如禮器之登，故名同。段君誤以爲即古登豆，亦千慮之一失矣。至《聲類》以有足無足分錠與鐙，證以實物亦不爾。爰並據傳世古器訂正之。

鑾和考

古鑾輅有鑾和之飾，但《詩·秦風·正義》謂鑾和所在，經無正文，故經師所説不同。《詩·蓼蕭》「和鸞雝雝」，《傳》：「在軾曰和，在鑣曰鸞。」《史記·禮書·集解》引服虔注亦云：「鑾在鑣，和在衡。」《説苑·説叢篇》亦云：「鸞設於鑣，和設於衡。」《續漢書·輿服志》注引《五經異義》

云：「《詩》云『八鸞鎗鎗』，則一馬二鑾。」《説文》：「鑾，人君乘車。（車）四馬，鑣八鑾。」《詩・烈祖・箋》、《後漢・明帝紀》及《張衡傳》注并云「鸞在鑣」，《後漢書・崔實傳》「鑾設於鑣」，均謂鑾在馬，和在車。至《禮記・經解》：「升車則有鸞和之音」，注引《韓詩内傳》「鑾在衡，和在軾」。《周禮・大馭》「以鸞和爲節」注、《吕覽・孟春》「乘鸞輅」注、《後漢書・班彪傳》注並同，均謂鸞在衡，和在軾。《大戴禮記・保傅篇》：「在衡爲鸞。」《禮記・玉藻》注、《文選・東京賦》薛注亦云「鸞在衡」。又《漢書・司馬相如傳上》注引郭璞説，又謂「在軓曰鸞」，則與「鑾在衡，和在軾」之説又不同。今以傳世實物考之，則鸞在鑣之説信而有徵。

予先後所見之鑾凡十餘，其狀均作「ஆ」，横梁上有四穿，蓋以繫於革帶而戴於馬首。《釋名》則謂鑾繫於馬銜之兩邊。考勒之制，上絡馬首，下連於銜。觀今之鑾狀，則但可施於首，固不能安銜之兩邊也。至鑾與和并爲鈴，乃一物因所在之處而異其名。故《禮記・經解》：「鑾、和，皆鈴也。」《後漢書・班彪傳上》注：「鸞、和，皆金鈴也。」今和之傳世者，予所見甚多，下有跗，爲方銎，旁有穿，殆以施丁，上爲橢輪，中心凸起而内銜丸。宋人誤以爲舞鐃。阮文達公始釋爲和。其施之車上，以意度之，殆安於衡之兩端。其云在式猶近似，若云在軓，據阮氏《車制圖考》，軓在輈之近式曲處，不可於此施鈴也。然則謂鑾與和并施於車者，以實物驗之，殆不如「鑾在鑣，和在衡」之説之確矣。

又，刀之有鈴者曰鸞刀，旂之施鈴者曰鸞旂。《公羊・宣十二年・傳》：「鸞刀，宗廟割切之刀，環有和，鋒有鸞。」以予家所藏古鸞刀證之，則刀跗不作環而爲圓形，空中，銜丸，所謂鸞也。若《公羊傳》謂和在環，鸞在鋒，刃之所在，豈有施鈴之理耶？若旂鈴之傳世者，予嘗於海東住友氏見之。形小於在鑣之鑾，亦兩端各一鈴，乃横安於旂幹上端，非綴之旂上。而《詩・周頌・載見》「和鈴央央」《傳》「和在軾前，鈴在旂上」，語亦有誤，并坿正之於此。

傳世鑾和皆不作鸞形，故前人皆謂因聲之和象鸞鳥。而崔豹《古今注》則曰：「五輅衡上金雀鸞也。鸞口銜鈴，故謂之鑾。」《漢書・五行志上》注謂：「鸞，以金爲鸞鳥而銜鈴。」司馬氏《輿服志》：「乘輿鸞雀立衡。」段茂堂先生謂即《韓詩》、《戴禮》「在衡曰鑾」之説，而爲之鳥形恐非古。予近於中州得古鑾二，均爲鳥形，高數寸，其一爲雙鸞，兩首相背而一身，腹内銜丸，下跗爲圓筩，空中，旁有穿，可施丁，殆以安於車上。其形制甚古，非先秦以後物，又與鑾在衡説合。意者商周異制，彼施鸞於鑣，施和於衡，殆周制，此爲商制歟？至茂堂先生疑爲非古，予別有一鸞，首形甚大，下有方孔，亦以安車上，首内無丸，殆以口銜鈴，如崔豹所言，而今失其鈴，其形制出於漢以後。并坿識於此以待考。

史記燕世家書後

《史記・燕召公世家》：「封召公於北燕。」《集解》引《世本》曰：「居北燕。」宋忠曰：「有南燕，故云北燕。」又云，「自召公以下九世至惠侯」，《索隱》：「并國史先失也。又自惠侯以下皆無名，亦不言屬，惟昭王父子有名，蓋在戰國時旁見他説耳。燕四十二代有二惠侯，二釐侯，二宣侯，三桓侯，二文侯，蓋國史微失本謚，故重耳。」又云，「子之亡二年，而燕人共立太子平，是爲燕昭王」。《集解》：「徐廣曰：『年表云，君噲及太子相子之皆死。』」又引徐廣曰：「噲立七年而死，其九年，燕人共立太子平。」《索隱》：「案：上文太子平謀攻子之，而年表又云君噲及太子、相子之皆死，《紀年》又曰子之殺公子平，今此文云『立太子平，是爲燕昭王』，則年表《紀年》爲繆也。而《趙世家》云武靈王聞燕亂，召公子職於韓，立以爲燕王，使樂池送之，裴駰亦以《燕世家》無趙送公子職之事，當是遥立職而送之，事竟不就，則昭公名平，非職明矣。」《趙世家》：「齊破燕，燕相子之爲君，君反爲臣。十一年，王召公子職於韓，立以爲燕王。」《集解》：「徐廣曰：『《紀年》亦云爾。』駰案：《燕世家》子之死後，燕人共立太子平，是爲燕昭王。無趙送公子職爲燕王之事，當是趙聞燕亂遥立職爲燕王，雖使樂池送之，竟不能就。」《索隱》：「《燕世家》無其事，蓋是疎也。今此云使樂池送之，必是憑舊史爲説，且《紀年》之書其説又同，則裴駰之解得其旨。」

案：今燕故都易州所出古兵文字，考之《世家》，可補正數事。燕之古兵，書國名皆作「郾」，不作「燕」。考許氏《説文解字》燕訓玄鳥，於字爲象形，是燕本義爲玄鳥。《邑部》「郾」注：「潁川縣。」考《春秋·隱元年》「鄭伯克段於鄢」杜注：「鄢，今潁川鄢陵縣。」《成十六年》「晉侯及楚子鄭伯戰于鄢陵」，杜注：「鄢陵，鄭地，今屬潁川郡。」又《説文》：「鄢，南郡縣，孝惠三年改名宜城。」

考《漢志》南郡宜城縣：「故鄢。」《後漢書・光武紀》「幸宜城」注：「縣屬南郡，楚鄢邑也。」《路史・國名紀》鄢地有三：楚鄢都，襄陽之宜城是也；鄭伯克段于鄢，開封之鄢陵也；若穆叔如莒及鄢陵，則沂之安陵也。今以易州所出古兵考之，則燕國名郾。潁川之郾似本作鄢，許君誤以郾爲潁川之鄢陵，而不知召公國名作郾也。至北燕云者，或南燕之燕，當時字亦作郾耶？

至《世家》于燕侯無一人得其名者，古兵所記則有「郾侯庫」矛文。「郾侯脮」，戟文，脮从日月之「月」。足補《世家》之缺，然不能知爲何侯矣。至燕昭王之名，《集解》、《索隱》并以爲即太子平，而以《趙世家》立公子職爲非。今傳世古燕兵固明明有「郾王職」，其文作「聲」，耳在戠下，爲《趙世家》之公子職無疑。均戟文。而又有一文作「郾侯聲」，知昭王反國初，必自降爲侯，後又僭王矣。《世家》載燕之僭王自易王始，《資治通鑑》周顯王四十六年《紀》：是年「韓燕皆稱王。趙武靈王獨不肯，曰：『無其實，敢處其名乎？』令國人謂己曰君。」《世家》載易王之後曰噲。噲後爲子之。子之後爲昭王。昭王後爲惠王。惠王後爲武成王。武成王後爲今王喜。書其名者，僅昭王平、今王喜。而以古兵考之，則昭王實非太子平，而爲公子職。而古兵所載郾王名尚有曰「詈」，矛、戟。曰「戎人」，矛。曰「喜」劍、戟、矛。者。喜之名與《世家》同，而詈與戎人則《世家》所佚，殆不出易王與惠王、武成王三人。此均可補正《世家》缺誤者也。漢世所不可知之史事，乃越二千年而轉得之古兵器款識，豈非快事耶！故特著之，以示後之讀太史公書者。

白氏長慶集書後

《唐書·宰相世系表》白氏載白樂天一系稱：士通生志善，志善生温，温生鍠，鍠生季庚，季庚生幼文、居易、行簡。校以香山《長慶集》所載白氏之殤、醉吟先生及溧水令、季庚府君鞏縣令鍠四墓誌及《襄州别駕府君事狀》所叙世系均合。惟集中又有《故坊州鄜城尉陳府君夫人白氏墓誌》，稱夫人爲延安令鍠之女，襄州别駕季庚之姑，前京兆府户曹參軍、翰林學士白居易、前秘書郎行簡之外祖母，則與諸誌及表不合。陳夫人爲鍠女，季庚爲鍠子，則陳夫人與鍠爲男女兄弟，不得云夫人爲季庚之姑，亦不得爲樂天兄弟之外祖母。然季庚《事狀》稱：夫人潁川陳氏，考坊州鄜城令，妣太原白氏，則樂天之母確爲陳氏，且白氏所出。又考樂天父季庚以貞元十年五月終，年六十六，陳夫人以元和六年没，年五十七。又《陳君夫人白氏誌》稱夫人以貞元十六年没，年七十。是季庚生於開元十七年，陳夫人白氏生于開元十九年，樂天母潁川縣君生於天寶十四年。陳夫人白氏少于季庚三歲，乃季庚之妹。潁川縣君少于季庚二十六歲，則季庚所取乃妹女。樂天稱陳夫人爲季庚之姑，乃諱言而非其實矣。唐人取甥爲婦，可駭聽聞，其出自樂天先人，尤可駭也。

貞松堂吉金圖序

予生平無他好，圖書以外惟喜收集古文物。及丁國變，萬念都絶，避地海東時，第以著書遣日而已。丁巳冬，曾取所蓄古彝器編爲《夢郼草堂吉金圖》。其明年秋，取續得之器，别爲《續編》。意謂金石之壽有時，不如楮墨。既爲之編印流傳，則器之聚散，當一任其自然，固不必私之一己也。及丁未返國，寓居津沽，目擊民生顑頷，救死不贍，苦不能出之水火而登之袵席。然亦思薄有以濟之，既斥鬻舊藏書畫名迹，以拯京旗民族之顛連無告者。將繼是而斥鬻古器，以成吾志，顧海内物力實已虚耗，又當道慆淫佚樂之不暇，安知古器物者，用是所售曾不及什一。洎甲子冬，值宫門之變，履境彌艱，飾巾待盡。己巳，移家遼東，雖挾所藏與俱，幸舟車運輸得無恙。然當是時，七尺之軀尚嫌疣贅，更何有乎長物。於舊藏既無意保存，寧復更求益然。往在津沽時，結習未能盡泯，嘗於李山農後人許見静敢，愛其文字精且多，酬以重金，致之吾齋。京津估人時挾器求售，間亦應焉，先後所得復足償所失。居遼六年間，頗聞洹水故墟出殷器至夥，而購求者稀。南北知好復遠道寄示，且瀝陳商況之艱苦。予用是展轉思維，曩者予謀斥舊藏以活人，所願既不克償，今兹所見宜雲烟等視，何注意爲？顧念古物有盡，若不得所歸，至可矜惜，且以是時購求，殆亦利濟之一端。於是又得三代器百餘品，秦漢以降器數十品，合以津沽所得，爰命兒子福頤編次爲《貞松堂吉金圖》三卷，而以三代及漢石刻各一與唐封泥、宋木楬附焉。編中所載，若𦥑氏之鍮、中鑵之蓋、魚鼎之七、𤿲量、鄀權、馬節、馬銜、匕首、酒𤿲，與夫金馬書刀，並爲前賢所未覩，考古所取資。影印既成，爰弁語簡首，以示人生得失，莫不有天焉。即物之聚散，亦有數存乎其間。予之於古文物，適然而得之，亦適然而存之，求損而適得其益，莫非任之自然。視世之計取力營，蒙於義利之辨，一意於得而惟恐其或失者，爲有間矣。書之以告當世之讀是編者。乙亥仲秋。

三代吉金文存序

往在海東，亡友王忠慤公從予治古彝器文字之學。予以古金文無目録，勸公編《金文著録表》。既竣事，公請繼是當何作，予曰：「前人考古彝器文字者，咸就一器爲之考釋，無會合傳世古器文字分類考釋之者，今宜爲古金文通釋，可約分四類：曰邦國，曰官氏，曰禮制，曰文字。試略舉其凡：如古器所記國名，燕作『匽』、作『郾』，鄭作『奠』，芮作『内』，祝作『鑄』，滕作『賸』，薛作『䢵』，莒作『筥』，蘇作『穌』、作『蘇』，邾作『鼄』，邶作『北』，與《左》、《國》諸書不同。又如官名，司空之作『司工』。女姓之任，本字作『妊』，隗本字作『媿』，已本字作『妃』。又金文所載射禮，足考證載記文字之緐變、通假、正俗，多可訂正許祭酒書。如是之類姑略舉，可以隅反。」公聞而欣然。方擬從事，乃遽應歐人之請，返滬江。公既歸，遺書曰：「金文通釋之作，沈乙庵尚書聞之，亟盼其成。然滬上集書甚難，各家著録不易會合，與曩在大雲書庫中左右采獲，難易不啻霄壤。某意不如先將尊藏墨本，無論諸家著録與否，亟會爲一書，而後爲通釋即此一編求之，不煩他索，成書較易矣。」予於時至韙公言。顧未幾歐戰起，戰後海東疫作，家人多抱病，乃攜家返津沽。人事牽阻，未及從事，而忠愨遽完大節，乙庵尚書又先委化，著述之興，不復能自振。及移居遼東，閉門多暇，又以限於資力，始課兒子輩先將所藏金文之未見諸家著録者，編爲《貞松堂集古遺文》。先後凡三編，夙諾仍未克踐也。去年乙亥，馬齒既已七十，慨念四十年辛苦所蒐集，良朋所屬望，今我不作，來者其誰。乃努力將舊藏墨本及近十餘年所增益，命兒子福頤分類督工寫影，逾年乃竣，編爲《三代吉金文存》二十卷，寄海東精印，以償夙志。而尚書與忠愨，則已不及觀成矣。至通釋之作，不知炳燭餘光，尚能繼是而有成乎？是亦且委之不可知之數而已。撫今追昔，傷逝懷賢，攬素綴辭，曷勝淒感！丙子重九。

增訂漢熹平石經殘字集録序

雒陽漢太學遺址既發見熹平石經，其流入都門，散歸於好古諸家者，歲有增益。至戊辰歲，予乃得見諸家集拓本。於時遼居多暇，每得墨本，輒爲之考定。自己巳七月至庚午六月，一匝歲間遂成《集録四編》。是年閏月，復會最爲一編，計得經、校、序記三千七百八十五言。明年，又爲之補遺。逾二年，甲戌冬爲又續及續拾，復增字千餘，乃成書。以後所見復增，以俗冗未暇寫定。今年山居養疴，藥裹餘閒，始取諸編，益以新得，重加編訂，成書二卷。計七經之文，總得五千五百九十三言，諸經校記一百八十言，合以序記殘石，總得六千一百六十三言。以前考訂，間有疏誤，亦爲之訂正。蓋至是上距殘石發見之歲，已逾十年矣。屈計光宣以來，海内文物之見人間者，洹濱之殷栔、西陲之簡軸、大庫之史料而外，即以鴻都遺經關於學術爲最鉅。蓋炎漢今文之學絶於晉永嘉之亂者，至是復見於人間。予所寓目，雖不得云備，然所見文字之多，遠過於天水之世。嘗謂身世遭逢，事事不如古人，而眼福則勝之。白頭衰病，藉此以遣有限之殘年，亦幾忘人間之爲何世矣。繕録既竟，仍取舊序冠之，而重訂目録列之左方，以貽好古之士。戊寅中秋。

姚秦寫本僧肇維摩詰經殘卷校記〔序〕

宣統紀元，予備員學部，伯希和博士既告予敦煌石室尚有殘卷八千軸，予乃慫恿部中購取。明年，由署甘督毛公遣員某運送京師。既抵春明，江西李君與某同鄉乃先截留於其寓齋，以三日夕之力，邀其友劉君、壻何君及揚州方君，拔其尤者一二百卷，而以其餘歸部。李君者富藏書，故選擇尤精，半以歸其壻，秘不示人。方君則選唐經生書迹之佳者，時時截取數十行鬻諸市。故予篋中所儲，方所售外，無有也。

歲壬戌，予自海東移寓津沽，則何君已物故，乃盡得其所藏數十卷，而以《維摩詰經解》二卷爲之冠。以書迹斷之，其出姚秦時無疑，乃弘始初譯本也。二卷中，其一起「佛國品第一」之下半至「方便品第二」之末，無前後書題。他卷亦起《佛國品》之半而至《弟子品》之末，後有書題曰：「維摩詰經解卷第二」，末有「比丘智真所供養經」款一行。二卷書迹相同。卷中別構之字，如惡作「悳」，就作「就」，咎作「告」，髮作「髪」，攝作「擇」，耶作「耶」，畏作「畏」，願作「頒」，雖作「陮」，服作「䏑」，幻作「乣」，歸作「歸」，瓦作「凡」，厭作「厭」，身作「身」，爲六朝石刻中所罕見，頗似秦《鄧太尉祠碑》。書法從分隸出，與他六朝人書亦不類，珍爲寒齋古卷軸中第一，顧尚未知作解者爲何人也。

嗣檢日本明治本小字《藏經》，中有僧肇《維摩詰所説經註》十卷，取以相校，知此卷實爲僧肇所註《藏》本。前雖署長安沙門僧肇註，而中有「什曰」、「肇曰」、「生曰」三家。「什」爲譯經之鳩摩羅什，「生」爲道生，「肇」則僧肇。知其本乃後人集三家之註而悉歸之僧肇，非其朔也。鳩摩羅什重譯此經時，僧肇實佐之。其人善言名理，文亦爾雅，足以達之。彼教中稱僧肇、僧叡、道生、道融爲「什門四聖」。肇年三十三而卒，如孔門之顔子。此卷爲當時寫本，取校《藏》本，則肇註此有而今逸者百六十餘則；肇註誤爲什者三；肇註中有脱句者三；他人之註混入肇註者一。頃者，藥裹餘閒，一一爲之比勘，命長孫繼祖助予寫定爲《校記》一卷，以存肇註真面目。并將原本影印，以貽好古之士，而記其緣起於卷耑。丁丑中秋。

唐書宰相世系表補正序

光緒壬辰，予曾著《唐書宰相世系表考證》二卷。其書乃依據諸史列傳，而佐以唐人文集及金石文字成之。顧其時家居，見聞簡陋，及宦游南北，每得碑誌，見有可補正是《表》者，輒録之書眉，備異日增入。以故《考證》雖久成書，迄未授梓。及辛亥避地扶桑，唐尚書景崇以書來言：「聞尊著《唐書藝文志斠記》、《宰相世系表考證》久已脱稿。鄙人以數十年之力，注歐《書》，今將以桑榆暮景成之，大著擬全行采入，敢以爲請。」予因以舊稿付之。當時徵求迫，未及録副也。乃尚書不久下世，所著亦未就，而舊稿則不可復返矣。幸書眉所記續校之稿尚存，且歲有增益。三十年來中州所出唐誌千餘品，每得墨本，輒取以校讎，久之，遂得如干則，今始以養疴餘暇，別紙繕録，成書二卷。歐《表》舊例書名、書官、書字、書爵、書謚，其有未備者，則補之；子孫有可考而遺之者，則補之；至世次顛倒錯迕，名字譌舛，或一人而析爲二，或二人而混爲一，則訂正之。其大端根據誌墓之文，而輔以諸家文集，復校以宋槧本，與前書蓋稍異，故名之曰《補正》。回憶少時治此書，予年未及三十，今且逾七十矣。中更世變，未轉溝壑，尚得爲此寂寞，以遺餘年。熒熒青燈，蕭蕭白髮，自幸且自慨也。丁丑仲冬。

唐代海東藩閥誌存序

光緒季年，予備官學部，唐春卿尚書景崇代蒙古榮文恪公來長部，見予遽曰：「往在南中，讀君著作，至爲欽挹，今後請以退食餘閒，相與商量舊學。某炳燭之明，薄有造述，願得他山之助，幸無遜謝可乎？」予逡巡應之曰：「唯唯。」不半月，公延予於廣西會館，出所注《新唐書》稿相商榷。且曰：「新、舊兩《書》，以史法論，歐史爲優，記載翔實則推劉氏。顧《舊書》無善本，前輩謂《太平御覽》、《册府元龜》所引出北宋初年，可資勘定，然《元龜》近亦無佳刻。近注《東夷傳》，隋、唐兩《書》皆言高麗官制凡十二級，《元龜》則言十三等，而其所書官名則仍是十二，然則所謂『十三等』『三』字必『二』字之譌，雖有異同可依據乎？」予對以似未可遽以爲譌，且須得善本定之耳。公似不謂然。乃又曰：「京師人文淵藪，然求書不易。同治初，於獨山莫氏假寫本《東國史略》，偲翁言，順德丁氏藏《東國通鑑》詳於此書，予訪求有年，始知李君木齋許有之，而吝不見假，令人慨喟。」予曰：「《東國通鑑》以前尚有《三國史記》，皆彼邦人所著，行篋中有此二書。顧書中所採大要出中國諸史，於注歐《書》無甚裨益也。」公聞之驚喜，借觀月餘，告予曰：「詳檢兩書，果如君言，然更從何處得他資材耶？」予以唐代石刻文字對。公曰：「君聞見博。倘見有裨歐《書》之石刻，幸見告。」予唯唯應之，然實未有以報公也。

及辛酉後，予寓居津沽，得中州石刻甚多，見《百濟故太子扶餘隆墓誌》，嗣又見泉男生諸《誌》、《高慈》、《高震誌》，先後得墨本七通，咸有裨歐《書》。而《泉男産誌》實有十三等之班次，語與《册府元龜》同，足釋往者尚書之疑。顧是時尚書墓草已宿，欲踐往約已末由矣。頃養疴嵎夷，檢笥得諸誌，其中泉男生、男産、扶餘隆三《誌》，尚有流傳，《高慈誌》在予家，他三誌則僅見一本，不知存否，且多爲學者所未知，因録爲一編。舊有跋尾者增損録後，其無跋尾者補加考證，顏之曰「唐代海東藩閥誌存」。校録既竣，追念往者春明舊約，淒然腹痛。論學之侣日稀，賞析之歡難再，俛仰今昔，感慨繫之矣。丁丑仲冬。

杜詩授讀序

在昔我先聖詔小子以學《詩》曰：「《詩》可以興，可以觀，可以羣，可以怨，邇之事父，遠之事君。大已哉！《詩》之爲教也。間嘗汎覽，往葉三百篇，尚矣！而《二南》風化，首被江漢之間。及其衰也，楚騷作焉。漢魏樂府尚能根矩騷雅，飲流而知其源。及典午之世，作者林立，求其得風雅之旨者，柴桑一人而已。下逮六朝，顏、謝、鮑、庾雖專美一時，而陳、隋季葉，淫靡已甚。有唐肇興，文皇首開文館，留神藻翰。顧時承積衰之後，尚難大振頹風。爰暨開天，少陵崛起，命世挺生，奄具衆美，造次顛沛，不忘君國，起興觀於百世，垂矩範於藝林。風雅再興，立言不朽，譬之滄溟喬嶽，永流峙於兩間；

玉振金聲，集大成於羣聖。有宋眉山蘇氏，嘗以杜詩比之昌黎之文，魯公之書，謂天下之能事盡矣。旨哉斯言！莫能易也。予往歲徧覽歷代名作，懸先聖論詩之旨，求之二千餘年間，於晉得陶令，于唐得工部，于宋得渭南，而白傅新樂府，亦深得風人之旨。曾擬集録四家，合爲一集。顧以陶文毅公集注陶詩盡美且善，無煩更録，爰先手録杜集，約之又約，得百餘篇，付長孫繼祖集録前人評注編爲一卷，顔之曰「杜詩授讀」，將以傳之家塾，貽我後人。至白、陸兩集，即擬賡續成之。方今斯文凌替，風雅道衰，雖綆短汲深，自懷慙夫薄殖；而面牆不學，用申戒於過庭。若謂輕議古人，則吾豈敢。康德戊寅長夏。

明季遼事叢刊序

歲在戊辰，予自津沽移寓旅順。旅順爲明季國防要隘，其東與登、萊相望，其東北則島嶼蜿蜒，直至新義州之皮島，東江帥府在焉。登、萊餉遼，取道於此。明季創三方守禦之策，特於登、萊設巡撫，以陶朗先任之，俾與天津巡撫畢自嚴及東江相呼應，謀匪不臧也。雖當時熊襄愍頗詆毛文龍鎮江之役發之太早，然文龍以一偏裨當覆師之餘，闢草萊，據荒島，練卒伍，艱難困苦，先後數年間，屹然爲國家屏障。故高陽經略全遼，深資倚重。顧一旦爲袁崇焕所擅殺，於是不數月間，我大清遂毫無牽制，長驅而至燕京矣。

予嘗謂崇煥守廣寧之績與其辛苦勤王，忠勤固不可泯，而自壞藩籬，其罪亦無可逭也。文龍之帥江東，當時毀譽紛歧，當論定以徐爾一一疏。至陶朗先轉餉餉遼，艱苦卓絶，固國家之勞臣也，乃不酬其庸，且慘死於閹寺之手，尤可哀也。予嘗考當時史事，苦《明史》於遼餉事記之不詳，又不立陶朗先傳，致其事實幾無可考，而於東江功罪亦無定評。欲求當時言遼事諸書刊行之，以補史氏缺遺。久乃得吴槎客先生所撰《東江遺事》稿本，嗣又得明活字本《海運紀事》，雖中佚數篇，而餉遼案牘至詳。又於陶氏後人得《陶中丞遺集》，所載奏議及文牘，多出於中丞手迹，諸家補傳亦可資考證。又於山左畢氏後人得《畢自嚴傳狀》，其事實視《明史》本傳加詳，此諸書者並爲罕覯之籍，爰彙刊爲一編，顔之曰「明季遼事叢刊」，而書其緣由于簡端，以諗當世讀是書者。丙子歲暮。

升文忠公津門疏稿序

光宣之間，予備官京師。於時革命之説大昌，朝議籌備立憲改官制，各省設諮議局以謀補救，而世論乃益猖獗。中外大吏箝口結舌，無敢出一言匡救之者，獨陝甘總督升公以阻撓新政罷官。心焉異之，然無由識其人也。

及辛亥國變，予避地海東，逾三年乙卯，公亦僑寓東京。一日郵所爲詩文遺書，願訂交。予益驚異，乃至東京，謁公於所居深田氏中野别墅。一見如舊交。始悉公當事變時，奉旨署陝撫，督辦軍務，連克長武、永壽、邠州、醴泉、咸陽諸州縣。顧當時邊報不通，往在京師不能詳也。壬子三月罷兵，復走萬里絶域，所謀輒阻而志氣彌厲。暢談凡三日夕而别。瀕行，公執手曰：「異邦邂逅，吾道不孤。公年方逾壯，僕尚未甚衰，一息尚存，移山填海，此志不渝，與公共勉之矣。」公尋復訪予於京都。由是，有所謀輒相見。

歲丙辰，公返國，寓青島者八年。己未，予亦返國，寓津沽。每歲數往還。逮壬戌，公移居天津，主予家者七年。由是得與公朝夕相見。當大婚禮成後，公與予以入賀，得蒙召見，令得言事。公乃益感聖知。津沽密邇京師，因之得聞宫禁事。内紛外侮，日益迫切。公憂之甚，每有所聞，輒密疏陳奏，以圖補益。故七年中，疏凡十二上。或公自起草，或遣予代作；或一人具疏，或聯名以聞。當道爲之側目，致以公與予爲朋黨，公弗顧也。今距公之殁七年矣，偶檢巾笥，舊稿具存，因寫爲一卷，顔之曰「津門疏稿」，以公先是任甘督時《論新政疏》附焉。亡友王忠慤公受知於公，爲公門人，其任南齋時二疏并坿録卷末，一以志公睠睠君國，一以志當日之聲應氣求，如公所謂吾道不孤者，俾傳之方來，不至泯滅。此則予之責也。編校既完，漫書簡首，追懷疇昔，感慨繫之矣。戊寅首夏。

滿洲金石志跋

滿洲石刻之著録，莫先於吾鄉楊大瓢先生《柳邊紀略》所録之《金完顔婁室碑》，然當時雖移録其文字，而人間顧不見墨本。乾嘉以降，金石學家林立，亦未見著録滿洲一金一石者。逮光緒丙戌，枝江曹大令廷杰始於特林得明初永寧寺二碑，拓墨呈京師總理各國事務衙門。歲己酉，宗室伯羲祭酒始遣京估李雲從拓輯安之《高句驪好太王碑》。未幾，吉林將軍長公順開館創修《吉林通志》，乃訪得《金得勝陀碑》、《完顔希尹神道碑》、《曹道清碑》，顧亦未聞拓墨以流傳之。及乙未冬，貴池劉觀察含芳於旅順得唐開元崔忻井。逾十年，知輯安縣吴大令光國於輯安之板石嶺得魏毌丘儉紀功殘石，始以拓本分贈海内同好。於是，滿洲石刻稍稍得傳諸藝林。

辛亥冬，予避地海東，見義州石窟魏太和間營州刺史《元景造象記》于亡友内藤湖南博士許，詫爲平生所未見。及返津沽，乃遣青縣姚貴昉大令往拓墨，並得景明中《韓貞造象記》以歸，遂分遺知舊。於是，滿洲人士始知古金石之可寶。嗣是知舒蘭縣袁大令慶清乃傳拓《完顔希尹碑》，他邑有古刻發見者，或載入方志。及熱河遼陵發見諸帝后哀册文與遼相國《賈師訓墓誌》，當道移置奉天。諸哀册文中，有以契丹國書書之者。契丹國書久絶于天壤，學者尤珍異，於是，滿洲古刻不僅入東方士夫之目，並騰於世界學者之口矣。

予頻年以來，搜求墨本，命兒子福頤編《滿洲金石志》，苦求備之不易，乃就中州石刻之僑寄於此者，先成《别録》二卷。今年行篋所儲金石刻已逾百品，乃命兒子從事輯録。此百餘品中，明永寧寺二碑乃假内藤博士後人所藏墨本影寫，爲予篋中所未備，其他則出奉天、吉林、黑龍江者什七八，出熱河者什二三。滿洲金石刻雖不敢謂畢在於是，亦略具矣。兒子乃以一歲之力，成書六卷。予念輯録一事，莫要於移寫，亦莫難於移寫。乾嘉以來金石著録衆矣，於移寫殆均不能無憾，蓋纂輯多假手於門人、賓客，益以寫官之不慎，故奪落舛誤觸目皆是。予嘗就所藏古刻校王少寇《金石萃編》，一碑中少者訂正數字，多者或補正至數十字、一二百字以上。即以熱河、承德、吉林諸《志》言之，譌誤均所不免。試舉此編所載《烏丹城全寧路新建儒學記》，《熱河志》謂「有斷碑，一字已殘缺，惟魯國大長公主字可辨」。今觀拓本，則題額具存，文亦什七八可讀，《志》乃不復細審，且似未見額字。《吉林通志》夙稱精核，然於《完顔希尹碑》因碑石中折，竟誤其行次，致同錯簡。今兹所録皆悉心手校，其石刻殘泐或拓墨粗劣者，必詳細諦審，期無乖失，雖不敢遽謂美善，然亦可略彌前賢著録之憾矣。編輯既完，予特揭其校録之苦心，以告讀是書者。至滿洲古刻載諸方志昔存而今佚者，即將繼是集録别爲一編，附於此書之後。又遼金兩《史》諸紀傳載當時石刻甚多，今日尚無發見者，地不愛寶，異日若有所見，當爲續録。予雖衰暮，尚跂足以俟之。丁丑夏。

滿洲金石志别録序

方志之載古石刻，昉於《水經注》，宋人廣其例，始有專書。若《京兆金石録》，若諸道石刻録，若《寶刻叢編》等，然皆有石而無金，且僅列石目。逮我朝關中、中州、山左、兩浙諸金石志，始傳録文字，並間收古彝器，然視石刻才千百之一二，良由古彝器出世非上之御府，及爲好古有力者所藏，因人轉徙，非地方所得保有。非若穹碑巨碣之在名山大刹，重大不可他徙，雖亦間有轉移，若洛陽熹平石經曾一移鄴下，再移關中，然亦僅見而已。迄我朝乾、嘉間，始漸開人家藏石之風。若畢秋颿中丞移關中高延福等四誌於吴中，是其肇端。厥後斯風益熾。於是，古石刻之轉徙如古彝器然，亦非方隅所得保有矣。

滿洲爲古幽營之域，僻處東北，古金石刻本少，且無好古有力者若畢、阮諸公爲之表章。兒子福頤曩欲就滿洲各都邑古刻編爲金石録，以蒐訪未備，未能遽著手。予謂此事自宜有待，然若離宫所藏古彝器之僅存者，與鄴下洛中古石刻流入滿洲者，今均藏博物館。雖非本土所固有，而以方志志流寓例之，則此僑寄之金石刻，亦應編入方志者也。但不可與地方所有者相混合，宜特編爲《別録》。至固有之古石刻，載方志而今佚者，可傳録其文爲《外編》。二編既成，俟訪求大備，然後編方域固有之金石刻爲《正編》，固未爲晚矣。兒子奉予命，乃先就奉天博物館所藏從事寫定，得古彝器十有二，古石刻五十有四，一一爲之考證，編爲二卷。既成，觀其編録頗不苟，爰付滿日文化會印行之，並書編輯之旨於卷端，以告讀是書者。丙子長夏。

遼史校勘記序

往在滬江，與嘉興沈子培尚書論吾浙學術。尚書曰：「二百餘年，吾浙史學實冠於各行省。乾嘉以來，海内學者無專治遼、金、元三《史》者。吾浙先正則皆有成書，且莫不精邃。近數十年間，南北學人始漸知治蒙古史，而遼、金二《史》至今尚無繼起者。此非予矜張鄉學，實篤論也。」予曰：「然。但汪氏《元史本證》、施氏《金史詳校》果至精密，若厲氏《遼史拾遺》則但攟拾佚漏，於《遼史》乖失未嘗糾正，則美猶有憾焉。欲彌此憾，固後來者之責矣。」尚書撫几而起曰：「此終當責之吾鄉，且責之公。」予曰：「近整比未完舊著，尚未遑及此。且學問天下之公，但願有能成此者，何必出自我。」尚書曰：「分公才力，足了十人。矧有君楚，足爲公助乎？」予仍遜謝。公曰：「異日君楚必能成此，惜老夫不及待矣。」君楚者，亡兒福萇，夙爲尚書所期許，時以病居滬上，未幾遽没，又未幾，尚書亦捐館舍，此願遂久不克償。及予與亡友王忠慤公同直南齋，復以尚書望之予者望忠慤，忠慤俞焉。乃不數年，又遽以憂憤赴止水，今又十餘年矣。

予居遼後，得遼賈師訓、韓椅諸墓誌，遼帝后諸哀册，爲之考證，益感《遼史》之譌誤百出，非勘正不可，慨然欲以自任。顧炳燭餘光，精力衰謝，復以疾苦益疏筆硯。長孫繼祖性通敏静謐，頻年予有造述每令參校，因以此命之，先後三稔，遂成《校勘記》八卷。予嘉其志果力勤，卒彌鄉學之憾，且於蕪雜舛迕處實能一一爲之是正，方之汪、施二家之書，殆無多遜，乃爲之印行。於是當日尚書所望之鄉人，及予且望之亡兒，予所望之忠慤者，今幸乃成之吾孫。惜尚書及忠慤墓草已宿，不及見矣。校印既完，爰書卷首以寵之。繼祖其勉承鄉先正之墜緒，益自厲於斯文絶續之交，俾日就而月將。老夫且拭目以俟之。戊寅孟冬。

通溝序

光緒季葉，予備官中朝，退食之暇，輒蒐採古金石刻，以爲考古之助，嘗得《高麗廣開土王碑》於廠肆估人李雲從。雲從并出示墓磚，文曰：「願大王陵安如山，固如岳。」爲言往歲往輯安拓此碑時，得於墓之近側。又言墓中有壁畫藻繪如新。予聞之神往，顧以官守所繫，苦不能度遼水一訪之。後此十餘年，予寓居旅順，距輯安僅一二日程，因其地爲軍人所割據，又不願往。及滿洲建國，可以往矣，則以兵事之後，盜賊充斥，復不果往。逮滿日兩國組織文化協會，東邦友人先後往者踵相接，且於廣開土王墓外更得數塚，均有壁畫，復遣良工往寫影，今乃由本會池内、濱田諸博士分任記述攷證之事，編爲《通溝》二卷。書既成，責予以序。維予之知麗塚壁畫者三十年矣，於時方盛年時，以官守所繫不得往，及滿日文化協會之成立，予則年已衰暮，當友邦諸君子先後往，予則以老病，竟不克聯騎以從，私謂此憾將終不可弭矣。乃此書成，予得於藥鑪病榻之間，從容展對，不啻身臨其境，則拜諸君子之惠多矣。昔顧亭林先生訪碑關中，成《金石文字記》。其自序謂嘗吮墨伸紙，躑躅於山猿野鳥之間，其艱其劬如此。而予之於麗冢諸古跡，則不出户庭得觀劇蹟，諸博士爲其勞而予爲其逸，其欣幸爲奚如哉！爰述予三十年之憾而償之一旦者，以爲之序。至池内博士之考高麗古都與濱田博士、梅原助教之説明諸壁畫，其詳審精密，則讀者均能知之，不俟予之稱述已也。

僧肇維摩詰經解校記跋

予往作此《經解校記》據明治大藏所載明刊本。頃吾友小野博士玄妙爲寄《大正藏》經所載寬永十八年刊本及平安時寫本，寬永本題「注維摩詰經」，寫本題「維摩經集解」，凡明本所奪肇注，二本均不闕，因兼采鳩摩羅什、竺道生及僧肇三家之注，故名《集解》。二本均足訂正明本脱誤。至僧肇一人所注之本，則殆已久佚矣。晁公武《郡齋讀書志》卷十六。亦載《注維摩詰所説經》十卷，云「本三卷，什之徒僧肇、道生、道融等爲之注，釐爲十卷」云云。今考傳世諸本，皆無道融注，不知晁氏何以云爾。晁氏又云：「唐李繁頗言此注後人依託者。」今此卷爲姚秦初譯時所書，與傳刻本相同，則李繁謂後人依託爲不確矣。爰書《校記》之後以正之，並記小野博士他山之助爲可感也。

沙州曹氏年表跋

往歲甲寅，避地海東時爲此表，刻之《國學叢刊》中，今二十有四年矣。頃得吾鄉徐星伯先生所輯《宋會要》，見有可補正是書者，爰命長孫繼祖録出。復以三日之力，手自修正，并删訂舊序，重付影印，以就正世之治乙部學者。丁丑仲秋後二日。

補唐書張義潮傳跋

予往歲作此《傳》，凡三易稿，然於張氏最末一世，仍苦不能知其人。僅於《李氏再修功德記》知景福元年索氏篡奪，李明振出定其亂，重立張氏遺孫，朝廷遂以明振子弘愿充沙州刺史兼節度副使而已。往因《五代史記·吐蕃傳》載沙州梁開平中有節度使張奉，自號白衣天子，石室有西漢金山國聖文神武帛與宋惠信勑，其印文曰「金山白衣王」，疑奉爲義潮末孫，而苦不能得其證。頃讀《舊唐書·昭宗紀》光化三年八月己巳，制前歸義節度副使、權知兵馬留後、銀青光禄大夫、檢校國子祭酒、監察御史、上柱國張承奉爲檢校散騎常侍兼沙州刺史，充歸義節度、瓜沙伊西等州觀察處置押蕃落等使。光化三年上距景福元年才九年，下距梁開平僅八年，則張承奉即張奉也。其稱前歸義節度副使，雖不知其除拜之年，然必承李弘愿之後，至光化三年始以權知兵馬留後真除歸義節度。張氏忠於唐室，至朱梁篡唐，遂自立爲西漢金山國王，其人爲義潮宗系殆無可疑。《宋史·沙州傳》言：至朱梁時，張氏之後絶，州人推長史曹義金爲帥。意承奉殆無子嗣，逮義金得位，遂削金山國之號而附梁耳。積歲懷疑，久不能决，一旦得之，喜可知也。爰書以志之。

俑廬日札跋

右稿戊申歲刻之滬上雜誌中，邇日東莞容氏又以活字排印。顧海桑以後，故家文物每多轉徙，此編所記，往往今昔頓殊。爰以三日之力，口授長孫繼祖，爲之改訂，並校其譌字，重付影印，爰記歲時於卷尾。甲戌十月。

唐神龍删定散頒格殘卷跋

右《唐神龍删定散頒格》殘卷，出燉煌石室，今藏法京國民圖書館，亡友内藤湖南博士往歲游巴黎時手録以歸者。雖僅存刑部十四條，而卷首書題「具存四散頒刑部格卷□」，次行書「銀青光禄大夫行尚書右丞上柱國臣蘇瓌奉勅删定」。案《唐書·藝文志·史部·刑法類》載《貞觀格》十八卷，《留司格》一卷，注：「格七百條，《舊書·刑法志》：貞觀十一年，删武德貞觀已來敕格三千餘件，定留七百條。以尚書省諸曹司爲目，其常務留本司者，著爲《留司格》。」又《永徽散頒天下格》七卷，《留本司行格》十八卷，注：「格分二部，以曹司常務爲行格，天下所共爲散格。」此卷題散頒格，蓋即頒行天下者也。《舊書·刑法志》：中宗神龍元年，依貞觀永徽故事，敕中書令韋安石、禮部侍郎《新書·藝文志》作禮部尚書。祝欽明、尚書右丞蘇瓌、兵部尚書狄光嗣等删定《垂拱格》後至神龍元年已來制敕爲《散頒格》七卷。又《蘇瓌傳》：「神龍初，入爲尚書右丞，以明習法律、多識臺閣故事，特令删定法令格式，尋加銀青光禄大夫。」以此卷蘇瓌署銜考之正合。再證之《刑法志》，故確知此爲《神龍删定散頒格》矣。卷端僅署臣蘇瓌等奉勅删定，而不及韋、祝者，韋、祝殆以相臣領局事，未嘗與删定之事也。唐代法律格式由武德至大中屢次修定，顧今但存律疏，爲後來制律之根源，而令格式均散佚無存。往歲予曾印石室本《水部式》，今復取此殘卷付寫印行。雖吉光片羽，彌足珍矣。繕印既竣，爰書後以識。歲時丁丑季冬。

日本天平及天平勝寶具注殘曆跋

日本《具注殘曆》二種，正倉院藏。一存十七行，起十二日甲子，訖廿九日辛巳，原題「天平十八年曆」；一存十八行，起十七日庚午，訖四月三日丙戌，原題「天平勝寶八年曆」。案：天平十八年當唐天寶五載丙戌。唐自開元十七年用大衍術，是年正月三月皆癸丑朔，十二日得甲子。此殘本有「廿五日乙亥，蟄雨，三月中」語，蟄雨乃穀雨之誤，知此爲三月殘曆也。天平勝寶八年當唐至德元年丙申，是年三月甲寅朔，四月甲申朔，三月十七日正得庚午，知日本聖武孝謙之世，曆法均用唐大衍術也。兩曆每日下所注「神煞吉凶」，以《欽定協紀辨方》考之，多合。予往於西陲木簡中見漢曆，於鳴沙石室見五季曆，而唐曆未之見。今得見此殘紙，復得窺見唐曆一班於南京遺芳中，惟僅存此斷簡，惜不得見全豹耳。戊寅八月。

予舊藏鳴沙石室殘曆三種，曾印入《敦煌石室碎金》中。其第二種存三十行，起正月廿七日，訖二月廿三日。予以正月癸酉、二月癸卯朔考之，唐天寶十二載及會昌六年、後晉天福四年皆然。因歐洲所藏鳴沙石室殘曆皆五季及北宋物，故肊定爲《晉天福曆》。但丙字避唐諱作「景」，每月記月厭、月煞、月破，又每日下所記神煞如歲位、歲對、歲前、小歲等，則《天成》及《宋淳化曆》所未有，雖肊定爲晉曆，亦自疑未確。今以此殘曆校之，所記神煞正同，知彼亦唐曆非晉曆也。十載懷疑，一旦竟得解決，爲之忻慰無已。十一月望，又記。

晉天福十一年殘曆跋

此歷但存六行，存二月朔丁巳至四月庚申，首行字多殘損，然尚可辨三月小、四月大、五月小、六月□、七月大、八月小、九月大等字。考長術，天福十一年丁未，二月爲丁巳朔，每月大小盡與此殘紙皆合，惟是年閏七月，此則無閏爲異，殆邊裔曆生學術未精，故有此譌耶？予既以後唐天成元年、晉天福四年兩殘曆印入《貞松堂藏西陲秘籍叢殘》，因附印此殘紙，并書後以志之。

元至元二十一年殘税籍跋

《元税籍》，存完紙四，殘紙三，前人以裝潢書册，予得之，命工别裝爲册。籍中記所收税鈔凡二類：一曰税辦鈔，二曰契辦鈔。税辦類納税之物見於殘紙中者二十有九，皆飲食服用之品。曰桃，曰杏子，曰杏片，曰西瓜，曰生薑，曰麴，曰猪，曰羊，曰魚，曰驢，曰牛皮，曰絲，曰麻，曰綵，曰炭，曰絹，曰布，曰紙，曰車，曰櫃，曰席，曰簾，曰簸箕，曰瓦盆，曰籃子，曰笠兒，曰韈，曰韀，曰靴，皆記某人某物收税若干。契辦類則似税之農家者，其目曰典賣田地，曰牛，曰驢，曰馬，曰磨，皆記其名目及價值若干，收税若干，稽其税率蓋三十而取一，與《元史·食貨志二》所載至元七年定商税三十分取一之制正合。每紙於兩税後有總結，曰通前辦鈔若干，次記正課鈔若干，比附增鈔若干。又後分記税辦鈔若干，契辦鈔若干。又後一行書「右轉訖」。又後署「至元二十一年六月日」，「日」上空一字。「攢典高天祐、相副官曹善、大使張天玉、監辦州吏張玉」中一紙作「張守真」。款四行。年月上加朱印，漫漶不能辨其文字。銜名四行之上方有「照磨相同」四字，下有字似姓名押字。紙尾墨印二「使」字，大約三四寸，下有押署，一爲手書，一爲墨印。

考《元史·食貨志》記商税及額外税，其文至簡略，爰就此册所載，質之老友柯鳳蓀學士劭忞，柯君言：「元各路總管府屬下有税務局，管本路之税課，局設提領大使、副使。至元十三年又增設相副，皆官也。設攢典、監辦，皆吏也。攢典將應税貨物抄寫納税數目，謂之號帖，發給商人，賫以投税。監辦將每月(牧)〔收〕入之鈔抄寫數目，呈繳本管宣慰司及行中書省，腹裏路分則呈繳中書省。此税籍即真定路税務局呈繳中書省者也。税辦鈔即貨物雜税，契辦鈔即《元典章》所謂典賣田宅、人口、頭匹、物業應立契約者之税。正課鈔外，又有比附增鈔，即《元典章》所謂比附羡餘，依期申報。《元典章》：至元九、十年，福州路將不合收税各項，張挂行下各屬，内有掃箒、草鞋、麴。此籍掃箒、鞋、麴俱收税，當以腹裏路分與邊遠不同。局官僅相副大使列銜，當以税局非一處，各員分轄，此籍則爲相副大使所轄之局也。」所考甚詳。裝册既竟，爰記柯君語於後，以示當世治元史之學者。

晉開運四年刊大聖毗沙天王象印本跋

此象出敦煌石室，高建初尺一尺七寸，廣一尺一寸。象之下方題識十四行，行六字至九字不等，文曰：「北方大聖毗沙天王，主領天下一切雜類鬼神。若能發意求願，悉得稱心。虔敬之徒，盡獲福祐。弟子歸義軍節度使、特進、檢校太傅，譙郡曹元忠請匠人雕此印板，惟願國安人泰、社稷恒昌、道路和平、普天安樂。於時大晉開運四年丁未歲七月十五紀。」印厚楮上，墨色濃淡殊不匀，蓋其時雖有雕板而印刷之技尚拙，殆以墨塗字上而自上按下如鈐印然，故墨不得勻，非如後世以文字仰而向上，塗墨以後，加紙其上而摩以椶刷，得字字明晰也。予見石室印板經象，小自數寸，大或逾尺，楮墨印刷莫不均，然其印刷之技尚拙。考刊本之始，唐代已有之。《舊唐書・文宗紀》：大和九年丁丑，勑諸道府不得私置曆日板。《全唐文》卷六百二十四。馮宿《禁版印時憲書奏》：「準勑斷印曆日版。劍南、兩川及淮南道皆以版印曆日鬻於市，每歲司天臺未奏頒下新曆，其印曆已滿天下，有乖敬授之道」云云。又，卷八百零八。司空圖《爲敬愛寺講律僧惠確化募雕刻律疏》有「印本漸虞散失，更欲雕鎪」語，則唐代已有雕板，信而有徵矣。此象刊於晉末，去唐才四十年。前人考印板者未及此數事，故記之於此。

重刊宋本東漢刊誤跋

宋槧本《東漢刊誤》四卷，佚卷一，首葉前半紙起「帝紀第一」，迄「列傳第八十」，首尾完足。「帝紀第一」前一行署「治平三年四月，宣德郎、守太常博士、充國子監直講、騎都尉臣劉攽」。上卷中徵、貞、慎、完、桓、瑗諸字皆缺末筆，乃南宋初年刊本也。考此書久佚，《宋史・劉攽傳》：攽「著書百卷，尤邃史學，作《東漢刊誤》，爲人所稱頌。司馬光修《資治通鑑》，專職漢史」。又《藝文志・史部・正史類》著録劉攽《漢書刊誤》四卷。又載《三劉漢書標注》六卷，劉敞、劉攽、劉奉世撰。《直齋書録解題》亦載《三劉漢書標注》六卷，但又稱又本題《公非先生刊誤》，其實一書。趙希弁《讀書附志》載劉攽《西漢刊誤》、《東漢刊誤》各一卷，《文獻通考》載《東漢刊誤》一卷，諸書所記不同。又吴仁傑撰《兩漢刊誤補遺》，所以補正《刊誤》，署名與《讀書附志》及《通考》同。初不審其孰是，嗣讀晁公武《讀書志》，著録《東漢刊誤》一卷，述攽序，稱英宗讀《後漢書》，見墾田字皆作「懇」字，命國子監刊正。攽爲直講，校正其謬誤，不可勝數。治平三年奏御。證之此書，首題「治平三年」一行正合，知此書爲攽奉勅所撰。此本首葉所缺，乃攽自序也。惟全書四卷，《志》誤作一卷耳。至《藝文志》稱《漢書刊誤》四卷者，乃《東漢》之譌也。《讀書志》亦有《三劉漢書》一卷，殆即《書録解題》及《藝文志》之《三劉標注》，惟又誤六卷作一卷耳。合觀諸書所載，知攽以治平三年奉勅刊正《後漢書》，後因與修《資治通鑑》，于西漢遂亦有刊誤，但乃與敞及奉世合爲一書。《東漢刊誤》乃奉勅所撰，至《三劉標注》則爲私家著作。其稱《兩漢刊誤》者，必是後人取兩書删併各爲一卷，非其朔也。此書亡佚已久，予往者避地日本京都，于某古寺藏書中得之，亟假歸，影寫刻之《宸翰樓叢書》中。當時作一跋，寄武昌刊附《刊誤》後，乃郵筒未達，篋中無副本，遂爾闕如，致此書刊行已二十餘年，而世人尚未知爲人間之孤本、久佚之秘籍，亦可異也。頃以山居多暇，乃重爲之跋，異日當補刊卷末，以告世之讀是書者。

又吴仁傑《兩漢書刊誤補遺》、《文獻通考》作十七卷，《宋史·藝文志》則作十卷，今傳本亦十卷，與《宋志》同。《四庫全書提要》謂此書補前漢者八卷，補後漢者僅二卷，多寡相懸，殆修《宋史》時已佚其七卷，以不完之本著録。今考吴氏之書，乃補正劉氏而作，閲今本《補遺》第九、十兩卷中，其訂正劉氏者僅五條，餘皆是補《刊誤》之遺。且詳觀此兩卷之首尾，則始《帝紀》迄外國傳，其無缺卷可知，殆因《東漢刊誤》已甚詳盡，故吴氏所補僅得二卷。《通考》之十七卷，七字殆是衍文。館臣未得見《東漢刊誤》，遂致肊度而失其實，並爲附正之於此。

永樂大典殘卷跋

《周易傳義大全》殘本一册，高今尺一尺七分弱，廣六寸五分强，每葉廿行，行廿二字，書衣有絹籤題「永樂大典」，下方側注「經部」二字。紙質書體并與《永樂大典》相同，每句亦加朱圈。惟彼則尺寸較寬大，且爲蝴蝶裝，此則尺寸稍短狹，而爲册子裝耳。此爲《大全》首册，存凡例、引用書目、勅修人銜名、程子序、易序、上下篇義、朱子圖説、易五贊、易筮儀、易説綱領，總九十八頁，厚幾及寸。往遊粤東，得之南海孔氏嶽雪樓，因書肆言孔氏藏《永樂大典》，故索之。及送至，乃名同而書實異，詫以爲奇，乃亟購存之，鍵行篋中且三十年矣。于此殘册得知，當日《大典》實有二種，一爲分韻編録，一則全録原書。此殘册題經部，則必分經、史、子、集四部，實爲本朝《四庫全書》所自昉，而當世目録家乃絶無知之、言之者，豈天壤間僅存此一册歟！爰書卷尾，以質當世博洽君子。

陸尚寶遺文跋

此集爲尚寶手稿，楷書似文衡山待詔，中有塗抹改竄處，三十餘年前得之吴門。尚寶附見《明史·文徵明傳》，稱其由進士授工部主事，改禮部，以養母請告歸，遊徵明門。家居十四年乃復起，累官尚寶少卿，善詩文，工小楷、大篆、繪事，人謂徵明四絶而師道並傳之。其風尚亦略相似。平居不妄交游，長吏罕識其面。《蘇州府志》載師道著《五湖集》，不記卷數，意其已佚，此手稿僅存人間，故予亟付諸梓。予篋中尚有《文文肅文集》，高幾盈尺，亦文肅自定手稿，今不見傳本，當時殆未刊行，安得好古有力者爲之校印，與文氏先世諸集並傳藝林耶。附記於此，以俟之。

如此齋詩集跋

張瑋，《明史》有傳，稱其少孤貧，取糠粃自給，不輕受一飯，爲同里薛敷教所知。講學東林書院，師孫慎行，其學以慎獨研幾爲宗。萬曆四十年，舉應天鄉試第一。越七年，成進士，授户部主事，調兵部職方，歷郎中，出爲廣東提學僉事。大吏建魏忠賢祠，乞上梁文於瑋。瑋即日引去，布袍草履，授徒於家。莊烈帝即位，起江西參議，歷福建、山東副使，召爲尚寶卿，進太僕少卿，坐事調南京大理丞，引疾去。久之，起應天府丞，遷南〔京〕光禄卿〔一〕，召入爲右僉都御史。上風勵臺班疏，劾極貪原任巡按蘇松御史王志舉，舉極廉原任南京試御史成勇。疏上，一時稱快。詔下，志舉法司逮治，成勇敘用。瑋旋以病謝歸，未幾卒。福王時，贈左都御史，謚清惠。《明史·藝文志》不載瑋集，光緒《武進陽湖縣志·二十八。藝文志·集部》載《如此齋集》一卷，已佚。此本予得之内閣大庫，前有孫文介序言。魏、崔滅後，兩番徵出，兩番請歸。集中諸詩，任江西參議時爲多。卷末乞休詩有「年垂五十纔知命」語，則瑋之致仕年尚未五十也。予以其久佚，爰校印入《百爵齋叢書》中，漫記其仕履於後。

山中聞見録跋

管葛山人《山中聞見録》言明季關外兵事頗詳。余初得舊抄本計十一卷，而闕第三至第五凡三卷，求别本不可得，乃付梓以傳之，既十有一年矣。己未遊滬江，忽於友人處得一本，則一葉不闕，共分十三卷。以校往歲所刊，卷一至六皆無差異，卷七至卷九《列傳》三卷，卷十爲《西人志》，卷十一至十三均爲《東人志》，雖卷數不同而中實無别，因命手民補刊佚卷，此書乃得完足。去歲既得大庫史籍，凡記明季兵事者取校此書，合者什殆八九。管葛山人爲海鹽彭孫貽，生長南疆，不知何由洞悉朔方兵事，殆友人佐遼幕所記而山人據以成書耶？殺青既竟，爰書其後，以志此書之已闕復完，爲可喜也。

蒿庵集捃佚跋

張稷若先生爲山左大儒。予少時讀先生《辨志篇》，志氣爲之感奮。竊謂當世若有是人，當執鞭以事之。並欲徧求先生所著書，乃舍《儀禮鄭注句讀》、《蒿庵閑話》與山左書局所刊文集外，無所得也。往遊嶺南，曾得先生文集舊抄本于南海孔氏，每葉欄外有「紅豆齋藏書鈔本」七字，卷端有「吴省齋」、「稷堂」、「璜川吴氏收藏圖書」三印，持與山左刻本校，則頗有異同。刊本凡三卷，得文七十首，别有《拾遺》一卷，據墨迹補文一首，據《濟陽縣志》補銘一首、詩十三首、詞二闋。鈔本亦文三卷，計得七十二首，其中有刊本無而此本有者八首，又有賦二首，亦有刊本有而此本無者。後《附録》一卷，則古今詩百有三篇，詞二闋，較刊本多詩九十篇。曩嘗欲合山左所刻與此都爲一編，乃以三十年來流離轉徙，此願迄未得償。頃乃課兒子福葆寫山左刊本所無者爲《蒿庵集捃佚》一卷，以補山左之闕佚。惟寫本多譌文别字，以無他本可校，其確知爲譌者一一改正，其所不知守蓋闕之訓，一仍其舊。至先生他著，異日倘有所見，當繼續印行，以餉當世。爰識語卷尾以俟之。丙子歲暮。

毛西河毛總戎墓誌（銘）〔跋〕

《東江遺事》載此文，顧不見《西河集》中，初疑或是僞託。嗣讀厲太鴻先生《東城雜記》，載西河所作《志圓尼師抄化齋糧序》，稱志圓「俗姓沈氏。予嘗爲家太保題墓門之碑，疏所自出，歎其舅氏京兆公爲明熹宗朝名臣，當時稱杭州甲族，以沈爲最」云云。今觀此文有「將軍少孤，隨其母養舅氏沈光祚家。光祚中萬曆乙未進士，官山東布政使司」語，則此文果西河所作，非他人所僞託明矣。己巳四月記。

皇清奏議跋

《皇清奏議》六十八卷，起順治元年訖乾隆六十年。《續編》四卷，起嘉慶元年迄十年，內府精寫本，乃使臣奉勅編輯，爲近日典守者所竊出者。謹案：《宮史續編》著録《皇清奏議》四十册，起順治元年迄乾隆九年。近人所撰《殿本書庫存目》，計存奏議八百九十册，則始順治迄光緒，蓋史臣隨時編定增入，此則嘉慶朝所輯也。顧今日內府存本，由順治迄嘉慶五朝已多殘缺，於順治朝缺三年至十二年，康熙朝缺元年至十年、五十七年至六十年，雍正朝缺三年以下，乾隆朝缺十八年以下，嘉慶朝缺五年至十年及十二、三年，十五、六年，十九年諸册，則此書今日中秘舊藏已無完帙矣。京師舊有活字版本，凡六十八卷，與此本同而無《續編》四卷。其書流傳甚少，且別風淮雨，觸目皆是。今因整理內閣大庫史料，欲偏刊國朝史籍，爰取此本付諸精寫，踰年乃就。柱下之藏得傳播人間，洵爲考國史者所共快矣。工事既完，謹記此書之留傳存佚於卷尾，俾讀者知所寶也。丙子三月。

貨布文字考跋

此書攷古貨幣文字頗精審。近來古泉幣著録，以利津李氏爲最備。然嘗謂古泉幣之學應分三類：一典制，二文字，三圖象。曩欲作歷代泉幣史，賅此三者而未果。三者之中文字最難，緣貨幣文字變化太多，既不能律以後世之《説文解字》，亦與三代彝器文字迥殊。馬氏夙精小學，頗能不依舊説，雖未必盡當，然亦可謂好學深思者矣。又所採古幣頗備，不僅遠邁宋人諸譜，即與李、鮑并論亦當首屈。此本乃道光壬寅金山錢氏所刊，精緻絶倫，版本久燬，流傳至稀。卷首有「佞漢齋燕庭藏書」、「觀古閣藏」、「子年讀過」諸印，蓋鮑、劉二家舊藏也。光緒丁未冬，得此於廠肆，爰書其後。戊申正月。

智永千文跋

宋人言永師手寫千文八百本，今傳人間有關中石刻，清儉殊甚。嘗見宋拓本亦然，但略腴澤耳。往客金閶，聞元和顧氏藏墨蹟一本，託亡友費屺懷編修爲介，謀一見。未逾月，編修遽卒，竟不果。尋得見傳刻本，則較陜刻爲豐，乃拙而不健，意尚非出永師手。後於東友小川簡齋許得見此本，則多力豐筋，神采焕發，非唐以後人所得彷彿，出永師手無疑。昔賢評右軍書勢雄强，永師傳其家法，固應爾爾。此不但可壓倒關中本及顧氏所藏，且可證宋以來官私法帖右軍諸書傳橅之失。亟寫影精印，以貽好古之士，即此以求山陰真面，庶幾其不遠乎？

唐人書觀音多心經殘卷跋

此卷出燉煌。末題「至德二載十一月十三日，攝豆盧軍倉曹參軍、宣節副尉、守左衛西河郡六壁府別將長孫顔妻清河路氏爲亡妣遠忌，敬寫《觀音多心經》，同一卷」。案《新唐書·地理志》：汾州《唐志》天寶元年改汾州爲西河郡。軍府有六壁。《唐齊子墓誌》：次子景俊任西河郡陸壁府别將。此作六壁，與《新志》正同。《太平御覽·居處部》引《郡國志》，謂俗川城有六面，因以爲名，則作壁者是。《齊子墓誌》作璧者，字之譌也。又據此卷，知六壁隸左衛。予往校補勞氏《折衝府考》，未及見此卷，故補記之。

朱文公論語集注殘稿跋

宋濂洛大儒多善書，平生所見尹河南所書《進士尹君墓誌》及《陳夫人銘》，端凝莊静，雅近虞永興。又見張南軒先生楷書，在顔平原、蔡忠惠之間，而其所書《劉子羽神道碑》額，篆法淳雅，抗衡斯、冰，非二徐所可比肩，顧爲德行所掩，世罕有稱其藝術者。紫陽文公書法尤閎肆博大，其擘窠大書浩逸之氣，直可方《瘞鶴銘》，即尋常著書草稿，縱横浩蕩，擴之有尋丈之勢。此《論語集注》手稿，爲新安程蕁江先生舊藏，近歸老友長尾雨山。程氏以鹽筴起家，風雅好客，寓居淮安，與其宗人魚門先生齊名，鑒藏尤精。此册於四十年前父執鮑少筠鹺尹曾挾以示先大夫，玉時以童子侍側，竊得窺見。鮑丈既作古人，此册遂不知消息，乃雨山遊燕市得之，重得拜觀。自媿平生學業不進，老至無成，而於大賢遺澤幸有宿緣。往在吴中，曾見吴氏兩罍軒所藏文公《易注》稿，又於沈子培尚書許觀《論語》殘注，今於此册四十年中兩次敬觀，不得不謂非厚幸。而雨山篤學好古，安貧味道，又爲此册慶得所歸也。戊午重九前三日。

趙文敏二賢圖卷跋

《二賢圖》，趙文敏公爲宋牟清忠公孫應復作。應復有記列圖後，云：「右先祖存齋清忠公《脱靴》、《返棹》圖贊二首。公事宋穆陵、直學士院時，宦官董宋臣竊弄威柄，讒害忠良，其氣燄不在漢恭顯下。公抗疏極論，必欲去之。大忤宋臣，出守太平州。暇日游采石，弔謫仙，作二亭江上，畫高力士爲李太白脱靴像，岸然以太白高致自況，而以力士奴隸之狀形容宋臣，且曰：『予必以是獲譴。』復取黄山谷姑孰太守九日罷歸故事，作《返棹圖》以寓歸興，作贊刻石。當時縉紳大夫士争傳誦之。宋臣怨憾愈深，竟坐此罷郡歸寓里。景定壬戌，召爲禮部尚書。時寒食假，特御緝熙殿召見，起謂公曰：『不見卿久，知卿畎畝不忘忠愛。』慰勞久之。甫退，命兼崇政殿説書，再論董宋臣不當以内侍省押班，穆陵深嘉納之。未幾，真拜翰林學士。首賜詩曰：『右掖摛文步武高，綾衾御直飫蘭膏。當年宫錦飛雙鵠，今夕仙圖看巨鰲。詩賜玉堂蘇易簡，光摇蓮炬令狐綯。明時盛事今重見，爰製篇章示衮褒。』遂爲禁林盛事。皇元混一區宇，肇開文明。江左憲司廉蒞之初，自江滸移置二碑於郡庠，俾先世孤忠，乃得復明于昭代。應復束書來京師，得見天下士，念先世名節，願託題品以傳不朽。延祐丁巳秋七月，應復謹識。」所記二圖本末及清忠事實頗詳，證之《宋史·牟子才傳》，有可據此卷補正者數事。

《子才傳》稱字存叟，此卷並稱存齋。《傳》書子才刺太平州，建李白祠，自爲記，據應復記乃作二亭江上，非祠也。趙文敏題稱公得罪巨璫，屏處六年，應復記稱景定壬戌，召爲禮部尚書，《傳》於子才罷知太平州後年月俱不詳。《傳》稱度宗在東宫，雅敬子才，言必稱先生，即位，授翰林學士、知制誥。力辭不拜，請去不已。進端明殿學士，以資政殿大學士致仕。據應復記則拜翰林學士仍在理宗朝，袁清容跋亦稱至景定始踵用徐公、端明牟公，獨牟公至咸淳初猶學士。則子才拜翰林學士實在景定中。惟咸淳時尚居學士職，《傳》遂誤以爲在度宗朝耳。子才謚清忠，不見《宋史》，而見《元史·牟應龍傳》。及應復記中子巘，《傳》作「獻」，《元史·應龍傳》作「巘」，今傳本《陵陽集》亦作「巘」，字獻之，則《傳》作獻者，誤也。《元史》有子才孫應龍傳，而不載應復。應復爲巘次子，《陵陽集》乃其所編，官至帥府都事，其字景陽，則據此卷諸家題語知之也。卷後題跋林立，凡十七家：曰湯彌昌，曰龔璛，曰陳旅，曰潘純，曰鄧文原，曰袁桷，曰馬祖常，曰貢奎，曰王士熙，曰楊敬德，曰王克敬，曰宇文公諒，曰兀顔思忠，曰鄭汝厚，曰柳貫，曰張起巖，曰李孝光。此卷予篋藏有年，頃檢笥得之，以其有裨《宋史》，爰書其末。

明成祖寫經跋

《明成祖寫經》，高裁衣尺二寸，廣一寸八分，其有字處則僅高一寸七分，每半頁十行，行十二字，烏金紙泥金書，計百九十有四葉。經咒凡四十一種，經前畫佛象，内有五經，有成祖製序，下記年月，鈐「永樂御書」小璽。曰《金剛般若波羅蜜經》，曰《觀世音普門品》，并署「永樂九年五月初一日」；曰《真實名經》，署「永樂九年七月十五日」；曰《佛頂尊勝總持經咒》，曰《大悲總持經咒》，并署「永樂十年五月初六日」。書勢宕逸婉麗，擴之有尋丈之勢，殆雲間沈民則所書也。成祖靖難稱兵，孥戮忠良，慘無人理，乃欲以浮屠之説欺紿天下，夫亦不可以已乎！然此經則誠宇内之奇蹟，藝林之瓌寶。予藏襲有年，頃乃付影印，以傳之世之留心法書者，倘亦珍爲枕秘乎？戊寅仲秋。

唐子畏杏林別意圖跋

予得此卷且十年，初不知其故實。卷末有史西村《惜别賦》，檢《西村集》載此篇，題作「結微賦」，題下注「送吳修撰起復」六字，知此圖爲送吳匏庵先生入都作也。子畏先生僅題姓名，不著其事，使無《西村集》，則圖中事實終不可知矣。謹書卷末，用告來者。己巳三月。

喬將軍詩翰卷跋

明《喬將軍詩翰》，曩歲得之申江。將軍以萬曆四十七年死節於遼東之役，其戰迹載《明史·劉鋌傳》。今觀此卷詞翰爾疋，知不徒以武事見稱，蓋戚元敬之亞也。卷中有脱佚割損處，不無遺憾。方今遼水東西兵革屢警，而回溯我朝開國盛猷，恍如昨日事。覩將軍詩卷，不勝今昔之感矣。戊申三月。

周忠介公山水跋

忠介以天啓六年死璫難，年四十三。此署天啓二年，時年三十九。忠介畫迹傳世至稀，而峭逸雋妙至此，置之宋元名迹中，不復可辨。即以六法論，亦當獨有千古，矧大節嶽嶽，昭如日星耶。吾世世子孫，其永寶之。

周端孝血疏貼黃跋

《周端孝先生血疏貼黃》，跋之者十餘家，皆當日東南遺獻也。明季士夫節義之風，爲漢唐以來所未有。顧亭林先生謂：「自古有亡國亡天下，明之亡，亡國而已，天下未嘗亡也。」今日者，海桑之變，未逾念稔，而非孝侮聖，邪説横行，以綱常爲大詬，尊梟獍爲鳳麟，亘古以來無此奇變。亭林先生所謂仁義充塞，率獸食人者，何期吾生親見之。嗚呼，尚忍言哉！庚午七月，山夫過遼東，出此卷屬題，敬書卷尾。安得當世士夫有如端孝及卷中諸遺獻者，挽此横流，一復我三千年文明之舊，以免於亡天下耶！此疏及諸題南昌萬氏舊有刊本，寒齋有之。今觀墨迹，尤矜眼福，爰書後以歸之。

明光禄寺少卿張公羅彦傳卷跋

此卷綾本，黄虞稷撰，記羅彦事實及守保定時一家二十三人殉國事甚詳。以校《明史·張羅俊傳》，多所補正。《羅俊傳》載稱父純臣，由武進士歷官署參將、神機營副將。卷作官都督僉事。《傳》稱羅彦崇禎二年進士，累遷吏部文選郎中。卷作登崇禎元年進士，授行人，陞吏部稽勳主事，歷文選郎中。《傳》稱秩滿，遷光禄少卿，被誣，落職歸，而不記以何事及落職之年。卷作十四年，因京察中之，謂與史莖同鄉姻比，鐫秩一級，然莖嘗媒蘖保定守方一藻罪，羅彥率郡民白一藻冤，與莖忤，謂與莖妮，媢言也。足補史傳之略。《傳》稱初官行人，奉使旋里，鄉郡三被兵，佐當事守禦三著功。卷作自崇禎二年以行人過家，城守鄉邦有功，其後十一年、十六年皆以固圉勞詔賜敍賚。《傳》文太簡，似三次城守均在二年者，不如卷所記之明晰。《傳》不載保定城陷月日，據卷乃三月廿四日。《傳》與卷皆載張氏殉死者廿三人，並一一著其氏名。但《傳》載彥妾宋、錢及晉妻師，卷則尚有幼女。《傳》載羅善妻高及三女，羅輔妻白及幼女。卷但稱羅善妻高氏，羅輔妻白氏，各攜子女，而不記子女之數。計《傳》所記凡廿二人，合卷與《傳》乃得廿三人之數。蓋《傳》失書晉之幼女也。《傳》與卷并稱總兵官馬岱謁羅彥，謂：「當出屯蠡縣，扼賊衝，先殺妻子而後往，以城守屬公。」詰旦，果殺妻子十一人，率師去。而《傳》不記岱至蠡以後事，卷稱「賊居保定二日，留僞將張洪狗下邑，岱在蠡自刎弗殊。洪傳致之，以將斃乃已。後爲僧，不知所終。」岱嶽嶽大節，足與張氏比肩，其始末賴卷得知之也。卷稱同議城守諸人，如邵宗元、韓東明、張維綱、劉忠嗣等及初至未受事知府何復，靡不死難。史則載保定殉城官紳諸人于李建泰監軍《金毓峒傳》中，所記較卷爲詳，而獨失書何復。如此卷不存，則復之大節，遂淹没不彰矣。則此卷之傳，顧不重哉！卷末跋者十一家，曰邵嗣堯，曰賈鳴璽，曰謝敦臨，曰王予穀，曰王克昌，曰吴憲儒，曰王鼒，曰鄭昱，曰陳奕禧，曰郭炎，曰陶國奇。此卷藏寒齋垂十年，頃檢笥得之，爲書其後。

甘茶居士象卷跋

甘茶居士小象卷，戴滄畫。居士古衣冠，坐磐石上，頹顔疏髯。前有自題六行云：「以爲非我耶？何以似我。以爲是我耶？究非真我。自哭而因哭世，目豈能傳？呼天而欲問天，口亦難言。嗟乎！勞勞六十年間，視若電光石火，而窮乃益堅。雖亦混迹市廛，而囊曾無一錢。望紛華而不知慕，許之者什一而含笑以嗤其愚者，悠悠之論皆然。惟屹然以兀坐，獨形影之自憐。玆且倦長途而思歸矣，歎真我之將逝，又何羨乎似我者之依依紙上而與世爲留連乎？」卷後題者十七人：曰山陽馬駿，曰姪麟嗣，曰饒璟，曰湯燕生，曰杜濬，曰姪世璋，曰方兆曾，曰畢天台，曰洪瀾，曰汪滋穗，曰張秀璧，曰魏禧，曰蔡景定，曰朱翼，曰楊自發，曰吴昇，曰宋是，大半明季遺獻也。

此卷藏行篋垂十餘年，初不知居士爲何許人，但於諸家題語中知爲閔其姓，無作其字。皖人，與金正希、江文石兩先生爲死友，苦不知其名與其平生事實。頃孫繼祖檢《魏叔子集・江天一傳》，始知居士名遵古，歙人，與江天一同補諸生，僑居蕪湖。天一既遘難，居士與閩人蕭倫募金殮之，並殮與天一同死之吴國楨、佘元英二先生，棄巾衫老田間。陳鼎《留溪外傳》又有居士專傳，所載與叔子江天一附傳同。居士行誼，賴兩傳知之。爰記卷末，以志嚮往。丙子三月。

張將軍賜宴歸來圖卷跋

此卷首張力臣先生弨題「賜宴歸來」四字，圖爲王雲畫。卷後題詩林立，曰梅庚，曰冒丹書，曰顧貞觀，曰毛際可，曰冒褎，曰程鑾，曰喬萊，曰葉燮，曰吴農祥，曰吴斯洺，曰柴世堂，曰毛奇齡，曰洪昇，曰沈三曾，曰沈玉亮，曰陳士傑，曰江昭年，曰蘇輪，曰徐樹穀，曰傅澤洪，曰陳鵬年，皆當時所題；曰曹寅，曰陸奎勳，曰周良相，曰程鑾，曰章性良，曰陳鵬年，曰陸奎勳，曰孔毓堅，曰徐樹本，則將軍身後所題也。柴世堂詩注曰「步江村宫詹韻」，則當有高文恪詩，今已佚矣。

案：諸家題詩，知將軍張姓，駐京口，侍聖祖南巡，護蹕入都，賜宴賞錫，故爲圖以紀恩遇。考《江南通志》卷百十一。鎮守京口等處漢軍將軍有張思恭，鑲藍旗人，康熙二十九年任。又卷百十二。名宦張思恭，自康熙九年擢副都統，鎮京口，康熙廿九年爲京口將軍，前後蒞鎮凡十八年。雅尚節儉，戢兵安民。又《八旗通志卷百二十。駐防大臣表》：京口副都統張思恭，康熙十二年九月任，至廿八年三月董元卿接思恭任。廿九年三月任鎮江將軍，七月董元卿升任。《聖祖實録》：「康熙廿九年三月丁巳，陞京口副都統張思恭爲京口將軍。七月庚寅朔，陞京口副都統董元卿爲京口將軍。」知圖中人爲張思恭。惟《江南通志》謂思恭康熙九年擢京口副都統，《八旗通志》作十二年九月，爲不同。以《江南通志·名宦》謂前後蒞鎮十八年，則康熙十二年任副都統至廿九年正合十八年之數，作九年者誤也。

思恭所撰有《扈從録》，記康熙二十八年天子南巡，預出帑金，令同官臣董元卿同織造郎中臣桑格於京口製沙船，以備載。臣思恭時方奉督率舟師赴武昌之命，旋亦董工。比落成，奉諭京口副都統守視以候。於歲先冬杪，遵赴瓜州屯舟處謹護。正月九日，率赴淮安清江口迎駕。廿四日，扈從自淮安至瓜州。廿九日，幸金山。三月朔，駕發江寧，再幸金山，請在御舟護侍至清江閘，即扈從入京。十八日至天津上陸，廿四日入京師。命於閏月二日隨遊暢春園，侍登舟。賜宴於韻松軒，折丁香、碧桃花各一枝以賜。閲日，又蒙賜饌。於四月三日南回。所記乃此圖事實也。

據諸家題語，似思恭率水師至鄂州曾立戰功，而國史無傳。《扈從録》後有光緒七年曷孫其育重刊跋，稱「先將軍欽五公」，知思恭字欽五。《録》中記上詢其家世及年歲，稱父學禮，曾任兵科，奉使册封琉球，後改監察御史，視河東鹺政。叔父學聖，曾任福建巡撫。兄思明，現任河南驛鹽副使。姪景留，現任工部屯田司員外郎；景芳，世襲一等阿達哈哈番。是年五十又六。又張學禮《使琉球記》載：順治十一年七月，琉球來部請册封，學禮與今副使王垓實膺是選。辭朝時，蒙詢家世，奏臣弟學聖，忝任福建巡撫。臣有子六人，長思明，見任江南分巡道；次子思恭，見任參領管佐領事；三子思齊，廣平知縣；四子思行，吏部筆帖式；五子思信，廕生；六子思任，廕生、候補筆帖式。嫡孫景方，世職阿達哈哈番。《扈從録》作「景芳」，與此略異。此思恭家世之可考者。張力臣先生曾至焦山手拓

《瘞鶴銘》，其題卷首當在是時也。

戚觶跋

此觶凡二器，文同，曰：「戚作彝。」戚字作「□」，从氺，即《說文》訓木汁之桼，象劙木皮而液出之狀，从戉、从朩。蓋以戉加人，則血流如木之出汁，乃會意兼形聲字。篆文从尗，聲尗，爲朩轉寫之譌也。許君隸戚於「戉部」，謂戉从戈，乚聲。而第十四篇又有「戌部」，法从戊、一，一亦聲。證之古文，戉、戌乃一字。戌字書作「□」，或作「□」，象戉形，非从戊一也。許君於戉、戌，一注从乚，一注从一，一亦聲，析爲二字，誤矣。又許君因戉从乚，遂別出亅部，而以乚隸之，云从反亅，而此外別無从亅从乚之字，亅部之設益可謂蛇足矣。

石趙泰武殿猨戲絞柱刻字跋

此石方廣建初尺二尺，中有圓穿，穿側刻字二行，曰：「趙建武四年，泰武殿前造猨戲絞柱石孔」十六字，隸書，廿餘年前出磁州，乃石虎都鄴時物也。

案《晉書·載記六》謂：石季龍於襄國起太武殿，於鄴造東西宮。太武殿基高二丈八尺，以文石綷之，下穿伏室，置衛士五百人於其中。東西七十五步，南北六十五步，皆漆瓦金鐺，銀楹金柱，珠簾玉壁，窮極伎巧。書泰武作「太武」，且謂太武在襄國。然又記虎幽其太子邃於東宫，既而赦之，引見太武東堂。又記石遵入鄴，自鳳陽門升於太武前殿，羣臣敦勸，僭即帝位於太武前殿。則太武殿在鄴，不在襄國。史文前後相牴牾。今此石出磁州，則太武殿在鄴爲有徵矣。猨戲絞柱造於泰武殿前。石季龍時盛行猨戲，《載記》述太子宣殺石韜：韜宿佛精舍，宣使楊杯、牟皮、牟成、趙生等緣獮猴梯而入，殺韜。此石虎時盛行猨戲之證。石趙石刻世無傳者，此雖寥寥十餘字，然據此可正《載記》太武殿在襄國之誤，且可正泰武之譌太武，古刻之有裨史事如此。《載記》稱太武殿有伏室，蓋即今人之地下室，是晉代已有地下室之制，此又考古代建築者所未知也。

魏太武帝東巡碑跋

此碑近年出易州，額題「皇帝東巡之碑」，篆書，陽刻，二行，行三字。碑文十四行，行廿六字，前二行文殘泐不可辨。《水經注·滱水篇》曾著録，謂之「御射碑」，并略舉其文曰：「皇帝以太延元年十二月車駕東巡，逕五迴之嶮途，覽崇岸之竦峙，乃停駕路側，援弓而射之，飛矢踰于巖山，刊石用讚元功。」今「太延元年」字已不可見，殆在首行。以文末「三年丁丑功訖」證之，丁丑爲太延三年，則前爲太延元年信矣。

考《魏書·太武本紀》：太延元年十月「甲辰，行幸定州，次于新城宫。十有一月乙丑，行幸冀州。己巳，校獵于廣川。丙子，行幸鄴」。十有二月「癸卯，遣使者以太牢祀北岳。二年春正月甲寅，車駕還宫」，即此東巡事。《碑》文次行有「歷定冀」字，三行有「峘山北行而歸」，并與《紀》合。惟三行「十有二月」以下文多剥泐。以《水經注》考之，乃「遝五迴之嶮途，覽崇岸之竦峙」等字，泐文中尚有「五」、「之」、「嶮」、「崇」、「之」、「峙」六字可辨。此下則「□駕路隅，援弓而射之」。又有「爰命左右將士善射者射之」語，即《本紀》所云校獵事。惟《紀》記校獵于廣川在十一月，此作十二月。又《碑》文乃校射，非校獵。至《碑》文云「遝五迴之嶮途」，《水經注》載：「博水又東北，徐水注之，水西出廣昌縣東南大嶺下，世謂之廣昌嶺。嶺高四十餘里，二十里中委折五迴方得達其上嶺，故嶺有五迴之名。」是五迴嶺在廣昌縣，太武校射于此，則《紀》作廣川，乃廣昌之譌也。至《紀》叙祀北岳在十二月癸卯，考是月爲甲申朔，癸卯乃二十日。《碑》第三行「峘山」下有「北行而歸」，下乃書「十二月」，則校射在歸途中。《紀》乃叙于十一月己巳，在祀北岳之前，亦當據《碑》以正之矣。

《碑》記校射諸臣，武衛將軍昌黎公□□、前軍將軍浮陽侯阿齊、中堅將軍藍田侯代田、積射將軍曲陽□□□、射聲校尉□□子□亡興、次飛督安熹子李羕等人名，或泐不可見，或於史無徵。惟浮陽侯阿齊當是河間公齊，藍田侯代田乃豆代田。《神元平文諸帝子孫傳》：「河間公齊，從世祖征赫連昌，賜爵浮陽侯，與《碑》合。《豆代田傳》稱：「太宗時以善騎射爲内細射。從攻虎牢，詔代田登樓射賊，矢不虚發。」此代田善射之證。惟《傳》載代田初封關中侯，後改爵井陘侯，又進爵長廣公，不載藍田之封，可據《碑》補《傳》之闕。《碑》末稱「鎮東將軍、定州刺史、樂良公乞立石」。又云，「征東將軍、張掖公寶周續讚其事，遂刊□□□」。文有殘泐。殆定州刺史樂良公乞立石，後張掖公寶周續成其事。樂良公不書名。寶周，殆即禿髮傉檀子保周。太武延和元年《紀》：「是年，禿髮傉檀子保周棄沮渠蒙遜來奔，以保周爲張掖公。」史作保周，與《碑》亦不合。《水經注》載，碑陰皆列樹碑官名。去年予得此本于碑估穆姓，詢以碑陰，乃不能對，異日當託同好求之。此碑立于太延三年，傳世魏刻莫先于此，予故不惜一夕之力，爲之考證，書于裝軸之末。文中「[illegible]」字不見他碑，殆是「督」字。

南石窟寺碑跋

魏南石窟碑，近年甘肅涇州出土，往在津沽得之。碑文廿三行，行三十八字。今每行末損四五字及七八字不等。碑首篆額三行，曰：「南石窟寺之碑。」額上橫書「石窟寺主僧斌」六字。書迹樸厚渾勁，從分書出，略似《中岳廟碑》文。後書「大魏永平三年歲在庚寅，四月壬寅朔，十四日乙卯，使持節、都督涇州諸軍事、平西□□□□涇州刺史、安武縣開國男□康□造」。「康」上下字已泐。予以時代及所署官爵考之，乃奚康生也。《魏書》本傳載，康生守壽春，「拔梁城、合肥、洛口三戍。以功遷征虜將軍，封安武縣開國男」。又云，「出爲平西將軍、華州刺史，頗有聲績。轉涇州刺史，仍本將軍。以輒用官炭瓦爲御史所劾，削除官爵，尋旨復之」。與《碑》後所題署正同，此造碑者爲奚康生之證。《傳》又稱：「康生久爲將，及臨州尹，多所殺戮。而乃信向佛道，數捨其居宅以立寺塔。凡歷四州，皆有建置。」其刺涇州時造南石窟寺，與《傳》亦合。

碑有陰刻人名，上二列爲軍府及州尹僚屬與屬郡守，第三四列爲屬郡縣丞、令等官，而三列前半有記事十一行，字迹漫漶，不盡可讀。題名中夾以記事之文，爲他碑所罕見。題名上所著郡縣名，有可正《地形志》之誤者。《志》載涇州隴東郡領縣有祖居、齊氏、召南，曰：「祖居，即兩漢之祖厲縣也。」此碑題名第四列陰密令後有「俎□」字，俎下一字不甚明晰，然似厲非居，殆魏時仍名祖厲。隨平郡領縣有「鶉觚」。錢氏《廿二史考異》：「隨平，《隋志》作『趙平』。」温氏《地形志校録》：「《靈徵志》『趙平郡上言，鶉觚縣木連理』。此『隨』字誤。」此碑題名第一列有「趙平太守」，第三列有「趙平郡丞」，均作「趙平」。錢氏《考異》又云：「鶉觚當作觚。」温氏《校録》：「觚，《漢志》作觚，《後漢》、《晉》作孤，觚字譌。」此碑題名第四列有「鶉觚令」，正作「鶉觚」，均可爲錢、温兩家之證。

近年各省古刻出土不少，然罕穹碑巨製，矧此碑出于邊省，竟體尚屬完整，尤可寶矣。爰取付裝池，并翦燭記其後。

魏韓貞造像記跋

此記在義州石窟，文字二十六行，頗漫漶，記韓貞與呂安辰等七十四人造石窟事。韓貞、呂安辰銜名，文前後再見。韓貞署銜，文前但稱「員外散騎常侍」，文後則尚有「尉喻□丹使」五字，呂安辰署銜，前後并作「前建德郡承、沃連戍軍主」。惟戍名四見：一作「沃連」，一作「沃利」，兩作「沃黎」。考《魏書・契丹傳》載：契丹以太和三年「率其部落車三千〔乘〕、衆萬餘口，驅徙雜畜，求入内附，止於白狼水東。自此歲常朝貢。後告饑，高祖矜之，聽其入關市糴。及世宗、肅宗時，恒遣吏貢方物」。《魏書・地形志》：營州領郡六，縣十四。其建德郡治白狼城。《水經注・大遼水篇》：「白狼水北逕白狼縣城東。」又云「白狼水又東北逕昌黎縣故城」。是契丹内附之衆即在建德、昌黎境内。

韓貞名上「尉喻□丹使」，丹上雖泐，知必是契丹，貞乃奉使命慰喻契丹止於白狼水東之人衆者。文後尚有尉喻使令史淳于敬之名，則貞之隨從矣。呂安辰爲前建德郡承。即「丞」字。建德本爲營州六郡之一。至沃連戍軍主，當爲刻石時現官。殆先爲郡丞，後爲戍主者。六朝時，因兵事，郡縣之外多設防戍，而史志不載其名。此《記》稱「於□方之右，沃黎之西，造私窟」，則沃黎戍即當在今義州境内矣。至「沃連」、「沃利」、「沃黎」之異文，殆以音近任便書之。以本文例之，其七十四人中之劉胡堤，文中作「胡堤」，文後題名則作「護堤」，其證也。當時之制，戍有軍主，史家往往省稱戍主，此作軍主者，殆其下尚有隊主，故詳記之以示別。

滿洲古刻甚少，元魏時僅《元景》與此刻，吉光片羽，至可寶貴，矧有裨史事，故不惜目力，既手録其文，并爲考證之如此。

唐高祖爲太宗造象跋

《舊唐書·張仲方傳》載「仲方任鄭州刺史，滎陽大海佛寺有高祖爲隋鄭州刺史日，爲太宗疾祈福於此寺，造石象一區，凡刊刻十六字以誌之。歲久刓缺，滎陽令李光慶重加修飾，仲方再刊石記之以聞」，即此石也。今此《記》凡七十六字，《傳》作十六字，乃脱「十」上「七」字，可據此以補史傳之闕文。

唐太宗温湯碑唐拓殘本跋

宣統初元，伯希和博士出示此帖，予據《金石録》及《通志·金石略》定爲《唐太宗温泉銘》。宋人《寶刻類編》載《温湯碑》，太宗撰并書，題額爲散隸二字，曰「貞觀」。今此本前半散佚，額字不可見矣。《墨池編》亦作《温湯碑》。《唐書·新羅傳》：「金春秋請詣國學觀釋奠及講論，太宗因賜以所製《温湯》及《晉祠銘》并新撰《晉書》」，則此《碑》當時均稱《温湯碑》，不作「温泉銘」也。及宋人《絳帖》載唐太宗《秀岳銘》，則但載此《碑》銘文百三十餘言，而佚其前，因銘首「巖巖秀岳」句，遂標其名曰「秀岳銘」，殆已不知其爲《温湯碑》。吾輩今日所見，乃并得銘前二百五十餘言，眼福過古人遠矣。

隋段師墓誌跋

此《誌》題「隋故銀青光禄殷州刺史墓誌」。文稱「君諱師，字大師，河南人」，均不著其姓。初不知爲何人。然《誌》首述其世族源流云：「自派源京邑，發□共墟，或因采甸以稱宗，尊王父而命氏。」又云：「寵義□仁，西河見軾廬之美；臨危殉命，北地見致身之節。暨乎紀明佐漢，鬱爲宗臣；□□仕晉，定惟文□。」考《元和姓纂》，段，鄭武公子共叔段之後，以王父氏爲氏。《三輔決録》：段氏，李老君之自出，段干木之子隱如入關，去干爲段氏。知此諱師字大師者，其人爲段氏也。所謂「北地盡致身之節」謂段卬，「紀明佐漢」謂段熲。惟所謂仕晉者文有殘泐，不能知爲何人矣。

《誌》又稱「祖嚴，周大將軍、開府儀同三司。父達，隋司空納言」。考《隋書·元文都傳》：「大業十三年，帝幸江都宮，詔文都與段達、皇甫無逸、韋津等同爲東都留守。及帝崩，文都與達、津等共推越王侗爲帝。」故《誌》有「佐洛陽留守。及皇泰嗣興，君爲佐命」語。然留守東都及推立越王者爲師父達，而非師也。越王即位，達爲納言。文都與盧楚爲王世充所害，實由於達。《唐書·王世充傳》：元文都、盧楚謀伏甲殺世充，納言段達庸怯畏不果，馳告世充。與《誌》稱達爲司空納言正合。世充既害元、盧，異日遂進酖恭帝，則達固隋之逆臣。太宗既受王世充降，遂誅達等於洛渚上，見《世充傳》。可謂罰當其罪矣。

《誌》稱師官殷州刺史，殆亦黨於世充而有是授。《世充傳》載：世充率衆東徇地，至滑，以兵臨黎陽。時黎陽爲竇建德守，故建德亦破世充殷州以報，其役師殆喪師於建德。而《誌》云「運屬驅除，聖人有作，乃解甲投戈，卜居伊洛」，乃文人藻飾之辭，非其實也。《誌》又稱師「卜居伊、洛，二紀於茲」，且云「昔邵平失職，願頳青門；馮衍塗窮，行吟井臼。雖事符往哲，而事逸前修」，又云「居無餘業，居常待終，實一代之標凖，後生之領袖」。一若師志節高峻，爲隋之純臣者。使非青史具存，讀者幾不知其爲逆臣段達之子與王世充之黨矣。此《誌》文字極佳，敘事婉曲，敷陳典雅，必出當時名手，而書迹甚庸，鐫刻尤劣。予既録入《芒洛遺文》，爰考其人之姓名事實，俾後之君子知雖有佳文，終不能掩信史也。

《姓纂》段嚴狀云：「生達，隋吏部尚書、東京留守；達生瑋，唐殷州刺史；瑋生懷節，右武將軍。」此《誌》稱師長子珍，隋正議大夫、左監門直合，殆「閤」之譌。瑋當是珍之弟。《姓纂》云「瑋，唐殷州刺史」，當爲「師，隋殷州刺史」之譌，又誤以師之子爲達子，附正於此。

衛景武公碑跋

此碑予藏舊拓二本。一爲楊大瓢藏，前後有「赤泉楊氏圖書」，後有「山陰楊氏」、「畊夫審定」三印。末有山人手跋，稱：「乙未秋，林同人所贈。」下鈐「楊賓之印」、「可師」、「赤泉侯後裔」三印。考己酉爲康熙四十二年，則此本殆明季所拓。又一爲孫北海研山齊藏本，後有北海題字二行，云：「史皆作字藥師，又有弟名客師，豈先名藥師後改曰靖，而以藥師爲字耶？」下鈐「北海孫澤印」，末葉有「柯氏敬仲印」，雖未必甚確，然兩本相較，凡楊本已泐之字，此均未泐。如「祖懽」二字，楊本漸泐。「靡究端涯」「端」字楊本已泐。「於時寰中萬」字之「萬」，楊本微泐。「盜驪窮轍」之「窮」，楊本泐半。「留滯水鄉」之「水」，楊本全泐。「豈精衛之□□」之「衛」，楊本微泐。「可以薄之」之「薄」，楊本微泐，「之」字泐半。「行太子左衛率」之「衛」，「長圍扆□」之「扆」，楊本微泐，孫本均完好。則孫本必拓於明季中葉以前。

此《碑》仁和王氏藏宋拓本，有名於時。滬上有影印本，予持與孫本相校，凡孫本半泐之字，王本多完。然如「并厲秋霜」之「厲」，「久盤澤國」之「國」，「留滯水鄉」之「水」，「豈精衛之能□」之「之」，

「暮雨□五嶺之阿」之「雨」,「則潋浦咽流」之「浦」,「加號中軍」之「加號」,「翊政還醇,登三□化」之「還醇登」,「著美於當時」之「當」,則孫本轉較王本爲完善。又「行太子左衞率」之「衞」,誤橅作「衛」,从斗。孫本从卞。「率」,孫本作「率」,中从㐅甚明,王本从幺。「仍屬沈疴」之「沈」,孫本作「沉」,王本作「沇」。「賜塋於昭陵」,「塋」字孫本从土可辨,王本竟誤作「滎」。由此觀之,則王本乃舊複刻本,非原石也。故予平生所見,是《碑》要以孫本爲第一。偶檢閱予舊藏唐刻善本,漫記册尾,俾我後人知所寶也。

唐帶方郡王扶餘隆墓誌跋

《誌》稱「公款誠押至,褒賞薦加,位在列卿,榮貫蕃國」。但稱位在列卿,不言何卿。《新書·東夷傳》載百濟亡後,隆授司稼卿,爲《誌》所未備。又唐乾封元年贈泰師魯國孔宣公碑陰載乾封祭文稱:「惟乾封元年歲次景寅,二月戊戌朔,二日己亥,皇帝遣司稼正卿扶餘隆,以少牢之奠致祭先聖孔宣父之靈」,亦稱隆爲司稼正卿,與《東夷傳》同。《誌》又稱「俄沐鴻恩,陪覲東岳,勳庸累著,寵命日隆,遷秩太常卿」。考《新書·高宗紀》「乾封元年正月戊辰,封于泰山,庚午禪于社首」,而《祭先聖文》隆於元年二月仍稱司稼卿,則進秩太常在其後矣。

王蘭泉少寇跋《孔宣公碑》引《通志·氏族略》:「諸方複姓有夫餘氏。百濟國王夫餘寬,生璋,號帶方郡王；生義茲，「慈」之譌。唐拜帶方郡王、金紫光禄大夫；生隆，熊州都督，「熊州」乃「熊津」之譌。帶方郡王；生文宣，司膳卿、左衛大將軍、樂浪郡公。《通志》本《元和姓纂》。《姓纂》「茲」作「慈」，不誤。「熊津」亦誤作「熊州」。『扶餘』疑即『夫餘』，此扶餘隆官司稼卿與官司膳卿相類，似亦同源於百濟者也。東封之前數年，百濟初平，方於扶餘道置行軍總管以伐高麗，此扶餘隆或即其國人入仕於朝，而從行東封者歟？」少寇疑夫餘即扶餘，疑扶餘隆爲百濟國人而未敢確定爲義慈之子，此以慎而失之者。至疑司稼卿與司膳卿相類而比附之，混父子之官爲一，則失之甚矣。爲附正之於此。

僞周左豹韜衛郎將高慈墓誌跋

《誌》稱「父文，預知高麗之必亡，遂率兄弟歸款」。予曩跋此《誌》，謂文與慈名不見麗史。案《舊書・薛萬徹傳》「進兵圍泊汋城」，「攻之未拔。高麗遣將高文率烏骨、安地諸城兵三萬餘人來援」，《三國史記・高句驪本紀十》寶藏王臧七年九月，亦記高文援泊灼城事，殆即采之《萬徹傳》。殆兵敗降於萬徹者。記之，以補前跋之疏誤。

僞周相州刺史袁公瑜墓誌跋

僞周相州刺史袁公瑜墓誌近出洛陽，狄梁公撰書。公瑜名見《唐書》裴行儉、李義府傳，其人蓋唐室之賊臣而有功於武氏者也。《裴行儉傳》：「高宗將立武昭儀，行儉以爲國家憂，從此始與長孫無忌、褚遂良秘議。大理袁公瑜摘語昭儀母，左除西州都督府長史。」《李義府傳》：「爲長孫無忌所惡，奏斥壁州司馬。詔未下，義府問計於舍人王德儉。德儉者，許敬宗甥，瘿而智，善揣事。因曰：『武昭儀方有寵，上欲立爲后，畏宰相議，未有以發之。君能建白，轉禍於福也。』義府即代德儉直夜，叩閤上表，請廢后立昭儀。帝悦，召見與語，賜珠一斗，停司馬詔書，留復侍。武后已立，義府與敬宗、德儉及御史大夫崔義玄、中丞袁公瑜、大理正侯善業相推轂，濟其姦，誅棄骨鯁大臣。故后得肆志攘取威柄，天子斂袵矣。」又云：「如意中，贈義府揚州大都督，崔義玄益州大都督，王德儉、袁公瑜魏、相二州刺史，各賜實封。」《舊史》兩傳所載相同。惟《舊史·義府傳》又稱長安元年，賜義府等六人諸子實封，公瑜子殿中丞忠臣亦實封二百户。睿宗即位，景雲元年，并停義府等六家實封，爲《新傳》所略。

《誌》稱「今上俔天伊始，潛德未飛，君早明沙麓之祥，預辯春陵之氣，奉若天命，首建尊名」，於公瑜之附逆贊揚甚至。梁公對折翼之夢，陰護儲君，晚年薦漢陽王復子明辟，於唐室有再造之功，而爲賊臣諛墓，至顛倒是非，倘五王之功業不成，此《誌》獨傳後世，則論世者必以公爲許、李六人之儔。言行者君子之樞機，樞機之發不可不謹，世之載筆者當以梁公爲炯戒也。梁公書蹟，往歲但於昇仙太子碑陰見公題名。此誌完好如新，書法精雅，有褚、薛風，文亦雅絜可誦。與此誌并出者，有公瑜子鄧州司法參軍承嘉墓誌，不署書撰人名，而書法文筆均與《誌》同，知亦出梁公手矣。

泉獻誠墓誌跋

《誌》稱：「天授二年二月，奉勅充檢校天樞子來使。」按《舊書·姚璹傳》：「武三思率蕃夷酋長，請造天樞于端門外，刻字紀功，以頌功德，璹爲督作使。」是造天樞職官尚有督作使。又，天樞形制史文不載。考《大唐新語》《太平廣記》卷二百四十引。稱：「長壽三年，則天徵天下銅五十餘萬斤，鐵一百三十餘〔萬〕斤，錢二百「百」疑「萬」之譌。七千貫，於定鼎門内鑄八稜銅柱，高九十尺，徑一丈二尺，題曰『大周萬國述德天樞』，張革命之功，貶皇家之德。天樞下置鐵山，銅龍負戴，獅子、麒麟圍繞，上有雲蓋，蓋上施盤龍以托火珠。珠高一丈，圍三丈，金彩熒煌，光侔日月。卷二百三十六又引作：「以鐵山爲脚，鑄銅爲二麒麟，以鎮四方。上有銅盤，徑三丈，蛟龍人立，兩足捧大火珠，望之如日初出。」武三思爲其文，朝士獻詩者不可勝紀，惟李嶠詩冠絶當時。詩曰：『轍跡光西崦，勳庸紀北燕。何如萬國會，諷德九門前。灼灼臨黃道，迢迢入紫烟。仙盤正下露，高柱欲承天。山類叢雲起，珠疑大火懸。聲流塵作劫，業固海成田。聖澤傾堯酒，薰風入舜絃。忻逢下生日，還偶上皇年。』至開元中，詔毀天樞，發卒熔爍，彌月不盡。洛陽尉李休烈乃賦詩以詠，曰：『天門街東倒天樞，火急先須卸火珠。既合一條絲線挽，何勞兩縣索人推。』先有謠云『一條絲線挽天樞』，言其不久也，故休烈詩及之。庶士莫不諷誦。」所記天樞形制、成毁始末甚詳，可補史文之闕。至《則天紀》稱天樞造於延載元年八月，《新語》作長壽三年。考長壽三年五月改延載，以《則天紀》作延載爲得。予前撰《海東藩閥誌存》，考天樞事未詳，爰補記之。

僞周姚府都督皇甫文備墓誌跋

此《誌》近出洛陽。《誌》稱文備字孝忠，安定郡人。弱冠以明法擢第，拜登仕郎，擢宣德郎，守中書，加騎都尉。文明元年，加朝散大夫，授右玉鈐衛長史，旋遷司刑正。載初元年，遷秋官郎中，丁内憂。長壽二年，墨制起復司刑少卿。九月，加正議大夫、檢校秋官侍郎。十月，詔重守司刑卿，旋除營繕少匠。萬歲通天二年，遷守邛州刺史，又遷姚府都督、使持節、姚宗匡靡三十六州諸軍事。長安四年二月二日薨於姚府公第，春秋七十三。勅使臨祭，賜物一百段，粟一百石。其年八月十九日，遷於北邙平原。此其仕履之大略也。

考文備爲武周朝酷吏之一。《來俊臣傳》載，中宗神龍元年三月八日，詔酷吏邱神勣、來子珣、萬國俊、周興、來俊臣、魚承曄、王景昭、索元禮、傅遊藝、王弘義、張知默、裴籍、焦仁亶、侯思止、郭霸、李仁敬、皇甫文備、陳嘉言等，其身已死，有官者并令削奪。又載，開元十三年三月十二日，御史大夫程行諶奏，周朝酷吏來子珣、萬國俊、王宏義、侯思止、郭霸、焦仁亶、張知默、李敬仁、唐奉一、來俊臣、周興、邱神勣、索元禮、曹仁哲、王景昭、裴籍、李秦授、劉光業、王德壽、屈貞筠、鮑思恭、劉景陽、王處貞二十三人殘害宗枝，毒陷良善，情狀尤重，子孫不許與官。陳嘉言、魚承曄、皇甫文備、傅遊藝四人情狀稍輕，子孫不許近任。據是知文備身後曾經削職，子孫亦不許近任。

據《誌》所叙，文備以營繕少匠出知卬州，不知以何事遷謫後又移知姚州，直投之荒裔，而仍荷臨祭及賜物、賜粟之恩禮，不可解矣。《誌》稱文備「遷姚府都督、使持節、姚宗匡靡三十六州諸軍事」，《唐書·地理志》：姚州隸劍南道，武德置，管州二十二。又劍南道羈縻州載，姚州都督府領蠻州十三，而《誌》所載宗、匡、靡《地理志》作「縻」。諸州不在十三州之内，乃在戎州都督府所領九十二蠻州中。而「戎州南溪郡中都督府」條注：貞觀六年置都督府，督戎、朗、昆、(西)曲、協、黎、盤、曾、鈞、第、尹、匡、裒、宗、縻、姚、徽十七州，則姚州亦隸戎州都督府。觀此《誌》知武周時曾以戎州都督府改爲姚州都督府，觀《誌》所載四州悉在戎州管内可知，但除四州外，其他三十二州不能一一知其名耳。唐代羈縻州悉以蠻夷首領世襲，貢賦、版籍不上於户部。文備之刺姚州，亦第僅有其名，實則編管而已。

《誌》文爾雅，不知出何人手。其稱文備官司刑正曰：「雋不疑之寵賃，實賴明刑；于定國之平反，多行陰德。」蒼鷹乳虎而稱之爲威鳳祥麟，諛墓之文不可信如此。書迹亦頗工整，而書「洛州緱氏人」作「維氏」，則字之譌也。

弘化長公主墓誌跋

此《誌》三十年前出甘肅涼州，拓本至難得，予展轉求得此本，今不知石在何許矣。《誌》題「大周故弘化大長公主李氏、賜姓曰武、改封西平大長公主墓誌銘」。《誌》稱公主「大唐太宗文武聖皇帝之女，貞觀十七年出降於青海國王勤豆可汗慕容諾賀鉢。大周時，主乃賜同聖族，改號西平，以聖曆元年五月三日寢疾，薨於靈州東衙之私第，春秋七十有六。以聖曆二年三月十八日，葬於涼州南陽暉谷冶城之山岡。嗣五子，右鷹揚衛大將軍、宣王萬等」云云。取校《舊書·吐谷渾傳》，頗有異同。諾賀鉢，《傳》作「諾曷鉢」，青海國王勤豆可汗作「河源郡王烏地也拔勤豆可汗」，《誌》稱公主貞觀十七年出降，《傳》作十四年，均《誌》、《傳》互異。更證以《新書·吐谷渾傳》，諾賀鉢亦作「諾曷鉢」，勤豆可汗作「勤豆」，均與《舊書》同。惟《新書》稱乾封初更封青海國王，與《誌》正合，可補《舊書》之略。至《舊傳》稱諾曷鉢嗣立，太宗遣淮陽王道明持節册拜，諾曷鉢因入朝請婚。十四年，太宗以弘化公主妻之。《新書》則不書公主出降之年。考《太宗紀》載：「貞觀十三年十二月己丑，吐谷渾河源郡王慕容諾曷鉢來逆女。十四年二月庚辰，左驍衛將軍淮陽王道明送弘化公主歸於吐谷渾」，則與《舊書》同。疑《誌》作十七年或有誤歟？至稱公主爲太宗文武聖皇帝女，據《新書》則是宗室女。《誌》云爾者，殆當時徑告以帝女，未嘗明言宗室女也。《舊史·宗室·淮陽王道明傳》：「以送弘化公主還蕃，坐洩言非太宗女奪爵國除」，則主非太宗女甚明。至武氏朝之改封賜姓，則《傳》所不載，賴《誌》知之矣。

唐袁弘毅墓誌跋

《誌》稱弘毅「曾祖昂，梁侍中、吏部尚書、左僕射、司空、穆正公。祖君方，梁蜀郡太守、右尚書。父梵，陳黄門侍郎，行丹陽尹」。《唐書·世系表》昂生君正，不載君方及梵。弘毅仕至台州録事參軍，子師節任東宫左勳衛，可補《表》之缺。

唐高嶸墓誌跋

嶸爲宰相士廉之孫。《誌》稱「父審行，皇尚書右丞、雍州長史、户部侍郎、渝州刺史。嶸仕至右監門衛中郎將，子祇等」，是嶸不止一子也。《唐書·世系表》載審行官户部侍郎，而不及渝州刺史。載審行子三：曰嶧，曰崘，曰嶸，而不載嶸之仕履。又載嶸之子惠恭，而不及祇，可據《誌》補之。

唐陳希烈墓誌跋

此《誌》文字頗草草。希烈以太子太師爲安禄山宰相，故《新史》列入《姦臣傳》。今以此《誌》證之新舊本傳，《誌》文雖省略，然亦有可補正兩《傳》者。《誌》稱希烈字子明。曾祖沖用，皇陳州刺史。祖許州刺史。父瑾，皇贈工部尚書。希烈爲瑾第五子。希烈第二子，前太僕少卿、太府少監汭。《新史・宰相世系表》失希烈世系，得此可補其缺。《誌》題署希烈職官爲「左相兼兵部尚書、集賢院弘文館學士、崇玄館大學士、上柱國、許國公」。《舊傳》稱累遷至秘書少監，代張九齡專判集賢院事，李林甫引爲宰相同知政事，累遷兼兵部尚書、左相，封潁川郡開國公。及罷政事，守太子太師。《新傳》較詳，稱：「開元中，累遷中書舍人，十九年，爲集賢院學士，進工部侍郎，知院事，遷門下侍郎，俄兼崇玄館大學士，封臨潁侯。天寶五載，進同中書門下平章事，遷左丞相兼兵部尚書、許國公，又兼秘書省圖書使。」以《誌》證之，與《新傳》多合。《舊傳》稱封潁川郡公，不及許國公。據《新傳》知先封臨潁侯，後加封許國公也。《新史》每略于《舊史》，此獨加詳，殆別有所據歟？

栖先塋記跋

李季卿，《舊唐書》附見《李適之傳》，《新書》附見《李適傳》。予往歲據此《記》考，從《新書》爲得。頃讀《全唐文》載獨孤及《唐故正議大夫右散騎常侍贈禮部尚書李季卿墓誌》，稱：「公烈考曰適，神龍中歷官中書舍人、昭文館學士、工部侍郎。子馮翊縣令霸。」又云「尚書右丞長樂賈至作銘以銘之」，於此《記》外又得一證。吴興沈氏撰《兩唐書合鈔》，乃不能決兩《傳》之是非，可謂疏矣。

山南東道節度使嗣曹王皋墓誌跋

此《誌》二十餘年前即出洛陽，予既考而跋之，因求韓文公《曹成王神道碑》，乃至今不可得。頃讀《太平廣記》卷三百九十。引《録異記》謂「永平乙亥歲，有説開封人廢曹王皋墓，取其石人、羊馬、磚石之屬，見其棺宛然，而隨手灰滅，無復形骨，但有金器數事。棺前有鑄銀盆，廣三尺，滿盆水中坐玉嬰兒，高三尺，水無減耗」云云。既取王墓前石羊馬、磚石，則韓碑必已毁於永平時，而冢中誌石尚存，亦云幸矣。《廣記》二百三十一。引《羯鼓録》記嗣曹王皋有巧思，精于器用。爲邢州節度使，有羈旅士人懷二羯鼓捲求通謁。皋見之，識爲開元天寶中供御捲，則其博識又如此，不僅武功政事震耀當代已也。爰附志之。

衢州司士參軍李濤墓誌跋

此《誌》獨孤及撰文，載《毗陵集》。以石本與《集》本相校，頗有異同。《集》本「嘗典陝濟陳三州刺史」，石本作「隰齊陳」。「以輔儒道」，石本作「以輔儒行」。「以經明行修」，石本「以」上有「遂」字。「多由徑而致顯仕」，石本「由」上衍「不」字。「未嘗以得喪夷險，芥蔕方寸」，「芥蔕」石本作「遰芥」。「乾元二年某月日」，石本作「乾元二年六月十六日」。「寢疾終於揚州」，石本作潤州。「春秋若干」，石本作「春秋五十」。「某月日權窆於衢州」，石本作「七月十六日」。「公殁後十二載」，石本作「十有六載」。「痛仁兄不登公侯卿大夫之位」，石本「仁兄」下有「之生」二字。「四月廿七日」，石本作「廿八日」。「公長子居介及居佐、居敬、居易，奉公之輤柩」，石本「居介」下有「支子」二字，無「及」字，「輤柩」作「精裧」。「歸葬於洛陽先使君夫人宅兆之側」，石本作「歸葬於洛陽清風鄉北邙之南陲」。「故作銘以刊之」，石本無此句。「兄弟孔懷」，石本作「匪弟兄孰懷」。又，濤尚有一誌，爲梁肅撰，在大曆十三年四月。一人兩誌，殊罕見也。

大理司直楊寧夫人長孫氏墓誌殘石跋

此《誌》凡十五行，上角缺損十八，字自一字至十字不等。又，末行文未完，乃二石但存其一。人名年月均在泐佚處，初不知爲何人之誌，幸《誌》題首行尚存「大理司直兼殿中侍御史，賜緋魚袋、弘農楊公」，又撰文人款存「歙池等州觀察判官、將仕郎、監察御史裏行吴興錢徽撰」。《誌》文首行存「秋八月有二旬又六日，宣歙採石軍副使」，次行存「河南長孫夫人」等字。又參以《楊寧誌》得知爲寧妻長孫夫人墓誌。《寧誌》稱「永貞初，由大理司直、採石軍副使徵拜殿中侍御史」，此其明證，且即是可知此《誌》之立在永貞元年秋八月也。《寧誌》又稱「以故夫人河南長孫氏合之」，又云「夫人先公一十三年殁」。《寧誌》立於元和丁酉，逆數十三年，正值永貞元年，亦其確證。《誌》稱「夫人大父諱揣

□□□□司誌參軍。王考緽，長安□」。《元和姓纂》長孫：軌元孫端，梁州司農，生緽、全緒。緽，長安令。《誌》「長安」下所缺，據《姓纂》知爲「令」字。而《姓纂》之「端」，則「揣」之譌。「梁州司農」，乃「□□□□司法參軍」之譌也。《錢徽傳》不載曾任歙池等州觀察判官、監察御史裏行，但云貞元初進士擢第，從事戎幕而已。

國子祭酒楊寧墓誌跋

此《誌》錢徽撰，孔敏行書。寧，兩《書》均附見其子虞卿傳中。舊史稱寧貞元中爲長安尉，少有棲遁之志。以處士徵入朝，有口辯，優遊公卿間，竇參尤重之。會參貶，仕進不達而卒。《新書》稱寧擢明經，調臨渙主簿，棄官還夏，與陽城爲莫逆交。德宗以諫議大夫召城，城未拜，詔寧即諭與俱來。陝虢觀察使李齊運表置幕府。齊運入爲京兆尹，表奉先主簿，拜監察御史，坐累免。順宗初，召爲殿中侍御史，終國子祭酒。以《誌》證之，則與《新書》所記略同，而《舊書》則未免疏誤。

《誌》稱寧「既冠，擢明經上第，釋褐衣，授亳州臨渙縣主簿。故司徒文簡公之爲禮儀使，深加器待，以職縻之，納于大麓，方議明陟，無何薨殂，其志不行」。案，司徒文簡公乃相國楊綰，其爲禮儀使在大曆中，見《綰傳》。是寧受知於楊綰，欲加薦刻，以卒官不果。《舊書》言爲竇參所重，疑因楊綰而譌也。《寧夫人長孫氏誌》亦言公夙以文行受知楊公綰，亦其證也。《誌》又言「觀察使李公齊運雅聞其賢而致弓旌，從遷於蒲表，授金吾衛兵曹參軍，充都防禦判官。洎領京兆，復薦授奉先縣主簿」，又云：「處士北平陽公城周旋德禮，吟咏性情，俄授長安縣尉。貞元初，徵陽公爲諫議大夫。以公陽之徒也，俾將其羔雁焉。禮成，而偕觀者聳慕。尋轉本縣丞，亟遷諫議大夫。以守官忤時，左掾鄱陽，稍移陵陽。」所叙與新史正合，惟《新書》不載金吾參軍、防禦判官與佐掾鄱陽、陵陽耳。至新史稱寧與陽城莫逆，《誌》則稱寧爲城之徒，較史爲核。《誌》又載博陵崔公表授試大理司直，充採石軍副使。永貞初，徵拜殿中侍御史，遷侍御史，轉尚書駕部員外郎，出宰河南，入遷户部郎中，遷太僕卿，尋遷國子祭酒。居一年，以疾請老，優詔致仕。新史但載其爲殿中侍御史，終國子祭酒，其他敭歷均失書。舊史乃並不載其終于國子祭酒，謂其仕進不達，疏矣。寧爲陽城之徒，有名行於當時。《舊書》乃以有口辯，優遊公卿間詆之，殆非其實。至其四子汝士、虞卿、漢公、殷士並皆顯貴，而行不逮父，然不得以子而遽詆其父也。

撰文人太子右庶子錢徽，兩《書》并有傳。書《誌》之試太常寺協律郎孔敏行，附見其父述睿傳。官至諫議大夫，其官協律郎則《傳》所不載，但云元和十四年入爲右拾遺。此《誌》立於元和十二年，敏行殆由太常寺協律升轉，足補本傳之缺。

唐盧司馬夫人崔氏墓誌跋

《誌》載夫人曾祖合州司馬，諱玄默。祖漢州德陽令，諱思慶。父朝散大夫、太原祁縣令，諱庭實。《唐書·世系表》載，元默生思慶，思慶生延賓。元默及思慶均不載歷官。「延賓」殆「庭實」之誤，《表》載延賓從弟曰庭曜、庭皦、庭晦，上一字皆作庭，則《表》之「延賓」爲「庭實」之誤無疑矣。夫人適盧嶠，仕至邵、永二州司馬。《世系表》陽烏房：聞喜令伉生永州司馬嶠，即其人也。惟《表》不載嶠子，《誌》載嶠子嘉瑗，潭州長沙尉，可補《表》缺。

唐茅山燕洞宮大洞鍊師劉氏墓誌跋

近年洛陽出土唐李衛公姬人墓誌二，曰《滑州瑶臺觀女冠徐氏墓誌》，卒於大和己酉，衛公自撰文。一即此《誌》，亦衛公自撰文。稱劉氏名致柔，中年於茅山燕洞宮傳上清法籙，從南遷，以己巳歲八月二十一日終於海南旅舍，年六十有一。有子三人，有女二人。案：《唐書·宰相世系表》稱衛公子三人，曰椅、渾、燁。此《誌》有中子前尚書比部郎渾，獨侍板輿；幼子燁、鉅，同感顧復之恩。稱渾爲中子。又據《誌》則燁尚有弟鉅，爲《表》所不載。而與《誌》同時出土之燁妻鄭氏墓誌，文爲燁撰，稱「予長兄故尚書比部郎鍾念少子曰褒」，稱渾爲長兄，與此《誌》作中子渾不合。又《燁誌》稱燁字季常，爲衛公第五子，則衛公子不僅三人。與《表》既異，而以諸《誌》互證亦多矛盾，無從決其得失矣。《誌》稱劉氏卒於己巳，㦸附記「葬於壬申」，己巳爲大中三年，壬申則大中六年，蓋卒後三年始許歸葬也。此文與《徐氏誌》均不載《會昌一品集》，故予均爲之跋尾，以彰之。

南唐龍光禪院故玄寂禪師塔碑跋

此《碑》韓熙載撰，徐鍇題額，張藻書，在吉水龍華寺。拓本流傳甚少，錢竹汀先生有跋尾，《欽定全唐文》卷八百七十七。及太倉陸氏《八瓊室金石補正》并録其文，均有譌脱。《全唐文》譌缺二十五字，文首「昔婆伽以清净妙心」缺「昔婆伽」三字。「付迦葉波」，「付」譌作「伏」。「以心傳心」缺「傳心」二字。「□著奇應既□流俗」，缺「著」、「流俗」三字。「則有師訓」缺「訓」字。「七歲詣本邑石頭院道堅禪師爲弟子」缺「本邑石頭」、「堅」、「爲」六字。「依洪州開元寺」，缺「開」字。「寂滅之宗」缺「寂」字。「青山有路」，「青」誤作「清」。「俄於敬諸之間」，「敬」譌作「欲」。「達深得妙」，「得」譌作「德」。「思結深因」，「因」譌作「恩」。「惟師夙宏妙願」，「妙」譌作「道」。「情高而冷秋空」，缺「秋」字。「白黑奔禮兮」，「奔」譌作「合」。至陸氏《金石補正》，則譌缺三十六字。「昔婆伽」，「婆」上缺「昔」。「以心傳心」，缺「傳心」二字。「二十八尊珠聯印度」，「八」譌作「六」，又缺「尊珠」二字。「以一塵統於沙界」，「於」誤作「乎」。「開無相門」，「門」誤作「行」。「□著奇應既□流俗亦表厥靈」，缺「著奇」、「流俗」、

「厥」五字。「則有師訓」，缺「訓」字。「詣本邑石頭院道堅禪師爲弟子」，缺「本」、「頭」、「堅」、「爲」四字。「洪州開元寺」，「開元」誤作「龍光」。「寂滅之宗」，缺「寂」字。「玉在石而光華尚隱」，缺「石」字。「願言葺輿」，缺「葺」字。「師具順隨之心」，缺「心」字。「答有餘力達深得妙」，「答」譌作「合」，「得」譌作「理」，又缺「力達」二字。「保大九年」，「九」譌作「元」。「復住大寧禪院」，「大寧」譌作「天甫」。「語訖安然」，「安」譌作「而」，又缺「然」字。「故得外契王臣」，「王」誤作「主」。「小師自明」，缺「小」字。「魔雲忽起」，缺「起」字。館臣及陸氏所據殆當時拓本，此本較先百餘年，故可據以訂正缺遺也。

熙載結銜「朝議大夫、守中書侍郎、充光政殿學士承旨、上護軍、南陽縣開國男、食邑三百户、賜紫金魚袋」。《五代史記·南唐世家》煜拜韓熙載中書侍郎、勤政殿學士。《宋史·南唐李氏世家》、熙載本傳作遷中書侍郎、光政殿學士承旨，與《碑》合。歐史作「勤政殿」者，誤也。《宋史》載熙載善爲文，江東人士道釋載金帛求銘誌碑記者不絕，此《碑》乃其一矣。

蜀石經春秋穀梁傳文公第六殘葉跋

孟蜀石經原石久佚，僅明内閣存拓本全部，見《文淵閣書目》及萬曆間張萱撰《内閣書目》，尚完全無缺。萱所撰《疑耀》，亦記之甚詳。本朝藏書家僅見《毛詩》殘卷，金陵陳雪峰明經曾據橅本録木。嗣閩江陳氏、漢軍楊氏藏《周禮》、《左傳》、《穀梁》殘卷，展轉歸廬江劉氏。曩曾寓目，前均有「東宫書府」朱印。此「文公」殘葉，僅存首五行，亦有此印。知楊氏、陳氏所藏三經亦爲内閣佚出者，人間無二本也。予此本，得之大庫殘籍中。先是滿洲某君亦得《穀梁》殘卷數十行於内閣大庫，劉君健之既已重金購致，擬寫影以傳，移書乞此，因題後以歸之。丙寅仲夏。

汴學石經宋拓殘本跋

汴學石經，予往在海東，曾以《周禮》、《禮記》舊拓本縮印入《吉石盦叢書》中。及由海東返國，寓津沽，復得山陽丁氏所藏宋拓複葉《易》八行，《書》五十九行，《詩》十六行，《禮記》六十九行，《周禮》七十行，影印以補舊印所缺。此四經中僅《周禮》七十行中之八行今尚存，餘均已佚者也。近年復得宋拓殘紙總百七十八行，計《書》四行，《詩》八行，《周禮》卷一百十行，卷二四十行，《禮記》十六行，與前册稍有複重，殆亦出自丁氏所藏也。予既取付裝池，乃與舊藏合爲一册而記其後。

遼聖宗陵殘石幢跋

右文字刻石幢上，今但存下截，在林西縣。但見拓本三紙，不知幢凡幾面，每面幾行及其文之先後，姑分三截録之。長孫繼祖因文中有「皇太后撫柩銜哀，臨朝稱制」語，又有「嘗因時豫親卜岡塋」

及「親奉遺言，躬臨吉地」與「移窆於新營慶州之攢塗殿」諸語，考之《遼史·興宗紀》，載「興宗即位，皇太后聽政，帝不親庶務。羣臣表請，不從。重熙元年春正月壬申朔，皇太后御正殿，受帝與羣臣朝」。《地理志》慶州玄寧軍「聖宗秋畋，愛其奇秀，建號慶州。曰：吾萬歲後當葬此。興宗遵遺命，建永慶陵」，與石文正合，則此幢之爲聖宗立審矣。此本爲黑田博士所贈。予既寄頤兒，據以録入《滿洲金石志》，并記長孫語于裝本後。

賈師訓墓誌跋

此《誌》文累三千餘言，後半有殘損，幸事實尚可考見。文首稱「公諱師訓，字公範。七代祖夢殷生道紀，道紀生去疑，去疑生嵒」，至祖父名則文泐不可辨。稽之《遼史》，無師訓傳，故其先世亦無可考。惟《誌》稱師訓以大安二年授樞密副使、右諫議大夫、刑部尚書、中書侍郎平章事，加致主功臣、尚書左僕射，移中京留守。以疾表請還政，詔加同中書門下平章事致仕。壽昌二年冬，薨于中京之里第。攷《遼史·道宗紀五》大安五年六月：「壬戌，以前樞密副使賈士勳參知政事兼同知樞密院事。」士勳殆即師訓。《誌》稱師訓充東京麴院使時，秤吏董猪兒得幸北樞密使乙信，怙勢日索官錢，公不與。又稱，其補中京留守推官時，乙信居守，自以前在樞極，權震天下，每行專□，不顧利害，公獨不屈云云。《誌》所稱乙信，即《姦臣傳》之耶律乙辛。《傳》稱乙辛以「清寧五年爲南樞密使改知北院」，後出爲中京留守，與《誌》所述乙信歷官時代均合，則乙信即乙辛。信、辛音近，師訓、士勳亦音近，二者互證，則師訓之即士勳審矣。

師訓所蒞有政績，其不爲姦臣乙辛所挫撓，其大節有足稱者，惜《遼史》於漢臣多不立傳，賴此《誌》得存師訓仕績也。《誌》題之後，撰文款之前，列「守太常少卿，前知臨潢少尹、騎都尉，賜紫金魚袋張可及奉勑葬」款一行。此例除《晉荀岳誌》外，爲六朝以來墓誌所未見，可見契丹之世於漢臣未嘗不加優遇，而史無漢臣傳，不能知其故矣。且契丹重臣用漢人頗多，此《誌》所載有故侍中彭城劉公雲，故宣政殿學士陳公覺，故中書令李仲禧，故相王藉，故相國太原王公言敷，故侍中邢熙年。此六人中惟李仲禧附見其子耶律儼傳中。仲禧本姓李，其賜國姓見《道宗咸雍七年。紀》。他如陳覺、王言敷、邢熙年之名，亦均見《道宗紀》而無傳。《紀》稱咸雍三年三月宋主曙殂，「遣右護衛太保蕭韃不也、翰林學士陳覺等弔祭」。太康七年六月「丁卯，以翰林學士王言敷參知政事」。九年十二月「辛卯，以王言敷爲漢人行宫都部署」。大安五年六月「壬戌，以參知政事王言敷爲樞密副使」。太康九年「十二月丁亥，以邢熙年知南院樞密使事」。大安元年正月癸卯，以「邢熙年爲中京留守」。惟劉雲、王藉名不見《紀》中。然《道宗紀》太康八年六月丁巳，以劉筠爲南院樞密使，王績爲漢人行宫都部署。九年閏月「以漢人行宫都部署王績爲南院樞密使」。十月「己卯，南院樞密使劉筠薨」。雲、筠，藉、績音近，以師訓之作士勳，乙信之作乙辛例之，則劉雲殆即劉筠，王藉殆即王績矣。因考師訓事而并及之。此亦言遼代史事者所未知也。

韓椅墓誌跋

此《誌》在朝陽孔廟，不知何時出土，文字尚完好，史館修撰李萬撰文。稱公諱椅，字正聲，曾祖父知古，祖匡美，考瑜，伯祖匡嗣，從世父德讓，再從兄遂貞。叙其家世甚詳。蓋自其先世以漢族入遼，其後門閥至顯，故《遼史》有《韓知古傳》，附子匡嗣，孫德源、德凝。匡嗣次子德讓，賜姓耶律，賜名隆運，别有專傳，附載弟德威、德崇，威子滌魯，崇子制心，而不及椅、匡美與瑜。今以《誌》考韓氏一系，知史傳漏略疏舛甚多，略舉八事。

《知古傳》叙述至簡，稱「知古薊州玉田人，善謀有識量。太祖平薊時，知古六歲，爲淳欽皇后兄欲穩所得，后來嬪，知古從焉，未得省見。久之負其有，怏怏不得志，挺身逃，庸保以供資用。其子匡嗣得親近太祖，因間言。太祖召見與語，賢之，命參謀議。神册初，遥授彰武軍節度使。久之，信任益篤，總知漢兒司事兼主諸國禮儀」。又云「頃之，拜左僕射。與康默記將漢軍征渤海有功，遷中書令。天顯中卒」。考太祖平薊在唐天復三年癸亥，越三年丁卯太祖乃創建契丹國，由天復三年下逮天贊三年才二十有四年。若太祖平薊知古方六歲，則太祖末年知古年僅三十耳。若知古之子匡嗣當太祖末年，不過甫成童，焉有知古因其子進身之理？又《太祖紀》載太祖三年「四月乙卯，詔左僕射韓知古建碑龍化州大廣寺，以紀功德」。七年冬十月癸未，「詔羣臣分決滯獄，以韓知古録其事」。果知古六歲從太祖，則太祖建國之三年知古甫十二，烏能任左僕射執筆爲紀功碑？即太祖七年，知古亦僅十六歲，烏能決滯獄耶？至《傳》叙知古拜左僕射在征渤海之前，渤海之平在天贊四年，則知古拜左僕射在神册、天贊間，與《紀》亦不合。此《誌》載知古歷官「推古契運宣力功臣、彰武軍節度、東南路處置使、開府儀同三司」，《傳》亦未及。又《地理志·中京道》：興中府「太祖平奚，及俘燕民，將建城，命韓知方擇其處，乃完葺柳城，號霸州彰武軍節度」。知古曾官彰武軍節度使，《志》之「知方」爲「知古」之譌。此史之譌略一也。《知古傳》但載子匡嗣，不載匡美。惟《景宗紀》保寧三年春正月「辛酉，南京統軍使魏國公韓匡美封鄴王」。《誌》稱匡美官協謀守正翊衛忠勇功臣、燕京統軍使、天雄軍節度使、開府儀同三司、守太師兼政事令、行魏州大都督府長史、上柱國、鄴王。職位甚崇，乃不附見《知古傳》，此其漏略二也。《匡嗣傳》載其歷官頗略，亦不載封爵。《誌》稱匡嗣官爵有行京兆尹、尚父、秦王，均《傳》所不及，此其漏略三也。耶律隆運佐景宗睿知皇后，輔衛聖宗，參決大政，見《后妃傳》。厥功至偉，故恩禮優渥，賜姓、賜諡，賜文忠王府衛，建廟，見《營衛志上》。位親王上。《遼史》紀之甚詳，而椅之再從兄遂貞，則不見附傳中，惟《聖宗紀》開泰元年「七月丙子，以耶律遂貞爲遼興軍節度」。據《誌》稱遂貞賜名直心，官四十萬兵馬都總管兼侍中、南大王兼政事令、陳王。職位至崇，且亦荷賜名，爲當時重臣可知。史顧不載其事實，僅于《聖宗紀》一見其名，此其疏略者四也。據

《誌》棆父瑜仕至内客省使、檢校太傅，贈太尉，出征糞部，以身殉國，而姓名不見于史。《誌》稱棆以統和二十三年官頒給庫使，曾入宋充賀正使副。《聖宗紀》：統和二十三年「十一月戊申，上遣太傅合住、頒給使韓簡；太后遣太師盆奴、政事舍人高正使宋，賀正旦」。韓簡即韓棆，字形相近而誤。此史之疏誤五也。《隆運傳》載制心父德崇，累官至武定軍節度使。《聖宗紀》統和十二年五月「庚辰武定軍節度使韓德冲秩滿。其民請留，從之」。德冲殆即制心父德崇，崇、沖音近，當是一人。且據《紀》德冲有惠政，《傳》亦不及。其疏漏六也。制心之名一見於《聖宗紀》開泰六年四月「以樞密使漆水郡王耶律制心權知諸行宫都部署事」。以後書制心名則皆作「㥛」，於八年二月丁未書「以前南院樞密使韓㥛爲中京留守」。十二月乙巳，以「韓㥛爲惕隱」。九年十一月，「以漆水郡王韓㥛爲南京留守」。太平四年五月，「南院大王韓㥛薨」。「十一月追封南院大王韓㥛爲陳王」。同爲一人，或稱賜姓，或稱本姓，或書其名作制心，或合書之作㥛，此其舛誤七也。《誌》稱韓氏門閥之盛曰「拜僕相者七，任宣徽者九，持節旄、綰符印、宿衛交戟、入侍納陛者實倍百人」。今除兩《傳》所載外，聖宗太平二年《紀》有静海軍節度使耶律遂忠，七年十二月丁卯賀宋太后生辰使有耶律遂英，殆均遂貞兄弟行。知韓氏一門傳多不載，不僅瑜與棆。此其疏漏八也。

遼金二史多疏舛，《金史》有施北研先生爲詳校，《遼史》則僅錢竹汀、厲太鴻兩先生爲校補，蕪漏尚多，今試舉一斑以示之例。予老嬾不復能肆力於此，長孫繼祖頗潛心乙部書，異日倘能成予志乎？

《誌》稱椅以太平五年奉命使高麗國，賀王之誕辰也。此事不見《遼史》。鄭麟趾《高麗史·顯宗世家》載，「十六年乙丑秋七月辛巳朔，契丹遣監門衛大將軍韓椅來賀生辰」，與《誌》正合。遼太平五年，正高麗王詢之十六年也。《誌》載椅筮仕之初，授西頭供奉官，晚歲歷宣徽北院使、歸義軍節度、沙州管内觀察處置。在任二歲，進位南院使加檢校太尉，其中間曾以隙起私門，纍囚制獄。明年奉使沙州，册主帥曹恭順爲燉煌郡王。使還，授乾、顯、宜、錦、建、霸、白川七州都巡檢，再任章愍宮都部署，依前左監門衛大將軍。案：契丹國法，其使遠國多用犯徒罪而有才略者，使還即除其罪。語見聖宗開泰九年《本紀》。故椅以使沙州還，得再起用也。又遼代節度每多遥授。《知古傳》遥授彰武軍節度使，匡嗣遥授晉昌軍節度使，此例見諸傳中者甚多，《誌》云「惟公遠使鳴沙必死之地，涉險獲夷，考終之日遥鎮其州」。蓋並未往親鎮其地，故云遥授也。此亦治契丹史事所宜知者。

椅爵昌黎郡開國侯，乃襲其父瑜爵。瑜亦有墓誌出土，惟前後數行文多漫漶，而文中「封昌黎縣開國侯」字，則明晰可辨。至撰文人李萬結銜爲「朝請郎，守尚書右司郎中，充史館修撰、武騎尉，賜紫金魚袋」。其人《遼史》無傳，而見其名于《聖宗紀》開泰元年七月。萬以秘書省正字上書，辭涉怨訕，杖而徒之。又《百官志》「秘書監正字」下注，開泰元年，見正字李萬。蓋即其人。《誌》作于重熙六年，已由秘書正字進秩史館修撰矣。書者，鄉貢進士商隱所書。頗有譌字，「入奏乾元」，「奏」譌作

「秦」。「駐泊于遼東」，「泊」譌作「洎」。「求醫不遂於針肓」，「肓」譌作「育」。文末「明」字缺筆，乃避景宗諱。並附識之。

元全寧路儒學記跋

此碑今在烏丹城，文字經鑿損，頗不易辨。然額篆及碑題「全寧路新建儒學記」各八字，固明朗可見。撰文人款但存「前集賢待制」五字。書人款但存「承事郎同知」五字。此後一行存「大學士□□大夫」字，殆篆額人款也。文首稱「大德改元城全寧，全寧析盧州封畛而郡，西直上京七百里。皇姑魯國大長公主駙馬濟寧王創□學于城之□」云云。案《元史·地理志》，中書省全寧路下領縣一，「全寧下不記建置年月。惟《特薛禪傳》載：「至元七年，斡羅陳萬户及其妃囊加真公主，請於上郡東北三百里答兒海子本藩駐夏之地，建城邑以居，遂名其城爲應昌府。二十三年，改爲應昌路。元貞元年，公主又請以應昌路東七百里駐冬之地創建城邑，復從之。大德元年，名其城爲全寧路。」《世祖本紀》：八月「己巳，賑應昌府饑。辛巳，設應昌府官吏」。《成宗紀》：「大德元年，陞全州爲全寧府。七年，陞全寧府爲全寧路。」參合紀傳，知全寧城創於元貞。殆初名全州，至大德紀元陞全寧州，七年陞爲路，可補《地理志》之闕。至《傳》言大德元年名其城曰全寧路，此碑稱大德元年城全寧，析盧州封畛而郡，是大德元年全寧爲郡，與《成宗紀》合，《傳》作大德元年即名全寧路者非。碑稱大德元年城全寧，似大德元年始爲此城，所言亦未核也。至《特薛禪傳》謂元貞元年，公主請以應昌路東七百里駐冬之地創建全寧，碑則謂析盧州封畛，殆全州初曾名盧州，而史略之歟？

碑所稱之皇姑魯國大長公主，乃世祖女囊家真。成宗即位，封皇姑魯國大長公主。所云駙馬濟寧王，乃特薛禪之後蠻子台，以元貞元年封濟寧王，均見《特薛禪傳》。蓋太祖因特薛禪及其子按陳有功於國，有旨：「弘吉剌氏生女，世以爲后；生男，尚公主，世世不絶也。碑又稱：「全寧之學始於皇姑與駙馬，今皇姊大長公主用舅姑既往之志。魯王温恭教學，世世舅甥於皇家。」是濟寧王能於采地興學，其後嗣又能紹述前人，可以謂之賢矣。

此碑前人未著録，惟《熱河志·古蹟門》載烏丹城，云在赤峯縣境，城基高五尺，周六里，所存東西二門，亦當爲遼金時州縣之遺址，城中有廢塔，又有斷碑，已殘缺，惟「魯國長公主」字可辨。所謂斷碑殆即指此。其實碑並未斷，土人擬磨礱作他用，致斧痕斑斑，文遂漫漶耳。然據此得知烏丹城即元之全寧，初無城郭，出于創建，《志》乃疑爲遼金城州縣之遺址，未免疏誤。幸此碑之存，得知全寧地址。碑版之有資考古，其功爲不細矣。

竹公碑跋

此碑在烏丹城南七里。竹公墓以元順帝至元四年建，揭傒斯撰，康里子山書。其文著録於《熱河志》卷一百十九《藝文》十三。石斷爲三，文字尚明晰可讀。《碑》稱國族有諱竹温台者，爲魯國大長公主媵臣，事魯王淳不剌，甚愛幸。遂冒魯王族雍吉剌氏，家全寧，今爲全寧人。仕至中順大夫、達魯花赤。以至治三年卒於京，葬城西南五里歡喜嶺之麓。又云「今太皇太后魯國大長公主之女也，其歸文宗」云云。案：《元史·特薛禪傳》特薛禪姓孛思忽兒弘吉剌氏，因從太祖有功，有旨：弘吉剌氏生女，以爲后；生男，世尚公主。故太祖、憲宗、世祖、成宗、武宗、仁宗、泰定帝、文宗、寧宗后妃，均弘吉剌氏。《碑》作雍吉剌，譯文略異爾。《文宗卜答失里皇后傳》：父駙馬魯王琱阿不剌，母魯國公主桑哥吉剌。《特薛禪傳》：大德十一年三月，按答兒長子琱阿不剌襲萬户，尚祥哥剌吉公主。六月，封大長公主，賜琱阿不剌金印，加封魯王。《碑》文「琱阿不剌」作「淳不剌」。《后妃傳》大長公主名桑哥吉剌。《特薛禪傳》作「祥哥吉剌」。《諸王表》：魯王阿不歹駙馬，大德十一年襲封。琱阿不剌又作「阿不歹」。《諸公主表》魯國徽文懿福真壽大長公主祥哥剌吉，順宗女，適帖木兒子琱阿不剌。一書之中譯文參差至此，宜遭世人之抨擊矣。

《碑》稱魯王以竹温台才可大用，數欲獻之上，復念府中去是人緩急無可使者，遂奏爲管領隨路打捕鷹房諸色人匠等户錢糧都總管府副達魯花赤，與階朝列大夫，尋進中順大夫，以爲達魯花赤。考《特薛禪傳》，弘吉剌之分邑得任其陪臣，應昌、全寧等路則自達魯花赤總管以下諸官屬皆得專任陪臣，而王人不與焉。此外復有王傅府，自王傅六人而下，其羣屬有錢糧、人匠、鷹房、軍民、軍站、營田、稻田、烟粉、千户、總管、提舉等官，以署計者四十餘，以員計者七百餘。竹温台之管領隨路打捕鷹房諸色人匠等户錢糧都總管府副達魯花赤及進達魯花赤，蓋均由藩府奏任，非由朝廷任之。此考元世任官制度者所宜知也。

《熱河志》録此《碑》文多譌誤。「使吾得其民治之，亦猶是也」，「亦」誤作「夫」。「與階朝列大夫」，「階」誤作「隨」。「後日葬城西南五里」，「後」下「日」上原空二字，乃注曰闕。「不待問學」，「問」誤作「文」。「裕聖太后賜白金爲兩二百有五十」，「五十」誤作「卅」。「及金玉器各一」，「一」誤作「對」。「累階奉順大夫」下無字，注缺二字。「兹后永徵」，「永」誤作「示」。至今石斷處損字，則字均尚存，爰側書以補之。《碑》稱葬城西南五里，今在烏丹城南七里，知今之烏丹城確爲全寧遺址，知竹温台葬地名歡喜嶺，亦可補《志》所不及也。

明劉清題名跋

明遼東都指揮使劉清題名，在吉林城東阿什哈達石壁上，《吉林通志》已著録。字刻崖石，未經磨治，不易辨認，故《通志》所録譌奪甚多，致誤劉清爲劉書，永樂爲丁未，又失録後三行。今審定其文，曰：「欽委造船總兵官遼東都司都指揮使劉清，第一行。永樂十八年領軍至此。第二行。洪熙元年，領軍至此。第三行。宣德七年，領軍至此。第四行。本處設立龍王廟宇，永樂十八年創立，第五行。

宣德七年重建。第六行。宣德七年三月廿日。」第七行。此行下似尚有字迹，不可識矣。

考明代松花江造船及劉清之名，均見《明史·巫凱傳》，稱：凱，（寧）〔宣〕宗時以都督僉事鎮遼東，「帝嘗遣使造舟松花江，招諸部。地遠，軍民轉輸大困，多逃亡。會有警，凱力請罷其役，而逃軍入海西諸部者已五百餘人。既而造舟役復興，中官阮堯民、都指揮劉清等董之，多不法，致激變，凱劾堯民等下之吏」。又《宣宗實録》載：宣德四年十二月壬辰，内官亦失哈等還。初命亦失哈等率官軍往奴兒干，先於松花江造船運糧，所費良重。上聞之，諭行在工部曰：造船不易，使遠方無益，徒以此煩擾軍民。遂勑總兵官都督巫凱，凡亦失哈所賫頒賜外夷緞匹等物，悉於遼東官庫寄貯，命亦失哈等回京。又載，七年五月丙寅，以松花江造船軍士多未還，勑海西地面都指揮塔失納答、野人指揮頭目葛朗哥納等曰：「比遣中官亦失哈等往使奴兒干等處，令指揮劉清領軍松花江邊造舡運糧。今各官還朝，而軍士未還者五百人。朕以爾等歸心朝廷，野人女直亦遵法度，未必引誘藏匿。勑至，即爲尋究，遣人送至遼東總兵處，庶見爾等歸向之誠。」今以此刻考之，則清之造船實在永樂十八年直至宣德七年，三次領軍至松花江，所領之軍，乃從事造船之役者。初次罷役在宣德四年，所謂逃亡五百人，殆洪熙元年所領之軍。至七年而造船役復興，故清再領軍至此。其再罷役雖不知在何年，要在七年後矣。惟内官阮堯民下吏，清是否連坐不可知矣。此題名外，尚有清永樂十九年題名，則《通志》所未載。頃遣工往拓墨，并拓得之。

又第一題名跋

劉清題名與第二題名相距半里許，中間一行大書：「驃騎將軍、遼東都指揮使劉」，不著其名，以第二題名證之，乃劉清也。前一行書甲辰丁卯癸丑，殆記清董役至此。其第二題名，則記領軍之年也。甲辰爲永樂二年，癸丑爲宣德八年，丁卯爲正統十二年，不應列甲辰、癸丑間。丁卯，殆宣德二年丁未之誤耶？

緑筠窩帖跋

此《帖》首隸書題字曰：「停雲館法帖。」次行楷書標題：「宋蔡忠惠公書。」次，「宋蘇文忠公書」。又次，「宋黄文節公書」。又次，「宋米南宫書」。帖末隸書二行，文曰：「嘉靖十八年己亥，錫山華氏緑筠窩藏石。」下有二印，曰「補庵居士」，曰「從龍忠惠」。凡三帖：一、扈從帖；二、暑熱帖；三、脚氣帖。文忠凡二帖：一、武昌帖；二、經由帖。文節凡二帖：一、彭公帖；二、放逐帖。南宫凡二帖：一、思企帖；二、捕蝗帖。此九帖中僅忠惠《脚氣帖》見《停雲館帖・宋名人書卷第五》，而每行字不同。彼凡七行，此則九行。他帖則均不見彼刻。考文氏《停雲館帖》後標題始於嘉靖十六一、七二年，廿年四，廿七年六，三十年七，三十四年九，三十五年十，三十六年十一，三十九年十二。此署十八年，正當其時，不知何以廢而不用。而樵勒之精，氈拓之妙，正與火前本《真賞齋帖》無二。《帖》首有題字二行，不署名字，審爲李眉生方伯書。此《帖》不見前人記述，恐世無第二本，其可珍玩更勝於《真賞齋帖》，故書後以誌之。

辛亥死事劉公傳

公諱錫祺，字壽巖，直隸天津人。少負才氣，喜談兵。南皮張文襄公之洞督粤，公應召，肄業廣東水陸師學堂，所學冠諸生。既畢業，充嵩武等軍教習。甲午中日之役，定武軍軍統胡燏棻命公充總教習，嗣管帶工程營。及文襄移督兩湖，創武備學堂，調充領班。尋派充武功中營副營官，教練士卒，克勤其職。庚子春，命至日本考察軍政，身入聯隊，所學益進。是年長江之變，公奉調回鄂，統領兵輪，於新堤等處搜捕亂黨，以勞洊升護軍右旗荆州水師管帶，尋充第八鎮正參謀官兼統特別警察隊。公盡心擘畫，所部咸服從。辛亥八月，鄂督瑞澂檄公往岳州堵截鄂省災民闌入湘境，事未蕆而武昌亂作。亂作之夕，特別警察隊全營弁兵僅百餘人入衛督署，奮死接戰。次晨輜重第八營入城赴援，士氣益振，忍饑力戰。至日晡，敵益衆，乃全師出城，扼守漢口。是時鄂省凡一鎮、一協、巡防水陸十營，而始終不變者，輜重第八營外，僅公所領特別警隊而已。公在岳州，聞變亟乘岳陽丸過漢口。而革軍張振武等已先至。公甫抵埠，遽被執。革軍素服公勇幹，百計誘脅。公駡賊不屈，振武等知不可奪，乃斬公於漢黄德道署前，且梟其首以示衆，時辛亥九月七日也。公時年四十有三。尋革軍復棄漢口，道署燬於火，公尸燼焉。從公死者書記劉天豹，差弁常順。是年十二月，事聞於朝。十五日奉旨加恩贈協都統，從協都統陣亡例，從優賜卹。子廷樞。公没後十年，公同鄉姚貴昉大令爲言公死事狀，予欽公大節，爰爲傳以表章之。

王比部傳

君諱錫祺，字壽蘐，江蘇清河人。先世籍山西太谷，明季商於江蘇，遂占籍焉。祖履謙，以鹽致富。父嶼，咸豐乙卯舉人，常州府學教授。教授生三子，君其仲也。生六歲而孤。性敏異，讀書日數百言。稍長，下筆驚其長老。年十八，爲邑諸生，有聲黌序。再試秋闈不售，乃入貲爲郎，籤分刑部廣西司。方是時，中興甫二十年，海内安晏。君嘗一至京師，日讀邸鈔，知海禁既通，外交孔亟，而朝野士夫罕留意者，以爲此亂幾也。乃徧讀譯籍，備知各國情勢。嘗草萬言書，欲上當事。太夫人以事乖常例，阻之。又因日本鋭意變政，整軍經武，欲入其疆一覘其實，乃浮海至長崎，而太夫人遽促之歸。君重違親心，不果竟其志。慮世且多事，乃蒐集各國行政之書、輿地之記以及輶軒使者所録爲《小方壺齋輿地叢鈔》。書出而海内人士多笑爲迂遠，君則爲之益力。

當是時，君内足於財，家有質庫，長兄錫齡筦家政，君得專意讀書。及長兄殁，君當嗣其職，顧非性所喜，然無可諉，乃强視事，而鋭學如故。司質庫者欺君書生，弊已日滋，而君弟姪復侵蝕以自肥。君雖知之，顧性仁柔，不忍窮究。如是者二十年，質庫乃敝耗不可支矣。債家第從君索逋，君之子弟則各私所侵蝕，而一以債委君，時光緒甲辰，君年五十矣。明年，債家復訟君，且逮繫君。予與君夙爲文字交，先伯兄佩南先生所娶，又君之兄子也。爲言之蘇撫浭陽端忠敏公，出君於理。君既覆巢毁室，不得已，傭力於滬江，爲人任編輯。予復介君入《江南通志》局，三旬九食，履境已非人所堪。及辛亥國變，予避地海東，與君不通消息者逾年。比甲寅返國，則聞君先一年卒以餒死矣。

嗚呼！君生於咸豐乙卯，卒於宣統癸丑，得年五十九，葬於山陽南門外興王莊之原。娶支氏，繼室程氏，子三人，女子子七人；側室徐氏、張氏。徐先卒。張有淑德，傭力以資君生，身歷百苦無怨尤，生子女各一。君既没，嗣子疑其有私蓄，遇之不以禮，乃先殺其所生子女而自殺以殉。嗚呼！烈矣。予哀君生無所遇，死無所稱，爰爲之傳，以昭來兹。

論曰：嗚呼！君抱用世之志，所自期者，蓋千載人也。往居滬上，朝夕恒相見，每抵掌論時事，與予不盡合，或動色相争，然能逆知。甲午之兵事及戊戌政變，君固喜言新學者，見當時士夫所爲，以爲厲階自此始矣。又見庚子以後，士氣囂張，當事狥無知識之輿論，輒歎淪胥之將及也。豈非有先見者哉！乃竟以餒死，嗚呼！

狩野君山博士六十壽序

光緒中葉予旅食滬江時，狩野博士適留學敝邦，予友藤田劍峰博士爲之介。初相見，挹其氣沖然儒者，已心異之。締交稍久，知其學博而守約，温温然君子也。逮予備官學部，君與内藤、小川諸教授來觀學部所藏敦煌古卷軸，相見益驩，交益深。辛亥仲秋，革命軍起，君與内藤、富岡諸君移書勸予浮海東渡，且爲之卜宅於京都。感君高義，乃與海寧王忠愨公攜家投止。舟至神户，君與東西兩京知好來迎迓，君之夫人則躬執爨治餐以待，其俠腸古誼，雖胏腑昆季不能逾也。故居東八載，賓至如歸，幾忘其羈苦。及歲己未，將返國，君與京坂故人多方維縶，謀所以安遠人者。及予歸計決，乃與兩京耆彦祖餞於圓山公園，復送至舟次，鄭重而别。予既寓津沽，甲子秋，入值内廷。再逾月，而遇宫門之變。時全國中無敢執正義以相抗者，君與諸教授聞而憤甚，以爲三千年綱常大義一旦且澌滅，乃著論以警當世，且移書慰問。明年，君以事過津沽，謁我皇上於行朝，進退無不守禮，益徵君口誦古人之言，躬行古人之行，毅然以名教自任，固非當世學者所可企也。

明年戊辰，爲君六十初度，爰叙平生交誼之雅，爲文以代兕觥之祝。謹誦《南山有臺》之詩曰：「樂只君子，遐不眉壽。樂只君子，德音是茂。」又曰：「樂只君子，邦家之基。」「樂只君子，邦家之光。」既以祝君之純嘏天錫，且頌君之有光顯於邦家，不僅一身之榮已也。予賦性質直，不能爲諛辭悦人，兹述君德業，正恐稱揚未盡。當世君子儻不以爲阿好乎？丁卯九月六日。

與柯鳳蓀學士書

玉避地六年矣。邇來抱病逾年，僅存一息，不復措意於人間事。惟尚有一事，極不能忘，則二百餘年之信史是也。近年滬上書坊爲射利故，多印行短書稗史，往往毀謗聖政，汙及宫廷，以逢迎社會。雖有識者不復一顧，而流傳方來，未必不滋人口實。憶初至東邦之三年，值景皇后崩御，此間報紙摭拾亂黨謡言，肆行毀謗，閲之髮指。玉既遂書與争，復爲文揭之報紙，斥正之。此在當時則易爲，而不能期之異日也。今滬上穢史既不能付祖龍一炬，而所以糾正之者，莫如將歷朝實録及館臣舊撰國史紀、傳、表、志刊刻傳世，日月既出，則爝火自息。其在唐代，韓文公撰《順宗實録》，當世既已流傳。明之末季，亦許人詣内閣傳鈔實録。此前事之師也。舍今不圖，悔之無及。雖今日朝野志士矢揮魯陽之戈，起虞淵之日，然即令少康中興，此舉亦非無益。況復旦之期，未知何日。我輩一息尚存，忍令吠堯之犬獨傳其餘響，聖明之政不存於方策，致九廟之靈有餘慟，三代之直無復存，吾儕之責固不能委之他人也。往者夫已氏曾創立清史館矣，彼意别有所在。今元凶已伏天刑，而史館具存，彼當事者究能一秉至公，發揮聖德否？諸秉筆者果能備具三長，無媿作者否？果能計日觀成，傳之當世否？凡此三者，皆非下走之所能知也。鄙意能節省館用，先將實録史稿由史館早日刊行，此上策也。否則，如下走者，雖轉徙餘生，生計將絶，而天良未泯，願盡斥鬻所藏長物，出私資印行。爲山之功始於累土，願首爲之倡，并願爲之奔走鳩集。人之欲善，誰不如我，以寰宇之大，得一二百人力，則此事辦矣。此下策也。總裁趙尚書世受國恩，比之下走，草茅新進，地位迥殊。其愛國之忱，當千萬倍於下走，其隱忍就職或有深心。請公以鄙意轉達，若不以爲誕，玉定趨赴國門，面商此事。玉往者矢於神明，莽卓尚存，此身不忍入春明，今爲此事，雖渝盟不悔也。與公相知有素，故敢以爲言，幸委曲成就之。草野報國，僅此區區，企望復音，無任翹結。

此書發後，未得報章。復移書寶沈庵宫保，並告以先由予捐寫官之費三萬金。乃趙謂：國史未刊行，史稿不能隻字流出，拒之甚嚴。越數年，趙以館用匱，乞劉翰怡京卿佽助，予告劉，當以傳寫實録邀之。趙立許可。但云，不可告羅參事，彼前以是請未允也。及鈔成，譌奪甚多，無從勘正。及滿洲舊邦新造，予函商亡友内藤湖南博士，博士極贊同。及兩國創立文化協會，遂議決刊行，顧中間阻尼百出，蜚語横生，又德宗今上兩朝不在豫算之内。乃由予先倡捐萬二千元，會中諸君贊之，乃勉强告成。頃長孫於日記中得此書稿，爰録入卷内，以記即此區區草野微忱，亦歷百艱而始達如此。

有鄰館記

日本京都藤井君好古而博物，予往者寓京都八年，所交多博雅君子，惜未與識面也。近始得見其所刊《有鄰大觀》，搜集禹域古文物，凡周秦二千餘年來彝器、金石、專甓、彫刻、藝術品，至富且精，并築館以儲之。取「德不孤，必有鄰」之義，顔之曰「有鄰」。既郵寄刊本于余，復遺書屬爲之記。

余維《周禮·地官·遂人》言「五家爲鄰」，鄰之爲義亦狹矣。然《釋名》「鄰，連也，相連接也」。家與家相比爲鄰，國與國相接亦爲鄰。故《書·蔡仲之命》「睦乃四鄰」，孔傳釋爲「睦汝四鄰之國」。日本與禹域鄰也，而阻以大瀛海，古所稱十洲三島仙人所居者，以先秦之力亦不能造其境，至漢魏之間，其往還始見於史籍。逌晉，高麗王仁獻《論語》千文後，文化遂大通。至于有唐，來者繼踵。晁監入仕，空海留學，弘法歸國創立文字，治化乃益蒸蒸，禮義遂爲東方諸國冠。其善取於鄰也如此。今者，海禁大通，舟航四達，歐美列邦如在庭户，使節往來雖殊域亦比鄰矣，且亦有所取資焉。若政術，若科學，固亦取其精而窮其奥而馴至富强，蓋再得取鄰之利矣。然邇者，歐美列邦各以科學相競，日新其攻戰之具，以争權利于世界。復懼均勢之失其平衡，於是猜疑互備，隱相疾視，衣冠壇坫之間戈鋋伏焉，莫不惴惴然知大戰之將再啓。然則遠鄰之政術、科學實孕世界莫大之禍胎，意不如往世取諸近鄰之道德文學爲歷久而無弊者歟！迂闊之言，初未敢自信。然觀藤井君所藏，皆東方古文物而不及西方之埃及、羅馬，毋亦已見及此歟！爰就管見所及而爲之記，並質之藤井君，幸有以起予也。

〔校記〕

〔一〕京　據《明史·張瑋傳》補。

陸庵餘事

陸庵餘事目録

* 此目録原缺，據正文補。

陸庵餘事

延陵十字碑　辛卯

穹碑臨古道，遺跡溯姬周。籀古文難辨，龍蛇勢自遒。墓銘開體例，特筆補春秋。篆法陽冰紹，薪傳萬禩留。

六月二十一日與邱君嗇庵同拜歐陽文忠生日於路山夫丈峑歐舫聯句紀事

急雨驅殘暑，荷風扇晚涼。嘉辰歐壽日，路小集葦西堂。瞻拜欽儀範，邱馨香展我將。惟公文起廢，玉吾黨慕何長。築室顏歐舫，路行旌憶射陽。據歐公《于役志》，公曾至淮上。幽情今古契，邱。公在淮日食瓜、觀荷、聽雨，與今日情事皆合。得句往還商。金石文難續，玉。時擬續《金石萃編》。丹鉛事未遑。時同人有校史之約。微官曾潁上，路。潁上公退老處，路丈曾官其地。大筆表瀧岡。是日讀《瀧岡阡表》拓本。蘇陸虔同祀，邱。嗇庵宗蘇，玉宗陸，放翁所居名陸庵。蘋蘩戒勿荒。同人相約每歲承祀勿輟。前修須苦勗，玉古道慎無傷。樂飲逢今

夕，路高歌引巨觥。詩成歸路滑，邱拚取夜聯床。玉

題海州園林寺

晨興出東郭，小憩净公堂。寺僧名净明。海樹饒奇色，山風引異香。浮生悵行役，佛域羡清涼。何日遺塵事，投身此靜場。

人日與成丈味茶邱君嗇庵集葦西草堂同人賦詩紀事用高適人日寄杜拾遺韻 壬辰

葦西先生闢草堂，呼朋小集雲水鄉。晴雪在樹景色好，況有野蔌充詩腸。世事茫茫詎吾預，修名不立乃深慮。顧茲新歲鼎鼎來，嗟予舊學增何處。諸君置酒賞初春，新詞濯濯迴出塵。我詩拙嗇苦難就，欲罰深杯愁殺人。

悼亡

頻年疑謗橫相乘，况值多愁屢病身。已分蘭銷兼玉萎，何堪餘詈尚申申。

議醫議藥太紛紜，築舍三年竟不成。垂死始迎和緩至，可憐涸鮒已難生。

上有慈親下有兒，一朝揮手忍長辭。劇憐屬纊彌留際，片語何曾顧及私。

填膺幽懣向誰申，往事尋思總愴神。從此蘧廬風雨夜，牛衣對泣更何人。愁思如雲撥不開，悼亡潘岳愧無才。苦吟達曙無人聽，可送餘音到夜臺。君從黃壤歸真去，我亦長征擬遠遊。最是雙珠難位置，彷徨終夜與誰謀。

内子亡後百日賦

小别尚惆悵，於今况永離。桐棺猶密爾，容止漸依稀。叢悔嗟予拙，存孤仰母慈。君殤後，君母爲撫其兩嬰，存恤備至。腹悲何日已，悽絶只心知。

十月朔

冉冉流光七月餘，九泉消息近何如。去年今日維摩室，手綴鶉衣伴著書。

快雪時晴顧持白丈招同徐丈賓華路丈山夫段丈笏林邱君于蕃飲味蔬草堂以詩代柬謹次原韻奉和

鯫生學業本蕪荒，慚愧詞場與酒場。坐上耆英聯雅集，篋中名帖富儲藏。先生以善拓《書譜序》見示。儋簦負米殷憂切，斵硯研朱點勘忙。玉時作《諸史斠議》。安得飢寒守文字，執經長此侍鱣堂。

顧竹侯文學和其尊人持白先生雪後招飲之作録以見示步韻奉和

江東心跡久頹荒，何敢驅馳翰墨場。入座我慚文字飲，名山君有著書藏。君著有《小學鈎沈續編》等書。豐年已兆人心慰，履境多虞鎮日忙。爲道借書前例在，一瓻深盼到齋堂。君借予《龍龕手鑑》，故詩中有「借書欲罄故家藏」之語。予前飲君壽州棗酒，極芳美，故戲爲一瓻之請。

持白丈招飲之後七日葦丈復招諸君子飲於歐舫以詩見招屬步原韻

圍爐坐擁尚增寒，忽奉瑶箋翦燭看。杖履優游倍盛賞，吟懷叢脞强追歡。詩逢勁敵才愈怯，酒爲澆愁量較寬。醉飽歸來捫腹笑，詰朝應可廢晨餐。

内子既殯之三日往省墓奠之以詩

蘊憂記否愁無地，馬鬣俄看七尺封。不用玄堂嗟索處，他年泉穴與君同。

雪後見冰筯有長至三尺餘者詩以記之

郊原雪後景殊絶，冰箸垂檐四尺長。笑我無田亦心喜，天公有意示豐穰。

悶坐書懷呈邱君嗇庵

憂患身如贅，攤書强自寬。賤貧招侮易，出處稱心難。過後承青眼，依棲恥素餐。幽衷言不得，欲語意仍闌。

除夕守歲書感

迎新猶記履端初，倏忽光陰又歲除。多患愈驚時序速，長愁漸與簡編疏。亢宗無計仍安拙，仰屋徒勞悔著書。樺燭雙燒人獨坐，撫今攬昔幾躊躇。

徐丈賓華用葦丈雪後招飲詩韻見惠依韻奉和

新詩讀向夜檠寒，樗質偏蒙隻眼看。兩世交情欽德望，百年身世雜悲歡。臨文我媿江東裔，説士欣逢孝穆寬。載酒屢思謁函丈，清貧恐誚腐儒餐。

嘉平十九日持白笏林兩丈竹侯文學招同徐丈賓華路丈山夫邱君嗇庵壽坡公生日於歐舫即事有作

去歲方溽暑，歐舫祀六一。同志兩三人，談藝頻促膝。今年復壽蘇，隆冬正蕭瑟。羣英萃一堂，長幼何秩秩。羅拜肅衣裳，髹几陳俎豆。昔在宋中葉，人才方輩出。詎意全盛時，回遹已萌茁。公職無大顯，忠諒顧無匹。夙負濟時略，餘事在文筆。爲郡裁小試，已可覘治術。三度莅吾浙，民隱尤周悉。立朝屢建議，侃侃實招嫉。遘禍豈文字，乃以讒論黜。百日羈囹圄，性命等蟣蝨。試讀獄中詩，至今爲凛慄。再謫至惠瓊，何意保貞節。議論身後公，身前謗何恤。迄今七百年，聲稱愈洋溢。素壁展公像，須冉尚軒逸。雪案誦公詩，循環啓編帙。舉酒祝公壽，公壽無終畢。禮成各賦詩，吮毫對寒日。嗟我失學早，譾陋何所述。授簡勉綴詞，得毋嗤鄙質。

人日持白丈邀爲詩社婁尾之飲以詩代柬次韻奉和　癸巳

酒國與文坫，我欲先遁逃。折柬屢見召，下質慚甄陶。春煦雪初泮，涂泥滑於膏。街衢未可步，且復乘輕舠。入坐秉明燭，歡然酌春醪。山肴與野蔌，一一充厨庖。新詩共賞析，衆美無不包。陽春和未能，哺餟愧老饕。小子實愚魯，守拙堅且牢。未敢詡孤介，硜硜聊自操。頗以著書情，遣此歲月滔。安忍坐自棄，荒落如蓬蒿。

獨坐

獨坐少懽緒，愁來安可支。高歌聊自壯，未忍蹙雙眉。

笏林丈聞予將返浙用坡公送王頤赴建州錢監詩韻賦詩贈行次韻奉謝即以留別

頻年鬻字勞無功，枯守蠹簡讐異同。孜孜仰屋事蒐討，了無心得如捕風。師資近獲段柯古，淹雅足配亭林翁。謂持白丈。屢接丰采已厚幸，投詩何意褒盲聾。藝圃自愧彊學步，學殖荒落如秋蓬。少年頗復苦賤窶，短褐不完神尚充。頃將南歸陟會稽，登高一覽海日紅。紹郡龍山巔有望海亭。盪滌胸抱洗蕪穢，安能日日羈牢籠。扁舟更向金閶去，鼓文手拓蠻谿銅。吳郡顧子山觀察怡園有銅鼓二，文字極精。將手拓其文，小壓歸裝。歸來載酒問奇字，此別不用嗟匆匆。

雨夜

春雨春風攪醉眠，短檠欲燼暗無煙。打窗叵賴聲蕭瑟，如此情懷劇可憐。

至葦西草堂看梅花時已爲風雨所敗慨然書此

吹茵墮溷悵離披，一昨繁英尚滿枝。竟日愁風更愁雨，最無聊俚是花時。

舟中喜晴

連朝坐雨頗愁絶，今日天公爲放晴。薄暮艤舟廣陵郭，一輪明月看潮生。

西陵

鴿原宿草已芊芊，勝地重來意黯然。記得西陵同喚渡，光陰彈指十三年。

晚次柯橋驛

小市民居密，炊煙亘暮天。清謳巴里曲，作繪越州船。江遠沈魚信，思多損夕眠。故鄉風味好，安得買山錢。

太息總成塵。

抵家書感

入室增惆悵，心傷舉案人。征塵誰澣滌，書劍任披陳。寄食諸兒小，孤墳灌莽新。宵深懷往事，太息總成塵。

劉忠介公海天旭日硯歌忠介十一世孫海門秀才徵題

潞藩失國先生死，距今二百五十祀。耿耿精靈炳日星，年代雖遥疑尺咫。流傳況有片石存，恍聆謦欬接筵几。公昔正色事三朝，建言屢乞鋤姦宄。義膽忠肝鐵石堅，志在扶傾時已否。魯戈未得返頹陽，精衛詎能填海水。裁令槁餓表孤忠，留取丹心照青史。一硯珍同璆璧遺，河山何壞石不毁。想見濡毫草疏時，墨瀋淋漓粲如綺。磨而不磷久益貞，惟公介節實視此。守公此硯有雲礽，節槩更與公相似。衜須喋血殉漢南，楚水年年薦芳芷。海門之祖諱鴻庚，任漢陽縣，殉赭寇之難。吁嗟！此硯先後閲兩忠，和璧隋珠詎足比。鬼神長久爲訶護，萬世綱常資厲砥。

去歲清河李鞠臣孝廉以五史斠議交廣雅書局備梓今秋仍以原稿見還局中未刊也逾月而鞠臣歿喜拙稿之未失落爰題廿八字

一卷新從海上回，紹繩新解重低徊。千金敝帚勤收護，倘有中郎覔爨材。

題笏林丈秋林習隱圖 甲午

邱樊養性嵇中散，泉石清修王右丞。閒聽秋聲無個事，竹梧影裏策溪藤。

林居不用更逃名，擁卷何殊南面榮。一片白雲紅樹裏，天風飄出讀書聲。

蔬畦麥甕饒生計，理菊餐英興有餘。那更心情到軒冕，羲皇一枕夢蘧蘧。

古木蕭疏蔽短垣，是誰寫出水香村。先生有印章曰「水香村人」。披圖動我幽棲興，要向先生學灌園。

閻百詩徵君生日路山夫丈邀諸君子致祭新城祠廟繪圖紀事屬題

遺經出孔壁，真傳僞亦寓。點竄到典謨，贋本被竹素。誦習逾千年，朱紫相比附。才老與晦翁，首出詰其誤。卓識已邁倫，論難惜未具。觥觥閻先生，稽古得深悟。著書數萬言，豁然起沈痼。疏通復證明，一日撥雲霧。葦西有宿儒，尚友興遥慕。生辰爲祭奠，招友不嫌屢。新城祠廟中，歲歲薦清酤。小子當茲辰，萊舞率童孺。是日家慈生日，故每歲不得與祭。翹企司農車，不得隨杖屨。幸於圖畫中，蒼蒼見雲樹。經術漸淩夷，我生怨遲暮。下士工詆諆，放誕鮮法度。嚮壁肆臆談，念之使人懼。近人有著書詆《毛詩》、《爾雅》、《左傳》諸書皆僞作者，駭人聽聞，故論及之。豈如先生書，語語有根據。先生詎好辯，正學資呵護。下士徒鶩名，是非那復顧。立心區公私，意正理無迕。披圖再三歎，染翰發幽愫。敬質葦西翁，得毋笑迂固。

感事步嗇庵韻　乙未

不向深山隱薜蘿，廟堂草草廿年過。無腸似蟹偏横劍，有腹如鼷笑飲河。肉食寡謀持論易，儒酸秉國誤人多。清流畢竟成何事，搔首臨風發浩歌。

馳檄飛書徧域中，大農今日計應窮。清談競仰王夷甫，輿論翻苛李衛公。瀛海烽煙餘刦火，鴻都經術尚研攻。鯫生要逐湘纍去，汨水泠泠夕照紅。

疊前韻

不才分合老煙蘿，閉户堂堂歲月過。謀國已無柯可假，狂談贖有口如河。中朝元老晨星似，海上蟲沙浩劫多。橫覽古今恨無限，唾壺擊碎不成歌。

卅載行歌澗谷中，釜魚誰拯范丹窮。安能鬱鬱久居此，未信蒼蒼果至公。時事遷流誰復省，人心痼癖已難攻。吾儕不用誇經濟，回首三韓夕照紅。

和雲摶親家京邸書懷韻君時有鄂渚之行即以贈別

半生萍梗寄他州，何日從君作壯遊。每聽朔風悲馬櫪，未應大澤老羊裘。憂時誰蓄三年艾，弔古同登百尺樓。淮浦秋波洞庭月，離懷行旆兩悠悠。

秋日登龍光閣步路丈山夫韻

城隅地僻游踪少，此日軒窗爲我開。導客老僧扶檻上，護籬小犬逐人來。□□□□□□□，□□□□□□才。一任晚鐘催客去，含毫欲落且低徊。

附：路岯《秋日登龍光閣》原詩

城南高閣聞名久，此日登臨懷抱開。四野遺蝗經雨盡，一行新雁報霜來。龍光直射□□□，虎榜應多濟世才。鈴語鎯鐺似留客，夕陽欲下且遲徊。

後記

羅振常

右辛壬癸甲乙五年古近體詩卅餘首，叔兄年二十六至三十之作也。憶《感事步邱𠷔庵韻》二首，余亦同和。兄于詩喜陸劍南，然自謂所作不工，棄其稿。予拾而藏之卅餘年，頃搜集遺稿，出之篋中，重讀一過，曷禁泫然。時庚辰六月十六日，弟常謹誌。

《陸庵餘事》一卷，雪堂公年二十六至三十之作。叔祖邈園公藏其稿，至雪堂公即世始出之，有題識一則。繼祖積年搜集並録存雪堂公隨手遺棄詩稿中，出于早年者，計有《題五史校議稿》一絶，《感事步𠷔庵再疊韻》，《和雲摶親家京邸書懷韻》三律，時亦相先後，遂匯録于中，且併入《貞松老人外集》第四卷，梓溪叔刊之瀋陽。今校理《學術論著集》，抽出别行，仍以《陸庵餘事》題首。一九八六年九月廿七日就刊本審正誤字數處並識語卷末，繼祖。

遼海吟

附遼海續吟

遼海吟目録*

* 此目録原缺，據正文補。

附壬申以後詩十五首

武進楊芝田評陸放翁詩曰：「詩非詩人之所能爲也。」旨哉言乎！蓋詩人求工於詩者也，求之愈工，則愈不工。非不工也，愈工愈失詩之真耳。《書》曰：「詩言志。」傳曰：詩以道性情。有是性情，乃有是志；有是志，乃有是詩。是固求足于己，而無貸於人者也。鐫琢摹擬，自方作者，奚翅自汩其志而自滅其性情哉？

貞松先生，天擅淑姿。早歲撰述，輒驚長老。出遊四方，涵揉無盡。百家衆氏，遇目皆辨。舉凡天府之珍秘，遐荒之銘泐，一經手輯而論定之，海内外人士胥折衷焉。顧嘗語余曰：「學以明倫翼教爲宗，讀書而不能輔世，君子譏之。」曩仕京曹，位不過五品，目擊時事日非，恒深憂切論，與當道齟齬，國變後，孤憤莫遏，本其忠孝之性，以成獨往獨來之志，固有自喻而非人所能喻者。跡其自辛亥以迄壬申，其間放棹東瀛，秉筆南齋，深宵微服，從幸析津，霜天單車，重奠神域，若殫述而鋪陳之，其足感人之心思，而發爲歌詠者，其篇什可逆計耶？兹編所録，僅四十五首。以視放翁古今體不下萬餘篇，多寡各别，而一驗之性情與其志，則皆息息與寤寐相通。悵望千秋，同一灑淚。論其詩，知其人，當恍然于其詩皆非詩人之所能爲矣。

放翁讀少陵詩曰：「後世但作詩人看，使我撫几空咨嗟。」又言：「藏書萬卷讀至老，固願少出蘇黎元。」先生之詩曰：「蠢蠢含生諸劫换，怐怐孤抱幾人同。」又曰：「那堪齒鬢都摇落，尚見黔黎就翦屠。」何聲氣之同而應求之不隔也若此！此曷有多寡之足云。獨以古今摇摇，不可合并，獨行而無侶，是非而無與，同言之而聽者誰歟？唱之而和者誰歟？其所冀待者何如？而其堪慰藉者何在乎？撫時感事，長言詠歎，乃約之單簡短册中，性情與志猶之放翁，而其心乃愈傷已。余讀其自叙「以志吾悲」一語，忽亦不覺悲之從中來也，夫余與先生身世豈有二哉？時乙亥歲，日在東井，許汝棻書。

遼海吟

予不工韻語，少日所作，輒隨手棄去。歲在辛未，一年間乃得詩三十首，兒子輩録存篋衍。衰年望治，情見乎辭。蟲鳥之吟，非求傾聽，過而存之，以志我身世之悲而已。松翁。

元旦口占

二十年來國步頻，握蛇騎虎閲艱屯。低回苦憶承平日，遲莫俄驚大地春。尚有故人同漢臘，且斟栢酒誦皇仁。但期早勒湘江石，皂帽何妨老海濱。

疊前韻

急景殘冬臘鼓頻，堂堂歲月付艱屯。憂來靈府疑生棘，斗轉人間尚有春。填海難憑精衛力，吹枯全仗彼蒼仁。白頭録録成何事，慚愧三年滯海濱。

再疊前韻

蕉鹿人間得失頻，衰翁何必卜亨屯。横流泛濫嗟無地，老樹婆娑又閲春。民命已如霜後葉，天心應念井中仁。追踪王管吾何敢，顯首談經北海濱。

敬弟和韻三疊前韻答之

開歲奚囊往復頻，惟將苦語答時屯。天荒地老今何世，雪虐風饕不似春。救門幾曾聞被髮，扶危疇復念當仁。白頭兄弟嗟離索，安得聯牀北海濱。

山齋書感

自出修門萬事非，觚稜回望淚霑衣。三年遼海羈臣夢，十口饔飧處士薇。鑾觸劫新天已醉，黄農世遠我安歸。泥中中露無窮感，便欲從今廢式微。

歲華

羈旅春來感歲華，山櫻吐白柳抽芽。我來已是三年住，松比初移一尺加。野鴿將雛留屋角，蜜蜂分種自鄰家。羣生蕃息無窮已，苦恨吾生却有涯。

自述平生爲集蓼編付長孫繼祖書之題四絶句

自計此身廿九死，天心特許保餘年。篝燈細數平生事，寫入烏絲百幅箋。

百歲駸駸感逝川，不成一事已華顛。淒涼家國無窮感，一度思量一泫然。

已從有盡悟無生，安問人間利與名。一任藩籬鷽鳩笑，此心早訂白鷗盟。

膝前喜有讀書孫，清白家風望汝存。一語書紳牢記取，莫忘祖德與君恩。

惼性

惼性明知與世妨，推移却又逆衷腸。去齊寧免譏濡滯，刖足何如早退藏。欲語儼同枚在口，彎弓不異肘生楊。山房長日攤書罷，一枕依然夢帝鄉。

勞生

兀兀勞生六十年，行藏幸免利名牽。宦因拙退安吾素，身爲君留豈自全。道裂漸稀同志侶，時危忍作在山泉。魯連蹈海靈均逝，履潔懷芳慨昔賢。

夢囈

自笑書迂老可憐，雕蟲歲歲守青氈。雖無超海移山力，能賦車攻吉日篇。酒後悲歌思易水，夢中攬轡勒燕然。澄清休道河難俟，但恃吾心金石堅。

感事

煩冤莫道口難宣，杜宇聲聲泣暮天。華表未歸遼海鶴，深山猶是義熙年。堯心原自輕黄屋，臣意能無感逝川。每聽汝南鷄報曉，何人起舞着先鞭。

得漢石經殘字五百言庋之山齋六經堪詩以記之

石經肇熹平，妙蹟久淪墜。天水刊遺文，再毁不可致。何意桑海餘，大寶仍藴地。迢迢十年間，煌煌四千字。三體糾范書，七經徵隋志。禮從大戴編，詩異毛公次。譌字正築薛，俗書訂鮠䲠。經後附校文，碑末載奏記。有宋昔著録，諸經猶未備。我生後古人，乃得窺瓌秘。避地居嵎夷，戢影窮經義。翠墨來中州，琳瑯滿巾笥。呼兒同校理，含毫考同異。及門有闕生，千里馳驛騎。搜求半載淹，先後六經萃。且同魯壁藏，未可連城易。神州豺虎肆，人倫弁髦棄。羣生鋒鏑餘，六藝秦燔嗣。

斯文出重泉，天心儼昭示。經正庶民興，吾衰倘可跂。

野處

野處忘年月，崇朝掩蓽門。山深無溽暑，樹老出孤根。溝壑平生志，冰霜吾道存。亂書周四壁，賴汝伴晨昏。

挽素庵相國

孟夏津門别，淒涼首重回。大星驚遽隕，凶問忽飛來。未信河難俟，于今棟竟摧。乾坤尚榛莽，賫恨到泉臺。

裹革平生志，沙場萬里行。艱難百戰後，浩蕩一身輕。異域欽奇節，窮途更遠征。時危臣靡在，海内仰長城。

再值都門變，沈痾日夜深。陳謨豺虎地，累疏老臣心。緘默情逾苦，噍瘏口已瘏。渡河聲尚壯，一日慟人琴。

海外瞻韓日，於今十七年。執鞭新仰止，撰杖得周旋。遠别情難隔，論交晚更堅。草間嗟後死，掩袂淚如川。

栖栖

莫笑栖栖老秃翁，一生總在百憂中。四方靡騁思迴駕，卅載無家類轉蓬。不寐自傷常耿耿，視天敢謂竟夢夢。馳驅矢竭平生力，倘許精誠感昊穹。

一月中四赴盛京紀事

王蹟基東土，山川拱舊京。威稜思列聖，翊戴想羣英。歲晚嘶棲隱，途危屢遠征。縱横戎馬地，義重此身輕。

贈熙格民軍使

九宇分崩日，黄圖再造年。邠岐垂澤遠，雷雨起龍潛。丕烈承先聖，維城有後賢。艱難勤翊戴，指顧畫凌煙。

落木

又是西風落木時，歲華如駛況吾衰。壯懷欲射南山虎，危境頻臨半夜池。鴻雁不來鄉信杳，海天遠望客心悲。夢中磨礲天齊石，此願平生倘可期。

海天

海天兮遼闊，美人兮天末。期逝兮不至，勞心兮怛怛。

阻長

白露蒼葭水一方，懷君不覺減容光。如何咫尺成千里，坐使詩人歎阻長。

書悶

山齋坐雨涼如水，安得尊前笑口開。欲寄遠書無雁至，偶因投筊説朋來。霜林摵摵秋將老，華髮星星志未灰。欲訴情懷向誰語，更闌顧影獨徘徊。

五次渡遼

敝裘席帽走風塵，敢以衰庸恕此身。大野雪飛增曙色，遼河冰合少行人。虛名乃下黄巾拜，暮齒還逢醉尉嗔。此皆事實。他日堯衢歌擊壤，老來辦作市廛民。

六次渡遼

持節河西使竇融，軺車又走朔風中。敢言蓄艾三年久，尚少爲山一簣功。蠢蠢含生諸刼换，恂恂孤抱幾人同。繩牀睡穩村醪足，輸與茆簷曝背翁。

辛未季冬以時事拂逆憂懣致疾聖上不加嚴譴轉命駕臨視殊恩異數感激悚惶賦此恭紀

臣罪當誅死亦宜，思量便欲謝秦醫。敢言捧日心無貳，妄冀回天事轉歧。自分殘生投遠裔，乃承温諭感淪肌。殊恩異數何由報，數徧魚更淚滿頤。

附壬申以後詩 十五首

滿洲建國我皇上以耆舊堅請不忍峻拒允以舊君暫領執政以三月三日受政舊臣别爲一班朝賀莫不感傷流涕有嗚咽幾失聲者敬賦一律以記其事

再列朝班泣涕漣，貞元舊侣總華顛。餘生甫覯偏安日，回首彌傷遜政年。鎬邑遺黎重向化，神州封豕尚依然。吾皇勇智由天錫，一怒行看奠八埏。

迂儒

局天蹐地一迂儒，超海移山意氣麤。草草百年來日少，茫茫大宇此身孤。那堪齒髩都搖落，尚見黔黎就翦屠。欲陟高岡悲險阻，年來僕馬久瘏痡。

撥悶

短髮垂肩志未灰，狂來時覆掌中杯。盈廷疇負匡王略，造物應生濟世才。道阻故鄉書問闊，夢回孤枕角聲哀。九州職貢重修日，會見衰翁笑口開。

心身

老去蹉跎百不能，冰淵臨履日兢兢。心如陷陣長征馬，身似羈韝未放鷹。安得英賢持國柄，每傷泉路阻良朋。焚香遠悼龜堂叟，此老平生最服膺。

神京 以下癸酉

鎮日摷歡緒，巡廊負手行。世情看已熟，愁思掃還生。溟海鯤鵬遠，中庭鶡雀争。攤書尋復掩，矯首望神京。

疊前韻寄意不復命題

卧病兼旬外，今朝恃杖行。寒輕衣屢減，春至草還生。酒薄難成醉，棋殘未息争。吾衰恒不寐，何日夢收京。

臘日口占時定議改行帝制

馬足車塵又二年，衰齡尚荷主恩偏。鷹冠耀首慙無補，虎口餘生詎忍捐。畢竟人心思漢臘，果然天意啓周宣。囊中尚有枯毫在，好賦戎車六月篇。

歲除

藥裹供衰病，華顛媿腐儒。浮雲觀世變，流水惜年徂。大地猶争戰，吾生尚道途。兒孫因改歲，隨例進屠蘇。

感逝三律　以下甲戌

國是疑危日，回天力萬鈞。一身關廟社，大義定君臣。戰績留青史，崇祠照海濱。人亡邦國瘁，溟渤竟揚塵。劉忠誠公

卅年兼將相，與國共安危。使節半天下，聲華動四夷。南疆勤保障，鼎足苦扶持。晚歲聞祈死，長留百世悲。張文襄公

白下稱戈日，都門喋血年。丹忱天下仰，大義萬方傳。驥足悲中蹶，松心老更堅。精靈應不泯，遺恨幾時蠲。張忠武公

步夢虚老人見贈韻

津梁疲已久，行止兩仍難。花落蜂猶鬧，巢營幕未安。從游宜鹿豕，聯立媿鵷鸞。燈下披青史，興亡著意看。

東方有一士

東方有一士，乃以憂患生。早歲厭藜藿，夙志輕簪纓。妄希管樂儔，不顧儕輩驚。日夕誦流略，

風雨親短檠。三十出負米，甘旨不得營。萍梗泛江海，虛譽動公卿。彈鋏豈身謀，被褐憂亂萌。四十通朝籍，六載居王城。蒿目閱世變，無田可歸耕。履地虞維絶，戴天愁柱傾。果然朝市改，攜家浮滄瀛。流庸歷八年，孤抱徒硜硜。元凶伏天誅，皂帽還舊京。麻鞵叩天閽，重得侍承明。妖星指帝座，禁籞聞鴞聲。負羈趁津沽，恐懼摇心旌。居然出虎口，彼蒼鑒微誠。寧無孤注嫌，撫膺實怦怦。待罪不加誅，帝量誠恢宏。五載客遼東，天意驅長鯨。鄰邦感輔車，敦槃尋舊盟。倉皇戎馬際，皓首復長征。豐鎬王氣在，日月重光瑩。后來民其蘇，如醉得解酲。回首望中原，仍肆蠻觸争。哀哉神禹蹟，千里無雞鳴。翹首徯王師，何日指幽并。匡國望吉甫，收京祝西平。由來成大厦，詎以一木撐，小臣斗筲器，所受亦已盈。矧迫懸車年，止足當辭榮。露香禱昊蒼，倒懸解疲氓。更冀我寮宷，念亂矢忠貞。吾皇得賢輔，永奠四海清。天心本仁愛，倘得慰中情。此懷果獲遂，萬事鴻毛輕。

羸叟吟　乙亥

羸翁年七十，羸劣固無比。六極得其三，憂與貧弱是。非惟體質孱，才力亦復爾。中歲歷艱虞，偶亦不自揆。頓若忘駑駘，超騰追驥駬。有時效愚公，太行培塿視。臨義氣奮張，逾時力已弛。曾無纖芥勞，垂老得膴仕。高厚苦難酬，顧影慙冠廌。矧念生民艱，彌懍素餐恥。才絀斯畏榮，非敢賤朱紫。先聖訓陳力，老氏戒知止。終當乞餘年，晚節詎可委。乘化會歸盡，微軀亦敝屣。七十非云天，早已了生死。老健不可期，天君幸無滓。寡欲保所存，斯言有至理。小炷留殘燈，庶幾養生旨。

題寶沈庵宫保西山探杏圖

話到春明已斷腸，披圖怊悵惜年芳。放翁老去心情減，猶爲看花憶洛陽。

予詩本不足存，存此方寸之所懷而已。龔海峰有句云：「長篇短什都無賴，百轉千回只此心。」若爲予言之。爰書卷末，用諗方來。乙亥五月，松翁又記。

遼海續吟目録*

* 此目録原缺，據正文補。

遼海續吟

往歲購熹平石經殘石七經中尚缺周易近於固始許氏得周易十字又於洛估得五字於是七經乃全賦此志之

昔搆六經堪，七經尚缺一。止足戒滿盈，求全實無必。何期甫二歲，忽焉戾我室。兩石十五言，無咎黃裳吉。一石首「無咎」二字，一石末「黃裳」二字。隆冬事氊墨，琳瑯耀緗帙。任天得天相，不覺懽情溢。嘗怪世鄙夫，一心患得失。冒恥靡弗爲，抵死戀高秩。覆餗民具瞻，癡頑了不卹。縱保叔孫榮，何如柳下黜。我生苦塵鞅，行將返衡泌。賦詩寫我懷，夙志天可質。抱經聊自娱，胡爲不仁疾。因感得失理，奮此陽秋筆。

得某君書却寄

樂土今安適，鴻嗷不可聞。蟻喧争作垤，蜂鬧欲分羣。城闕新風化，焚坑舊典墳。白頭遺獻在，未信喪斯文。

賦得俯仰悲身世

俯仰悲身世，頽然一老夫。羣生千百劫，萬事短長吁。論學輕儒行，經邦失聖謨。側身天地内，慨喟不能無。

七十賜壽恭紀二律

曾荷殊榮勉歲寒，十年御墨未曾乾。深慙衰朽逢明聖，重拜恩施錫綺紈。那有忠謨陳黼座，翻承天語奬儒酸。追蹤前哲臣何敢，時惕冰淵懔素餐。

春王正月頌無疆，曾向丹墀進玉觴。廿載君臣如骨肉，一家父子荷恩光。敢矜純嘏由天錫，期與斯民共樂康。薄海瘡痍猶未起，矢將盡瘁答吾皇。

丙子元日

天公留此老無能，又是新年一歲增。每念民勞慙禄仕，聊分君惠及親朋。憂時歌哭初何補，夢裏昇平倘可憑。柏酒孤斟吾未忍，熙臺安得衆同登。

答夢虛老人

與奪難窺造物情，是非何用苦紛争。膏蘭分合歸焚爇，金羽於今等重輕。海變桑生時屢改，炬殘絲盡意難平。彼蒼倘畀彭聃壽，應見黃河一旦清。

乞休不得感賦

老病應期至，空餘萬里心。錐刀民力盡，江海主恩深。觸目驚塗豕，何時見井禽。羡他蓬巷士，不用乞抽簪。

題楊雲史少室觀雪圖卷

尺素追圖嵩少雪，哀時傷逝惜年華。老夫亦抱無窮感，夢洛看花付歎嗟。

夢想

栖栖海澨送流年，夢想江鄉四月天。蠶熟秧齊好時節，緑陰如幄枕書眠。

壽沈庵宫保七十

開國勳勞紀太常，孫枝繩武迪前光。耆年翊贊中興業，早歲飛騰選佛場。黄髮丹心酬覆載，寒松勁竹閲冰霜。錫公純嘏天恩厚，敢向初筵進一觴。

謝東友贈石枏杖

蓬萊仙侣惜予衰，遠寄神山杖一枝。安得扶持盡人類，萬方永奠不顛危。

歸田得請恭紀聖恩兼簡朝右諸公 丁丑

恩深彌感乞身難，得遂初衣敢自寬。垂老無禆天下事，歸來幸飽腐儒餐。且扶衰病酬明主，猶夢趍朝著鷵冠。魏闕江湖原不隔，白頭永矢寸心丹。

璀璨奎章照坐隅，珍羞絡繹飫天廚。常懷霄壤虚生恥，敢詡朝廷禮遇殊。撫字黔黎安畎畝，掃除烽燧靖寰區。老臣此願何時遂，坐待羣公展壯圖。

還山口占四絶句

稚子歡迎僕候門，老妻爲我理琴樽。從今出處雖殊致，廊廟山林總聖恩。

繞膝孫曾雜笑啼，牽鬚挽袖競扶攜。老夫未忍加嗔喝，胠篋公然覓棗黎。

小築書樓已六年，閉門從此守青氈。傳家素業今三世，此事差堪慰目前。

天語煌煌勗養生，不須餐菊餌黄精。儒家自有修持法，省過齋心答聖明。

夢中作 以下戊寅

鬱葱佳氣騰金闕，重見中天日月新。歷劫山河增慷慨，瞻雲父老重酸辛。萬方撫字勞宵旰，九廟威靈仰聖神。誰草興元哀痛詔，墓門宿草惜貞臣。謂王忠慤公。

山居書感

襆被歸來但弄孫，平生胞與志徒存。故交零落披遺札，老病侵尋廢酒尊。壯歲早拚身許國，頹齡自笑鶴乘軒。蟲沙猿鶴無窮感，欲爲含靈叩帝閽。

忉忉心迹誰與論，科頭兀坐忘朝昏。雲山迢遰阻歸夢，庭宇荒蕪常閉門。等身著書供覆瓿，接輿歌鳳方回轅。曲肱疏水吾事了，他年那有功業存。

孟康姪女由南潯避兵大唐兜三月不得消息比冒險赴滬幸得生全遠來視予賦此贈之

千艱百苦兵中來，握手悲喜顔爲開。三月音書斷魚雁，萬家劫燒成汙萊。流離那計全性命，倉皇矧復攜童孩。夜闌秉燭疑夢寐，爲言往事餘悲摧。

聞關内近事感賦

聚鐵又聞成大錯，條山敷水願難酬。厲階爲梗將靡止，民瘵方深不小休。在昔曾傳天倚杵，而今安有地埋憂。懷襄底績思神禹，終冀滔天得順流。

讀渭南詩

放翁餘事作詩人，夢想中原瘁此身。老學菴成祠禄罷，江山半壁太平民。放翁有「生長兵間老太平」句。

富永朝堂海東鑄象高手也自東京遠來爲製銅像賦此謝之

黄金鑄蠡貌英姿，爲繡平原競買絲。自笑腐儒窮骨相，乃憑妙手寫鬚眉。年華逝水丹心在，霜雪盈顛白髮欺。敢擬家家畫團扇，吳中近事放翁詩。

撥悶

撥悶朝來但賦詩，吟成不覺日陰移。躭書到老已成癖，入世多乖每自知。讀易漸能明損益，信天那顧笑頑癡。但餘一事縈懷抱，冥想希夷睡醒時。

寄品川主計

荏苒三年別，蓬瀛宛在望。交期比金石，洄溯誦葭蒼。梓里君無恙，青山我退藏。篋中留疏草，慨歎不能忘。

送魯山侍郎南歸

未忍從茲別，相看各惘然。鶯花正三月，烽火望南天。努力崇明德，傷心對祖筵。興元頒詔日，重見國門前。

掃落葉詞二首

掃落葉，落葉掃還積。莫訝柔柯不耐風，春來又是連天碧。

掃落葉，落葉掃還積。莫訝柔柯不耐風，人間亦有凌霜柏。

觀世二首效寒山子

人生無百年，流光如電激。愚者生其間，朝夕長戚戚。壽欲南山齊，富欲鄧通敵。貴已冠羣寮，更希加九錫。但期一身榮，不顧斯民溺。一朝大數盡，煊赫終沈寂。何如瘁一身，爲世樹功績。

荆蘭每同圃，鸞鴞或接翼。造化果何心，兼榮而并殖。人類判賢奸，昭然不同德。世情有愛憎，往往淆白黑。跖壽顔則夭，天道尤難測。持此觀古今，能無長太息。

葆兒四十生日書以勗之

汝生才四十，筮仕已六年。既仕猶未學，自視當欿然。爲官心君國，讀書志聖賢。臨事辨義利，持身懔冰淵。前哲垂彝訓，服膺宜拳拳。人間今何世，天步方屯邅。老父年七十，終歲心憂煎。賦詩遠寄汝，黽勉期無愆。君恩何由報，祖澤何由延。虛生實深恥，指顧成華顛。汝其日三復，佩之如韋弦。

貞松老人外集附補遺

貞松老人外集目録*

卷一 文

* 本次整理時，爲避重出，本集正文有所調整，正文删去者，目録亦相應删除。

卷二　文

卷三　文

卷四　詩

貞松老人外集卷一

山陽邱君傳

君諱煜，字杏南，一字月賓。其先世當明初有諱伯明者，自浙之明州遷江蘇淮安，子孫因家焉。黽艾相繼，代有令名。五世祖五典、高祖志晟並循吏，方志家牒，書其勳庸。祖淮，諸生。父廷格，處士。并安貧樂道，潛德不彰。

君幼岐嶷，沈緬於學。以貧乏不能家食，乃隨其從父曰廷標者之山左。時鄉先輩王聿堂先生溥牧臨清州，君依焉，且從之學。聿堂先生碩學名德，又君之姑祖夫也。公日從講肄，廣學甄微，靡藝不綜。年二十四歸里，試於有司，以文章奇麗補弟子員。學使者謝金圃先生墉持君試卷詫於衆曰：「吾今日乃親見揚子雲。」爲嗟異久之。已，劉文恪公權之案試江蘇，公與歲試，復以君冠其曹，譽之略如謝先生。由是文譽大起，君顧歙然不自足，澹於進取，客授自給。嘗以嘉慶己卯年貢成均，注册得州倅。歲久例當謁選，時李芝齡尚書宗昉與先生爲中表昆弟，擬爲力營選事，君顧遜謝。其高峻淡泊如此。

君足迹半天下，舟車所至，士流景坿，遊其門者罔弗成就。好交遊，重然諾，束脩所入，以之周人之急，至於不能自贍，弗顧也。居京師，有洪某與君交甚篤，君將出都，過洪言别，洪之母出應門，洟涕交頤曰：「兒子患中臟，旦莫且不測，老身無他兒息，後嗣將絶不遑恤，安所得逝者棺木耶？」君惻然憫之，歸裝錢僅五萬，割三萬予之。先是，君宗人有季貞洗馬者，名象隨，與明遺老胡介善。胡死無以殮，洗馬殯之且卹其孤女，一時誦其風義，播之篇章。人以君此舉爲後先相類云。又嘗冬日里居，有民婦産子於途，朔風(溧)〔凓〕烈，母子并危。君急解絮袍覆之，時方貧甚，衣無二襲，乃引被自蔽二日，别製衣成然後興。其好義拯困類如此。君年德既艾，休神家衖，弦歌陶然，凡百仰高。每春秋佳日，杖履出游，鬚眉皓然，婦穉聚觀，瞻仰致敬，如潁川人士之禮陳仲弓也。平日書法端雅，類趙魏公。間爲小詩，風趣横溢，如張子野、姜白石。

年九十卒於家，易簀之日，神明不衰，放陶靖節自祭故事，爲偶句以自挽。其生以乾隆二十九年，卒以咸豐三年。配趙孺人、顔孺人、汪孺人。二子，長永增，郡增生；次永培，坿貢生。敦品厲行，有君子風。君之孫嗇庵，學博憲，與玉雅故。追述先德，屬玉爲文。嗇庵質直好義，且爾雅有文采，繩其祖武，其言可信。顧玉文筆下劣，不足傳君，重違嗇庵之請，勉述厓略，俟異日修志乘者採擇焉。

辛亥死事陳公傳

公諱政詩，字詠笙，順天人。其先世由浙江官陝西，遂僑寓漢中，至公而占籍順天。公幼侍父官湖南，年十九遂從湘軍赴新疆，受知於將軍穆公圖善。及穆公移督東三省，公執櫜鞬以從，充防營統領。穆公卒官，乃以知縣赴山西候補，屢膺民社，所至廉惠得人心。光緒三十年，口外後套匪起，勢甚熾，巡撫張公曾敭知公能軍，檄公往平之，以功擢候補知府，尋奏保候選道。未幾，張公移撫浙江，奏公充嘉湖水陸軍統領，梟匪爲之斂迹。張公罷，或間之於繼任者，遽登之白簡。

及宣統元年，巡撫增公韞知公冤，奏稱公昔筮仕陪都，治兵養民，廉公有威，竭誠奉國。舉天下之聲聞利達，無能動其中者，當世良牧守，罕與倫比。乃得旨復原官，仍候補山西。

三年，充南路巡防隊幫統，兼領步隊駐澤州。九月，陝西兵變，撫臣陸公鍾琦令公增募兵扼河以守，適山西軍亦變，撫臣死之。變兵日益南下，公枙守聞喜隘口鎮，逮十月二十四日，變軍進攻，公迎戰，大敗之，戮其統領劉漢臣。連戰二日，又敗之，變軍乃以數百人遁去。是役也，變軍千餘人，沿途招集匪黨又千餘人，公率防卒三百人破之如摧朽枯，於是變軍懼甚，知方且進討，不敢以力爭，思設謀以撓之。時電報不通，乃宣言已奉旨停戰，冀亂防軍心，公不爲動。適有諸生自省垣至，公素識也，所言亦同。公意朝廷或不忍多殺戮已，撫治所言殆可信。不敢違朝旨，乃移軍絳州。其實此諸生者，變軍間諜也。變軍謀既遂，乃結陝西刀匪及土匪，勢復張。遂陷平陽，運城亦繼失。絳紳有陰通變軍者，或勸公去絳，公慨然曰：「我職守南路，不幸中賊謀棄聞喜，今再棄絳，則南路全失，臣之罪可勝誅哉！」卒堅守。逮十一月二十日，變軍攻城，公拒戰方烈，而絳紳則已開門延入。公猶率所部巷戰，及力盡被執。變軍欲屈公，揚言將生取其心以祭死於聞喜者。公不爲動，笑且罵曰：「吾爲綱常大義死，死不恨。若奴輩雖生，狗鼠耳。」卒爲變軍剖心臠割以死。見者莫不殞涕，雖異類亦歎爲天下烈丈夫也。與公同時被執者幕僚及營官各一人，及一僕。公曰：「殺賊者我，無與若輩事，僕則傭力者耳，可悉釋之。」變軍乃釋僕，幕僚及營官皆從公死焉。公死逾月，舊部某自澤州來收遺骸，時公之元猶懸州門。舊部請至哀，乃得收斂。公無子，有弟曰效詩，載公柩歸葬漢中。

論曰：辛亥山西之亂，與他省異。其始也，蓋出於激變，雖言人人殊，而禍階之生由於撫臣之子某太史，則百喙無異詞也。某太史曾留學海外，歸而大倡革命之説，有聲當世，而撫臣不知也。及亂作，而躬與其難，遂以死得旌。而公提孤軍奮戰，卒堅守危城，效死不去。手足寄於鋒刃，忠義形於顔色，雖古忠臣烈士，何以加焉？顧大厦既傾，祠祀之典弗及焉，一若報施之或爽者。然公如日星河嶽，萬世之所昭仰。彼某太史者，一時之榮典倖邀，千秋之定論難泯。予既爲公傳以旌壯烈，並記某太史事，以示斧鉞之誅，不能以一死貸。世之亂臣賊子，倘亦知所懼乎？

金州處士孫君妻畢氏家傳

予以戊辰仲冬，避地遼東。其翌年，有金州孫君寶田者持刺來謁，年少有禮，挹其氣冲然儒者，心焉異之。既數相見，益知其好學敦行，意其家教必有過人者。今年夏，乃持其母氏之狀來請曰：「寶田不肖，以秉庭闈之訓，幸得成立。今母氏之亡且再周矣，願得長者一言以傳之。」

案狀載：母畢氏，其先世自山東之文登移金州，家世耕讀。考諱世琪，以布衣教授鄉里，里人薰德善良。妣氏孫實生吾母，母幼嫻閨範，長益温恭。年二十，歸吾父處士君，鄰里鄉黨嘖嘖稱其賢。未幾，我王考與我堂伯父等析居，族人有借端爲梗者，悍不可犯。吾母爲新婦甫逾歲，出而以理折之，族人爲馴伏。於是衆乃益知吾母之賢且才矣。光緒壬寅，村居多盜，乃隨處士君奉親移居城中。生男寶成，不育。明年，不肖生，氣質羸劣，吾母護持倍常兒，始得遂長養。光緒甲辰俄日戰役，吾母奉二親展轉避兵。乙巳，我王父棄養，吾母送往事居，曲盡誠孝。已而，吾父携不肖出外營商業，一以家事委吾母，致終歲勤劬，不得小休。甲寅歲，吾父攖疾至危，母侍湯藥，廢寢食，籲天請代。吾父幸得瘳。及辛酉秋，值外王考之喪，哀痛幾至滅性。已而，外王妣病疽，復晨夕奉養者逾歲，精誠所感，竟得無恙。然自歷更事變，吾母心力遂盡瘁矣。不肖既授室，吾母先後得兩孫，保抱鞠育，一如撫不肖時。而以勞致血疾，歲輒發作，先後凡數歲，竟以是棄養。吾母生於光緒庚辰，卒於已巳，得年五十有□。不肖無狀，媿不能顯揚其親。伏念吾母雖無嶽嶽奇節，然上孝其姑尊，中宜其夫，下慈其子姓，於倫理固無豪髮之憾。長者幸許其請，不肖感且不朽。

予聞之瞿然，曰：「《大易》稱婦道無成而有終，彼所遭不幸，乃以奇節見聖人之道在盡人倫，人紀之存亡，國家興替繫焉。子輿氏稱人人親其親、長其長，而天下平。今世變日亟，人道淪廢，芒芒禹域，幾成蹄迹之世，正須得如君母者爲世正鵠，安用奇節爲哉？」予舊史官也，有表章人倫之責，知孫君篤行，必不以虚美私其親，爰不辭而爲之傳，以備異日載之家乘且爲世範，兼以慰處士君。處士君名尚義，字智堂。恢然長者，鄉里稱善人，合併著之。

記永苑副尸諫事

我國自甲午之役後，海内士夫憤於積弱，誤信瓜分之説，日以危言鼓吹天下，人心爲之沸騰。一二懷抱野心者，乃利用此機，益推波助瀾，於是遂有戊戌之變法。及庚子拳禍作，青年學子之留學海外者，復進而倡革命，人心已囂然不靖。當道欲緩其禍，遂籌議立憲，分年籌備。於是練兵興學、司法獨立、清釐財政，一時並舉。資用日繁，海内騷然。及光緒戊申，兩宮先後賓天。今上皇帝以沖齡踐阼，醇親王監國攝政，人情益惶惶。于時有小臣頤和園八品苑副永齡，知大禍之將至，乃以去苛税、開利源、懲貪墨、去積弊、求人才數事上書於監國，懼或不察，乃不食七日死，冀以尸諫。掌京畿道監察御史崇興等爲奏請褒恤，得贈道銜，並廕一子以縣主簿用。乃逾二年，遂值辛亥之變。今距苑副之死且二十年矣。吾友商雲汀太史，懼其久而湮也，屬爲文字表彰之。

予維死者人之所不免，在善處之而已。《語》有之「志士仁人，無求生以害人，有殺身以成仁」。苑副之死，可謂求仁得仁矣。夫以苑副之職非言責也，國家大計在大臣不在小臣也，大厦之傾，所覆非一夫也。若苑副者，宜若可以死可以無死，然苑副以不忍見百姓之顛連、宗社之淪亡，故大臣所不言者，小臣言之；大臣所安忍者，小臣則兢兢焉謀補救，不以位卑言高爲嫌。可謂仁以爲己任矣。又古之死事者，往往授命於焦爛之餘，或且失職僨事，而以一死了之，尚論者或且以一死貸其已往之咎。而苑副則言之於焦爛之先，以冀免横流之慘。是苑副之死，視死事者尤可尚矣。至若累世荷國恩、極臣位，乃亡人家國，尚靦顔苟活而竊遺老之名，昔人所謂名德不昌乃有期頤之壽，不惜求生以害仁，以視苑副爲何如哉？苑副之死猶生也，彼求生以害仁者，則身未死而心久死，雖舉苑副以媿之，彼且冥然無所怍。嗚呼！

何太宜人七十壽序

維光緒三十有三年丁未之歲，重午之月，吾姑母何太宜人七十貞壽。振玉謹爲文以代兕觥之祝，曰：

蓋聞天道與善，厚德載福，徵之前籍，理無或爽。乃證之太宜人之平生，殆有若不能無疑者。太宜人爲王考奉政公長女。早失恃養，鞠之於王妣方太恭人。及奉政公即世，太宜人方齠齔，已淑慎有成人風，故方太恭人愛逾所生。既長，歸姑丈何竺卿太府君。何氏固世族，家門鼎盛，太府君劬學敏行，有聲黌序。太宜人躬操井臼，色養蒸蒸，俾太府君得壹志於學。未幾，遂膺鄉薦，乃屢上春官，不中第，時家口繁重，生計漸不裕，客授四方，仍苦不給。太宜人乃撤環珥納粟爲教官，不足，又稱貸益之。比謁選得高郵州學正，方擬買舟甓社，偕老秦郵，爲後進盡啓迪之勞，爲羣季任門户之責。乃蓿盤未饜，遽登岱録。是時，弱女在室，遺男俱穉，食指浩繁，負欠纍積。太宜人哀痛餘生，以一身肩艱鉅，節衣食以償宿逋，不取公産一錢，教養諸孤，至於成立。先後二十年間，心力實已交瘁。及表弟福辰補博士弟子員，福庚亦端謹力學，方寸乃差慰，意此後當傳付家政，含飴弄孫，以娱暮景。孰意天不悔禍，兩表弟又相繼殞。於是以垂白之年，再罹慘酷，孀孤滿目，横逆頻來，遂益冥然無生人之趣矣！憶癸卯夏，振玉迎太宜人住上海逾月，更闌燭燼，每爲玉談身世之戚，梗咽不成語。欲有所慰藉，苦不能措一辭。嗣每返淮安寓廬，輒汍瀾相向，令人慘絶。

伏念太宜人爲女孝，相夫以禮，教養子女有法度，接姻族以敦睦，古淑媛何以加焉？其遭遇禍患，操行堅苦，健丈夫有難堪者。乃懿行則如彼，所遇又如此，所謂天道固如斯耶？雖然，天道固非可以常情測者也，嗇於今者或將豐於後。即以太宜人往事徵之，曩者吾姑丈年逾三十，嗣緒未立，太宜人亟爲置簉室，乃側庶未生，而雙蘭並茁。今雖不幸短命，諸孫則已嶄然露頭角。又太宜人頻年衰病，近且日加健。是彼蒼有意與以大耋，俾親見諸孫之成立，門祚之再興也。振玉檮昧不文，其言不足增重，然所叙述，固纖豪無飾詞，將以備家乘、光彤史。異日者芳徽永播，子孫大昌，固天之所以報施也。請太宜人善自頤養以俟之矣。

漢隸辨體序

倉頡造字，迄乎史籒，古文易爲大篆矣。周宣以降，逮乎嬴秦，大篆易爲小篆矣。相斯之外，別行繆篆，炎劉既興，派分踵起，由古文迄乎八分書，體已四五變矣。今以分隸校古籒，猶由雲礽溯祖禰，源合而流已分矣。夫倉史斯邈，遞相祖述，或頗省改，必合理致，初非任意改革也。今比擬前後，有省所不當省，變所不當變，案之不合義理者，則爲傳寫之誤，又可知矣。光緒丙申春三月，諸城尹先生以所著《漢隸辨體》見示，其書依許洨長五百四十部之次，隸書之上冠以篆書，博采衆說，淹貫精詳。而由篆變隸之迹，展轉致譌之由，尤粲然可采。前哲所著如顏氏《隸辨》、翟氏《隸篇》均不能及，而有宋婁、劉諸賢之書無論矣。玉竊謂此書於篆隸改變，時俗詭異，釐然匡正，厥功甚偉。

玉曩者欲以古金文釐正許書，越歲四五，迄未殺青，邇來爲致用之學，舊業益廢。然曩說間有足證許書者，今臚舉數耑：《說文》米字篆作「米」，注象禾黍之形。案：金文米字皆作「米」，象縱橫聚列之狀，它穀形多圓，米形獨長，故作丨以象之，許書作「米」，不如金文之肖其縱橫聚列也。《説文》小字篆作「□」，注從八、亅。攷古金文皆作「□」，從三亅，三者衆，形如焱從三火，毳從三毛，森從三木之例，象衆微物相聚之形。許書從八，其意曲，不如金文象形之㬎也。《説文》巨字重文作「榘」，從矢。許説矢者，其中正也。案：古金文矩字皆從夫作「矩」，毛公鼎、彔伯戎敦、吴尊内「□」字之半，上皆從夫。或從大作「□」，伯矩敦如此作。皆象人持巨形，與規字從夫誼正同。今規尚從夫，矩則變而從矢，幸有金文正之。漢景北海碑字尚作「榘」，仍從夫未誤。許君云從矢其中正其千慮之一失也。《説文》奔從夭，卉聲。案：從卉，不得奔聲。段君曰卉爲十三部、十五部合音，亦穿鑿不可信。大徐本作賁，省聲，似是亦非。攷盂鼎内奔字作「□」，從夭，從歨，歨足衆形，象衆奔狀。賁從□，省聲；非□從賁，省聲也。今變歨爲卉者，蓋古文止字作□，屮字作屮，□屮形近，遂譌歨爲卉，賴金文得知其原象也。然石鼓文内奔字已從卉，是周之中葉已誤，不始許君也。如是之類，不勝枚舉。他日若有成書，不敢竊比先生作，然以古文攷篆，俾由古籀變篆之跡及傳寫致誤之由㬎然可曉，與先生以篆攷隸之意正合，竊自喜所見不孤也。

先生不以振玉爲陋，責之作序。謹書數言，以志欽佩。并以所知質諸先生，幸有以教我也。

黄刻廣雅疏證補正序

訓詁之學至乾嘉而極盛，而高郵王氏、金壇段氏、棲霞郝氏尤爲夐絶。段氏所注《説文解字》體大思精，而小誤未免，後人之作勘誤補正者不一家。郝氏《爾雅義疏》亦小有疏漏之處，兒時點勘是書，於《釋詁》、《釋言》、《釋訓》三篇頗以鄙見爲之補正，雖管蠡之窺，無裨巨宏，然可見訓詁之學，雖極精邃而絶無罅漏之難也。獨王石臞先生《廣雅疏證》精審密緻，殆勝二家。據先生自序言：殫精極慮，十年於兹。蓋删定董理，匪伊朝夕矣。庚子秋，太姻丈黄先生惠伯，出《廣雅疏證補正》見示，蓋成書後，先生自校正勘補者。益歎前輩之虚衷求歉至此。黄先生既爲條寫，擬授之梓，以公海内。敬綴數語，以識先生嘉惠後學之盛心，並記古人著書慎重之不苟云爾。光緒庚子九月。

説文二徐箋異序

書契之興，遐哉邈矣。籀斯以還，代有省益。佐隸遞變，彌失本原。洨長許君，生於炎漢末季，慨末俗之譌僞，懼小學之不修，乃爲《説文解字》十有五篇。六藝羣書之詁，皆訓其意。天地鬼神、山川草木、鳥獸昆蟲、雜物奇恠、王制禮儀、世間人事，莫不畢載。洵倉史以降之偉製，巍然當與六經并。乃晉唐以來，學子罕通其説。直至昭代，學乃大昌，顧嘗有宋初葉，二徐傳古之功，亦不可没。

使不得二徐之表章紹述，則祭酒之書久熄滅於五代干戈之際矣。

二徐之作，時有後先，故異同互見。嘗憾無好學深思之士，取兩書異同爲之理董，以便學者。懷此積有歲時，乃一旦忽得之田君伏侯。予與君交且十年，初未知其治許氏學也。去年游日都，與君晨夕談藝者逾月，遽出手稿見示，繁行密字，帙厚逾寸，披覽數夕，不能竟于是。乃益服君用力之勤、且歎向者知君之未盡也。昔二徐爲許氏之功臣，今君又二徐之諍友矣。

予年二十治小學，讀段氏注，歎爲觀止。自知於許書不能更有發明，故不欲有所造述。乃近年以來，山川所出彝鼎至夥，其文頗足是正許書，擬爲《説文古籀訂補》以廣段先生之法。又以文字之作，可考見古聖人制作之原，每欲於文字上窺古代禮教民風、人事物象，溯進化之淵源，尋文明之軌轍，成一家之言，補昔賢所略，竊取許書後序之誼，爲文字尋原。乃以人事旁午，匆匆無所就。今見田君之書，頓深廢學之感。今年春，君既手寫定稿，以印本見寄，郵簡乞言，乃不揣譾劣，敬弁簡耑，并以所見質之於君，君幸有以益我也。宣統二年四月。

漢兩京石刻圖象考序

予不通殊方語言文字，故雖生梯航大通之世，年至三十，尚無域外之交。但聞泰西諸儒，近日講求大東學術者日益衆，又聞有沙畹博士者尤精博，熟讀太史公書，嘗游我國，徧履史遷所游名山大川，著述至富。心儀雖有年，末由接其謦欬也。及宣統紀元，邂逅伯希和君於京師，始得宛轉通問於博士。博士以所著《河朔訪古圖誌》見贈，啓函讀之，雖未見顔色，已於書中歷歷見游跡矣。由是郵使往來，寒暑無間，三年以來，遂成夙好。

去年冬，寄其所著《漢兩京石刻圖象考》至，令兒子譯讀。既終卷，歎曰：「此予之夙志也，君乃先我著鞭。」且所考釋至精博，如釋足踏弩爲蹶張，釋捕兔之網爲畢，均堅確不可易。予曩讀殷虚貞卜遺文中有「□」字，或作「□」、「□」、「□」、「□」諸形，象手持有柄之網，予釋爲即許氏《説文解字》訓「田畢」之「畢」。又因是而悟許書訓「箕，畢屬」之「𠦒」，與畢實爲一字。𠦒乃由□而譌，其文象畢形，而非象箕形。其從田之畢，乃後起之字。許君立𠦒爲部首，而以「畢」、「棄」、「糞」三字隷之。今考之殷虚文字中有棄字，作「□」，象傾箕中土蔵之狀。又有糞字，作「□」，象兩手持箕中有草蔵之狀。兩字並從甘，即「箕」字。不從𠦒。許君既誤分𠦒、畢爲二字，又誤以從甘之棄、糞二字隷𠦒部，蓋由未識𠦒字之形與義也。今觀君書，爲予説增一左證矣。

予又推君之例於漢人石刻圖象中求古事物，亦得數事。古語長袖善舞，我國古昔之舞今不可見，所謂長袖，初不知何狀也，而觀之吾東鄰之日本，則兩袖以廣幅爲之，舞時如鳥之張翼，頗疑古之舞袖當不爾。及觀芒洛邱壠間所出土俑，中有舞伎，則雙袖瘦削如脩蛇，過兩手，幾數尺。又證之漢刻與濰縣陳氏所藏漢畫塼中有舞者，其袖正與芒洛之土俑同，於是始知古人舞袖之狀。又讀班固

《兩京賦》「上觚稜而棲金爵」，許氏《説文》：「柧，殿堂上最高之處也。」《文選》六臣注則謂「觚稜爲闕角」，其言均不明了。予意《説文繫傳》引字書「三稜爲柧」，觚稜者，殆指上自屋脊，下循簷際，其形正爲三角，而棲金爵於其上，然無所取證。及觀近中州所出漢畫函谷關東門石刻，門有兩觀，觀之屋脊各棲一鳳，始知鄙説之非臆斷，然不得古刻，末由徵信也。又古人刀椹之椹，初不曉何狀，今但用圓平之木爲之，而日本之椹則如篆文丌字之形，爲長方之木而下有兩足。今觀南武陽石刻圖，一人就椹剖魚，其椹正作丌字形，與日本今日所用者正同，始知日本之椹猶沿我國漢魏以來之舊也。古畫象石刻之有裨考古如是，則博士特爲之考釋，所見誠韙矣哉。

惟漢畫中所圖器物多爲當時之制，不可據以考先秦以前，且畫工亦有謞誤。如武梁祠畫象有夏桀手持戈而刃向上，考戈爲築兵，故其刃旁出。觀戈字古文作[glyph]，其形可見。程易疇先生於《考工刱物小記》考之甚詳，其説精確不可移易，萬無刃乃向上之理。又當漢代，戈爲（嘗）〔常〕用之兵，予所藏有漢上黨武庫戈，與三代之制不殊。而漢刻乃如彼者，此不但非三代之制，亦非漢制，直是工人之誤，固未可以依據者也。如此類者當亦不少，顧予與君遠隔重瀛，不得並几促膝一一商榷論定之爲可憾耳。爰爲之序，以發其端且以志予嚮往之切，異日者將以近業就正於君，幸更有以啓予也。

宣統甲寅正月。

埃及碑釋序

光緒初葉，湘鄉郭筠仙侍郎奉使泰西。吴縣潘文勤公門生有隨使歸者，爲文勤言埃及文化最古，其金石刻辭有在三千年以前者。文勤聞而欣然，函駐英使館爲之購求。顧以西律禁止古物輸出，僅得以石膏撫擬埃及古碑一。致之京師，文勤欲求西儒爲之考釋，不可得也。乃取以貯之江蘇會館，此埃及文字流傳我國之濫觴。

越三十年，浭陽端忠敏公采風於歐洲列邦。忠敏好古，固與文勤相頡頏，始購埃及大小石刻十餘品，得彼國之許可，舶載而歸。然欲爲之考釋，亦不可得也。及辛亥國變，忠敏既殉節西川，曾不十稔，遺物星散，埃及諸刻亦入市賈之手。

山左慕君元父得古棺蓋一，而苦其不可讀，以示美國杜耳博士。博士爲轉乞埃及學家達拉塞氏，以法文譯之，博士又譯以英文，而郵致慕君。慕君之友、北京大學教授李君泰棻者，於中西史事，功力至深，復就博士所譯，譯以國文，乃知此碑實立於歐洲紀元前三百年，當埃及多李買王時，遠值我周秦之世。慕君既展轉譯其文，復謀精印以傳之，而徵序於予。

予維埃及古刻，以文勤之好古有力，僅能致撫擬之物，求考釋復不可得；忠敏能致原石矣，而後嗣不能守；慕君得之，考釋之，流傳之，是文勤、忠敏未竟之志，一旦得償於慕君，豈非藝林之快事乎！而予又有請於慕君者，文勤所得撫製之碑，今尚存江蘇會館中，其文字至多，盍亦求埃及學者並考釋之，以與此刻並傳藝林。倘亦慕君所樂許乎？爰書以俟之。壬戌五月。

冠斝樓吉金圖序

古器物之學，肇於北宋之中葉。歐陽文忠《集古録》跋尾稱嘉祐中劉原父爲永興軍安撫使，得古器物數十種，爲《先秦古器記》，此就一家所藏器編爲一書之權輿。自時厥後，名臣碩彦，競藏古器。元祐間，吕與叔撰《考古圖》，乃集秘閣及文潞公以下三十餘家所藏爲《考古圖》十卷。黄伯思繼是而爲《博古圖説》。徽宗朝王黼又重訂爲《宣和博古圖》。蔡絛《鐵圍山叢談》稱是時尚方所貯至六千數百器，可謂盛矣。而當時所著録，顧不及什一。

我朝中秘藏器數千，高宗勅儒臣編爲《西清古鑑》，美富固遠邁宣和。而海内士夫治斯學者，其精博亦越宋賢而上之。由嘉道以逮光宣，百餘年間，著作林立，藏器者多至百餘家。其就一家藏器成書者，若嘉定錢氏之十六長樂堂、烏程陳氏之求古精舍、吴縣曹氏之懷米山房、諸城劉氏之清愛堂、歸安吴氏之兩罍軒、吴縣潘氏之攀古樓、山左丁氏之移林館、閩江陳氏之澂秋館、湏陽托活洛氏之匋齋，及近年廬江劉氏之善齋、海城于氏之雙劍簃、東莞容氏之頌齋，及予家之夢郼草堂、貞松堂諸圖録，已十餘家。惟錢氏所藏，由三代至唐，僅得四十九器。陳氏半之，且有無文字者。曹氏藏器精矣，而未免誤認宋嘉禮壺爲周器。兩罍所藏，得之曹氏，其所續增則間有贋品。攀古藏器數逾三百，其著録者十才二三。匋齋藏器富矣，而所收古兵及佛象，雜厠贋品。劉氏所藏多近出精品，然亦頗收僞刻。至濰縣陳氏藏品冠海内，竟以著述矜慎，未嘗勒爲一書。均不免美猶有憾。然視天水之世，藏器者僅數十人，私人藏器著録僅原父一家者，夐乎尚矣。

吾友叔章參議，博雅好古，丁斯學鼎盛之會，古器物大出之時，數年以來，蒐集古彝器百五十八品。其鑒别矜慎，每得一器，輒就予商榷討論。所收無一贋物，且精品至多。略舉一二：如商小臣邑斝，器偉而字精，凡廿七言，爲傳世古斝之冠。魯大司寇兩匜，尤爲奇品，爲《考古圖》杜嬬鋪後所僅見。頃者編次所藏爲《冠斝樓吉金圖》三卷，寫影精印以傳之。蓋至君書出，遂爲諸圖録之後勁。其選器之精，謂爲豪髮無遺憾，非過言也。君以予惀明古器物之學，責之作序，不敢以固陋辭，爰書其首，以諗世之讀是編者。己卯夏。

磬室所藏璽印續集序

宣統庚戌，擬以篋衍所藏古璽印爲譜録，顧意不自歉。聞津門有莫氏者，珍襲二百餘，皆精好，因懸二千金託與莫氏契者搆之，乃逾歲不得報書，爰姑就予所蓄製《磬室璽印譜》。比去年國難作，寓内騷然。今年正月，亂兵焚略津門，莫氏展轉介其友郵寄所藏，來申前約。時予之所藏，則已歸大西見山君帖祖齋。每念故物，不能去懷。且悲莫氏之不得已而鬻此，又與予同也，遂亟許其請。顧予自喪亂以來，以斥鬻所藏長物，勉給晨夕。每讀《金石録後叙》「環顧諸物，恐皆非我有」之言，輒爲喟然。往者已不可保，今日所得又寧計久長。因拔其尤者約二百，製爲續譜，以略存鴻爪，且以詒莫氏，當有同慨也。壬子暮春。

梅花堂印賞序

古印鉨私印爲多，若官印，舍軍司馬、别部司馬、部曲將、騎部曲將、部曲督、騎部曲督、軍曲候諸印外，如朝官，如丞尉令長，如雜號將軍、蠻夷候長，如鄉侯府厩諸印，皆不易得。此官印百品，乃寒齋舊藏，今歸日本大谷秃庵先生，皆遴選精品，蓋三十年之久而後得之。其中朝官如大司農丞、大醫丞、大官丞、斡官泉丞、典虞司馬，新莽官印如新成左祭酒、含洭宰、平狄中司馬及守尉令丞長諸印，多前人所未見，可攷證史志，不僅其琱刻之工已也。秃庵既製爲《梅花堂印賞》，遠道郵寄，屬予弁其首。幸斯印得廣其流傳，近東京震災，此譜中諸印，聞皆未罹浩劫，爰忻喜書之。癸亥八月。

望古齋印譜序

關中爲文物淵藪，出古璽印亦至夥。顧近三十年，轉不如綏遠及山左。蓋關中去京畿較遠，莫由寓目，非寶藏遂空也。甲子春，關中鄭鶴舫以所藏古璽印譜録見示，雖僅百數十品，而新異者甚多。官印中「瑯琊左鹽丞」、「敦浦泰倉設屏農尉」、「長樂單尉」、「廣漢大將軍」，新莽之「昌威德男家丞」、「新前胡伯長」，私印中如「中和府長李封字君游」、「左奉翊椽王訢」，名字之上冠以官職。又「公孫娃璽」稱璽不稱印，「陳由印」，由字作「甶」，與魏正始石經迪字從甶正同，足見許書之甶即由字，可證前人謂《説文》無由之誤。凡此諸印，並爲珍奇。至其印鈕之異，有魚有蛇，尤爲僅見。鄭君將爲譜録，以傳藝林。而請李君遊鶴以響拓法畫諸印之鈕，精妙絶世，爲先是諸譜録所無。兼可考璽印制度，以補印典所不及。鄭君以予稍明古璽印之學，屬一言爲之序，爰書卷端以歸之。

傳樸〔齋〕〔堂印〕譜序

古者金石刻畫，大者若彝器，小之若璽印，罔非出於良工之手，而非士夫爲之也。溯其初始，範金合土以寫其文，周之晚季，乃有鑿字，要皆精雅有法度。及炎劉以降，庶業其繁，刻印銘器文多急就，以趨簡易，法度始漸弛。然亦古拙自然，意趣不失。有後世士夫所不能撫擬，蓋時世使然也。有晉之士，嵇叔夜始自爲鍛工，戴安道博綜羣藝，手鐫鄭玄碑，士夫兼擅良工之業，實肇於是。而刻印之術，則自元始。趙魏公吾邱竹房擅美一時，然其治印也，以斯冰之篆代撫印之文，一以圓美整絜爲宗，未嘗遠師秦漢。明之文、何相紹述而不改其法。洎金一甫、趙凡夫諸家始反而求兩京遺矩，於是製印之術一進。及吾浙諸老崛起於乾嘉之際，兼采並鶩，遠師秦漢而不廢文、何而已。予籍鄧完白復以碑版之法入印，吳攘之、趙悲盦爲之後勁，益昌明之。於是刻印之術乃再進，駸駸乎邁前人矣。迄乎晚近，濰之王石經、粤之何伯瑜，又得古撥蠟法。能仿效古官私璽，精雅淵穆，啓前人已失之途逕，至是刻印之術，三變觀止矣。

顧天下之事，盛衰相倚伏者也。何、王二老，今皆年躋大耋。後進之士，嗣音者鮮，蓋盛極而衰且至矣。予往者計所以扶其衰者，莫如收集元明以來諸家刻印，下逮王、何，彙爲一編，以示此學遞變益進之迹，以爲來者鵠。顧懷此有年，弗潰於成。乃今年冬，籌振災返滬江，邂逅葛君書徵。葛君爲人温雅愷悌，能傳家學，出所集《傳樸堂印譜》稿本示余，譜中所集，始於文、何，終於吳、趙，凡數十家，蓋予曩有志未逮者，君則已先我成之已。出示所藏諸印，則又選擇精審，無一贋作厠乎其間，其鑒别之審慎，又可驚也，爲之狂喜。葛君亦以予爲同志，爲予言此譜既告成且摹以傳世矣，請一言爲之序。予固樂觀成事者，烏可以辭。爰書向所持論於簡端，以質之葛君，倘以爲知言否乎。丁巳仲冬。

鄭庵封泥序

古泥封于金石學諸品中最晚出，無專書記録之。玉以爲此物有數益焉：可考見古代官制以補史乘之佚，一也；可考證古文字，有裨六書，二也；刻畫精善，可考見古藝術，三也。顧傳世頗尠。此卷爲吴縣潘文勤公所藏，計官私印三百有四。亟付之景印，以廣其傳。他家所藏，續有所得，當次第印行之。光緒癸卯正月。

夢庵藏陶序

古代陶器始著録於天水之世，然其器乃在漢兩京以後，且無銘識，又僅一二器而止耳。逮我朝同光間，山左之臨菑古陶器之有三代文字者始出邱壟間，其器登與量二者間有，炎漢文字則水甕爲多。其最先得而且富者爲濰縣陳壽卿太史，已而福山王文敏公、吴縣潘文勤公、吴愙齋中丞等，並有藏蓄。愙齋且采其遺文入所著《説文古籀補》，爲陶文著録之始。文敏所藏，庚子京畿之變，歸丹徒劉氏。又有增益，輯其墨本爲《鐵雲藏陶》，此陶文有專書之始。光緒初元，近畿之易州亦出古陶有三代文字者，與齊器頗相似，然其文齊器多記某某里，易州所出則多記匋攻即「工」。某；齊器不記年月，易州所出，則有八年、十年、十四年者，此其大别也。予往昔嘗與劉鐵雲觀察言陶文爲古文之異體，與古璽、古貨幣文字並與習用之古文不同。愙齋與古彝器文並列，實未盡合。其文多省略變異，不可强爲説解。擬集三者文字，分别部居，合爲一書，以流傳之。鐵雲韙予説，顧以人事牽阻，尚未寫定，而吾友太田夢庵集其所藏，製《夢庵藏陶》，徵序於予，頓觸往事，爰書陶文傳世之始，並述予所素蓄與良友所期望先後二十餘年竟不果成就爲可愧也。壬戌四月朔。

鳴野山房彙刻帖目序

法帖者，金石之支流也。溯其原始，肇於李唐。其會最古人名跡，都爲一編，則祖於趙宋。宋太宗集古帝王名臣書爲《淳化閣帖》，官私轉相摹泐，有曰大觀，曰太清樓，曰希白，曰星鳳樓，曰戲魚堂，曰絳，曰汝，曰潭諸名，僂指難徧數。然咸以淳化爲藍本而增損移易。其間其所撫又皆唐以前名迹，唐以降弗及也。南渡之後，又有蒐本代墨妙被於貞珉者，如《姑熟帖》之彙刻蘇、陸諸賢書，《鳳野帖》之刻當世名人尺牘，其體後又爲之一變。宋元以降逮乎今兹，諸家類帖祖斯二係，靡有更易。顧日益繁多，强記之士有不能徧悉其名目者，則帖目之作，弗可後已。古人著書，言法帖者若張彦遠、黄長睿等，並議論書法，辨晳毫髮，而考譜系名目次第者，則僅見近代南村《帖考》一書，曩嘗以爲憾。光緒癸巳首夏，玉訪碑越中，晤山陰沈君錫卿。錫卿爲嘉道間隱君子霞西先生族曾孫，因就訪先生所著《越中金石廣記》，弗可得，得見《鳴野山房帖目》四卷，其書體例與《帖考》略殊，而甄録精慎則與《帖考》不異，有裨於考古者不鮮。其曰《鳴野山房帖目》者，蓋就所臧弆者入録，非謂類帖之目畢在是也。

先生志節高朗，著作繁富。宗滌樓、趙撝叔兩先生所撰墓表已詳言之。身後零落，遺書未梓，其婦稺又錮閉不肯示人。錫卿懼其久且湮没也，亟寫帖目以待梓，其他著述列目於後。以玉粗諳金石之學，責之作序，玉於先生爲鄉後進，且企慕有素，不揣固陋，爲弁語於首，且以記錫卿之不忘先人手澤，其用意深厚有如此也。

藝術叢編序

書契肇興逮於今兹，蓋四千有餘歲矣。此四千餘年間之制度、文物載於篇籍者，汗牛充棟，不能盡也。然世愈遠，則記載愈寡。漢魏六朝人之遺著傳於今兹者，以視唐宋以來，千萬中不一二也。若先秦以前，則六經、諸子寥寥數十萬言已耳。學者於六經、諸子以外，欲更求三古之文明，則舍古金石刻辭外，固無有矣。蓋金石刻辭者，我國刊本之至古者也。其器之成，或且在周孔未生以前，又下爲秦燔所不及。故玩其文字，可正六書之違失；觀其記述，可補史氏之闕文；其形制可正禮器之圖；其刻鏤可驗考工之績。其有裨於學術至巨也。

自天水之世，始撰《博古》、《考古》諸圖，於彝鼎法物以外，兼收他古器，寖至圭璧、泉幣、符鉩、鑑鏡、塼甓、瓦當之屬，碑版之文，繪畫之迹，莫不爲專書以記述之。蓋考古之學，至是乃益闡明矣。降至國朝，斯風愈熾。乾嘉以來，學者輩出，其書滿家。又山川之所藴蓄，日出不窮。晚近所見，若洹濱貞卜之文，與夫齊魯之登豆，西陲之簡册，石室之卷軸，中州之明器，皆前人所未及見者。予嘗念言物之與人相得而益彰者也，今出土古物誠衆矣，使無學者爲之録述，則今日之出爲虚出，且澌滅隨之。又嘗念言古人不能見我之所見，而古人所見，至於今日，散佚轉徙之餘，我之所不得見者亦多矣。即出於我之同時，而好事家之秘藏與夫舶載以航海外者又不知幾許。凡是者，雖未即澌滅，亦與澌滅等耳，念之滋懼。十年以來，將我生以後出世諸古器物、與其器物已佚而幸存孤本者及歸海外不可復歸者，一一爲之著録，成書數十種。顧資力所限，雖飢寒之不卹，而剞劂是務。其所成就，什才二三。欲求邪許之助於同志，且十年不得一人也。今乃得之羅詩夫人。

夫人者，我土之翹秀而作嬪於歐人哈同君。哈同君以資雄當世，而夫人則好古美術。比者邀吾鄉鄒景叔大令，將三千年來古金石刻及古器繪畫彫刻諸迹輯印爲《藝術叢編》，景叔以書商之予，且請爲序。予既贊許之，因爲書其端以告當世曰：斯編固以藝術名矣。藝術者，非供耳目之近玩已也。狹而言之，爲學者遊藝之助，以考見古人伎巧之美，制作之精。廣其義言之，則三古以來之制度、文物繫焉矣。凡載籍之闕遺，文質之遞嬗，人才之興替，政俗之隆污，莫不於是覘之。其所關至重要而爲體至繁賾。使得如乾嘉學者數十輩，人人給筆札，期以十載成書千卷，固未必遽盡而無遺也。其非此編所能該備，亦可知也。斯編者，蓋爲當世先路之導，俾讀者即一二以求千百，且以求同聲之應，俾更有人焉，本斯編而益擴充之，多爲專書而以斯編爲之輔，則斯學之闡明，乃可期矣。予既嘉羅詩夫人之志，懼當世學者或以藝術所關爲細小而無宏益，爰書此告之。復望夫人本斯志而益昌大之，闡明之，責不望之他人而引爲己任，勿如予者償十一而遺千百也。誠如是，則不僅斯學之幸，夫人亦將因之以不朽。予雖老矣，尚能兼數十人之勞。成書授諸夫人以昌斯學，夫人倘不以爲誕乎。宣統丙辰，四月既望。

適園叢書序

客有問予叢書所自昉者，予應之曰：「叢書尚矣。勒石之世，已有叢書。鐫木之始，最先刻者亦叢書也。」客聞言而驚曰：「子之言滑稽與？」予曰：「否否。待吾言之。子知古人之治經乎？人專一經，經有專師，經與經各自爲書也。漢季立石鴻都門，乃會諸經合刊之，厥後而魏而唐十三經備焉。釋氏經論，初亦各自爲書也。隋僧静琬聚諸經論勒石房山，至遼始盡一藏，其石至今尚存。鴻都石經，房山佛經，謂之非叢書得乎哉？是勒石之世已有叢書之明證也。墨板初興，蜀中毋氏刊九經於前，後唐長興彫五經於後。宋開寶中，勒蜀中雕《大藏》，後以經板賜顯聖寺，予在海東尚見《佛本行集經》殘卷，此非鐫木之始最先刻者爲叢書之明證乎？顧叢書之始，皆合同類之書刊之。厥後其例彌廣，至《百川學海》，乃郡邑分甲至癸十集，集各一類，此最先之變例也。又後有就一人之著述合刊之者，有取精校及罕見之本刊之者，有輯古佚書刊之者，有就一人之作刊之者，其例愈繁，遂臻今日之盛。其叢書中尤宏大者，莫過於我朝之《四庫全書》，合四部之書而爲一，蓋古今中外莫之與京也。然卒以編帙宏富，故雖當全盛之世，亦不克刊行，則美猶有憾矣。故予謂叢書之博大，卒以釋氏《大藏》爲最。而以有宋一代言之，《大藏》凡四刊，一刊於蜀，一刊於吾浙，再刊於閩。其願力之宏，吾儒莫與競。」

「明之末季，曹能始先生擬刊儒藏，而卒不果。予往在京師，亦嘗與儕輩議刊《經苑》，擬專刊經部之書，區爲六類：一曰羣經。取歷代石經墨本之僅存及雕板以前古寫卷子本，雖殘帙亦刊之。並刊宋槧本。二曰經注。取諸經單疏之存者，及宋十行本之初印無補板者刊之。三曰經説。取諸家説經之書，若徐氏之《通志堂經解》、錢氏之《經苑》、國朝兩《經解》，斟酌損益而刊之。四曰訓詁、文物、小學、校勘。取古説文字之書及《爾雅》、《方言》、《廣雅》、《釋名》及禮樂、車服、宮室、天象、地形及諸名物圖及校勘諸經各書刊之。五曰目録。取諸史志所載經部書目、宋人《崇文》等目之屬經部者，及《經義考》、《小學考》、《四庫總目·經部提要》及《存目》合刊之。又編輯海内藏書家諸目，將諸經之善本，會爲一編刊之。六曰傳記。取通經傳經諸表及諸史《儒林傳》及國朝通經諸家傳誌合刊之。如斯編輯，萬卷可盡。刊刻之期，計以十載，剞劂之費，得好古有力者數人任之，更得通雅之士十人任編校之役，則兹事舉矣。此書既成，其盛德大業將與天地同不朽，豈第跨越釋氏之藏而已哉！」

客瞿然興起曰：「子言當矣。其如費巨期久何？」予曰：「房山之《藏》，綿歷數代，宋《藏》四刊，卷且數萬，釋氏所能，吾人寧獨不能？在有堅貞不移之志已耳。」客曰：「敬聞命矣。其如今世無具此志與力者何？」予曰：「有之。吾鄉張石銘孝廉，吾所知之一人也。張君好古篤志，往者固嘗刊《適園叢書》矣，其成者高已數尺，遴選皆善本，其刻書也，汲汲如不及。更得具孝廉之志者三五人，其力已足任之。」客曰：「子盍誦言於斯世乎？」予應之曰：「唯唯。」

適孝廉以叢書屬序於予，爰書與客問答之言於卷端。方今古訓式微，彝倫攸斁。欲挽此既倒之狂瀾，舍將我先聖先師之所傳綿之使勿替，固無所措手矣。《經苑》之刊，是其一端。世果有其人者，不僅爲聖教之干城，而百年易盡之身亦將因之以不朽。質之孝廉，以爲何如也？丙辰臘月。

纂組英華序

粵自《虞書》著絺繡之文，《周書》有典絲之職，組紃之工，由來尚已。降至漢唐，品類愈繁，藝術珍巧，訖今邊陲沙磧，尚方織室之製，象教幡幟之遺，斷片零絲，猶有存者。逮乎天水之世，於少府監置綾錦院，掌織紝錦繡，文繡院掌纂繡。一時名工輩出，後人什襲鑒藏，展轉流傳，矜爲珍秘。元明以來，迄我康乾之世，御府妙蹟不殊天水。顧以朝家代嬗，年禩緜遠，歷代留遺，稀如星鳳。不事蒐求，焉窺瓌異。

紫江朱氏啟鈐有慨於是，乃以十年之力，徧搜海内所藏，得宋刻絲書畫十八品、宋繡四品、元刻絲三品、明刻絲十品、康乾間刻絲二十品，一一考其淵源及其流傳之緒，爲《存素堂絲繡録》一卷，以補前人紀録所不及。顧未暇影寫其品物，美猶有憾焉。嗣朱氏所藏，展轉以歸滿洲中央銀行。康德改元，銀行寄存於國立博物館。當壬癸之間，我鄰邦日本之考求美術者，每至奉天，輒來觀覽，莫不歡喜讚歎。復由水野氏梅曉及故闞氏鐸、介橋本氏基謀寫真精印，以廣其傳。遂經始於癸酉秋，觀成於甲戌夏。印刷之精，賦色之巧，以視原物，不爽銖黍。乃顔之曰「纂組英華」。將垂之久遠，以彰絶藝。屬予叙厥原由，書於首簡。俾當世考求東方技術者得窺見文化之一斑云爾。康德元年仲秋。

江蘇師範學堂一覽序

光緒三十年夏，滙陽尚書移撫江蘇，謀興教育，不以振玉爲不肖，命參與學務，兼監督師範學堂。爰朝夕佐公規畫，四閲月而師範學堂立，今開校將匝歲矣。以滙陽尚書與繼任效陸兩中丞之提倡，教習之勤職，學生之攻苦勵學，故成績頗有可觀。而玉亦幸得免尤焉。

方今興學之當亟，人人能知之。然以學生不靖爲詬病、視管學堂爲畏途者，又比比皆是也。此其故何哉？其咎將專在學生歟？抑在管理者耶？玉竊以爲兩者當交盡而其責任則專在管理者矣。管理之責，在輔助學生之自治，當相學生開進之程度而斟酌以施其教。行已務勤察，執法務公嚴，臨事務速斷，而一行之以至誠。如是而法紀有不明、成績有不良者，玉未之信也。

玉自受職迄於今兹，本堂規模雖略具、管理雖幸免尤戾而不能無憾焉者，則學生未能符定額，與夫待施設之事甚多，而窘於財力不能汲汲以竟其功是也。今海内育才，如恐不及，病深蓄艾，已苦其晚，况於養成，師範更爲教育根元中之根元乎？玉昨既以推廣之説迫切陳於巡撫陸公矣，若不得請，行且乞去。故亟叙述開校以來所設施爲《師範學堂一覽》。並將玉所希望推廣各項而未能遽遂者，一一陳其辦法，以告繼我任者賡續圖之。並願我諸生益敦其行而勉其業，俾諸教習得竟其教授之功，俾是堂巍然爲東南諸學之冠。此玉之大願而夙夜所禱祈者也。光緒三十一年九月。

流沙訪古記序

今年秋八月，同好既影照敦煌石室文字。冬十一月，東友藤田學士豐八郵寄英倫地學協會雜誌中，載匈牙利人斯坦因氏游歷中亞細亞演説，記敦煌得書事，並考西陲水道，叙述至詳。已而沈君昕伯紘復自巴黎譯寄伯希和氏演説，又於日本史學雜誌中見德人第二次游歷土耳其斯坦報，爰會譯爲《流沙訪古記》，而以日本白鳥庫吉氏《游滿洲記事》及法人剌古斯德氏《游蒙古演説》爲《滿蒙訪古記》附焉。適校印《敦煌遺書》竟，因附刊於後。宣統元年嘉平十一日。

王忠慤公哀挽録序 代*

天下有正義而後有是非。是非者，根於正義，公論之不容泯者也。晚近士夫平日高談忠義，其文章表襮，則杜陵之許身稷契也，屈子之芳菲戀君也。乃一旦臨大節，則委蛇俯仰，巧説以自解。于己所不能而他人能之，雖内怍於中而必竭力以肆其擠排。見有向義者，必爲之説曰：夫夫也，殆有他故，非徇義也。甚則爲誆語誣衊之。士夫之行如此，烏在其爲士夫也。

予與忠慤同鄉貫，初不相知。甲子都門之變，始相見於京師，久乃知其平生於羅叔言參事。參事之言曰：「公少負才氣，有不可一世之概。三十以後，閲世日深，乃益歛才就範。其爲學也專壹，而不旁騖。其聞善也不護前以自恕。其涉世也未嘗專己嫉能。其守義也不以言語表襮而操養至切。」於時海内多尊公之學，惟參事獨詳述其行。參事交公久，其言宜可信。乃納交焉。

及今年五月，公果以舍生徇義聞天下。參事疇昔之言，於是乎爲有徵矣。公既完大節，海内外人士羣相悼惜，競爲文字以誌哀。雖間有口褒揚而中不爾者，然亦不得廢公論而著其私也。昔太史公有言，要之死日然後是非乃定。忠慤死矣。是非定矣，彼口忠義而恕己所不能嫉人之能或且肆毁

---

* 此序代沈端臣太寧作。

者，不知其異日蓋棺時視忠慤何如也。丁卯八月。

斗南存稿序

予往歲寓居滬江，先後十年間，東邦賢豪長者，道出滬上者，莫不聯縞紵之歡。一日昧爽，方櫛沐，聞打門聲甚急。憑樓欄觀之，有客清癯如鶴當户立，亟倒屣迎之。既入門，出名刺，書「日本男子中島端」。探懷中楮墨與予筆談，指陳東亞情勢，頃刻盡十餘紙。予灑然敬之。瀕行約繼見，詢其館舍，曰「豐陽館」。翌日往訪之，則已行矣。既旬餘，乃復來。言買舟吴越，已登會稽，探禹穴，立馬吴山，泛棹石湖，徧遊虎邱天平矣。已而又曰：「僕願留禹域三年，能館我乎？僕有三寸弱豪，不素餐也。」予笑而諾之，因請其迻譯東文書籍。暇時出示所爲詩文，雄直有奇氣，其抱負不可一世。居年餘，辭去。及予主蘇州師範學校，君言滬上無可與談，願爲君教授諸生。予復敬諾，乃未數月又謝去。及予備官郎曹，君遺書言：「貴國兩宫相繼上賓，人言籍籍。公大臣也，宜抗疏請正袁世凱罪，宣示中外。否則，手刃之以泄敷天之憤。僕雖不武，願袖短劍以從。」予心益敬君，然予實小臣，不能副君望，以書復君。君意不懌然，于此益知君誠嶔奇磊落之奇男子矣。

國變以後，與君久不相見。歲庚午，予避地遼東。君忽枉存，年逾七十而英邁不減少年，言返國後當再來。鄭重訂後期，乃不逾歲而君遽卒。聞君有潔癖，終身不近婦人，遺命「吾死後速行火化，散骨灰于太平洋。當爲鬼雄。異日有以兵臨吾國者，當爲神風以禦之」。家人謹遵其言。嗚呼！君雖以韋布終其身，而無一日忘安危，洵東亞之烈丈夫哉！頃君之親朋將印君遺稿，以予交君久，屬爲之序。爰記與君訂交始末，揭之簡端。至詩之雄直俊偉，當世無與抗衡者，讀君書自能知之，不待予之喋喋也。壬申十月。

辛亥編殷虚書契序

宣統庚戌夏，予既考安陽所出龜甲獸骨刻辭爲殷商王室之遺蹟，大卜之所掌。竊以爲此殷代國史之一斑，其可貴重等於《尚書》、《春秋》，乃亟爲《殷商貞卜文字考》以章顯之，並手拓其遺文。顧是時所見甲與骨才數千，巾笥所儲，才七八百枚耳。好之既篤，不能自已。復遣廠友祝繼先、秋良臣大索於洹水之陽，先後所見乃達二萬枚。汰其贋作，得尤異者三千餘。於是范君恒齋兆昌，家弟子敬振常助予拓墨，几案充斥，積塵在襟。殘臘歲朝，氈墨不離左右，匝歲始畢。因略加類次爲《殷墟書契前編》二十卷。其先後之次，則首人名，次地名、歲名、數名，又次則文之可讀者、字之可識者，而以字之未可釋及書體之特殊者殿焉。其説解則别寫爲《後編》。

噫！予之致力於此蓋逾年，由選别而考證、而拓墨、而編次，昕夕孜孜，至忘寢食。儕輩每笑其癡絶，予亦未嘗不自哈也。然於斯學，第闢其涂徑。至於闡明，未逮十一。斯編既出，所冀當世鴻達有以啓予，此則予所日望者矣。辛亥正月。

扶桑兩月記序

光緒辛丑，奉新寧、南皮兩宫保命，至日本視察學務。仲冬啓行，新歲遄歸，在東僅僅兩月耳。此兩月中，凡與彼都人士所考究，歸寓輒篝鐙記之。至此次調查宗旨，於教育外，兼及財政。因財政爲百務根元，財政不修，百爲都廢，教育亦無由而興也。顧舟車所至，時日苦短，又語言不通，致多閡隔。其所叙述，詞在達意，隨得隨記，亦無倫脊。草草付刊，自知弇陋，欲求詳盡，尚俟續游。壬寅二月。

農事私議序

理國之經，先富後教。治生之道，不仕則農。予束髮受書，不辨菽麥，長更世故，思歸隴畝。爾來外侮頻仍，海内虚耗，利用厚生，尤爲要圖。爰就斯業，竱慮探討，偶有造述，言之無文。一得之愚，差同獻曝。世有達者，舉而行之，空言之誚，庶幾免夫！光緒庚子冬。

雲窗漫録序

宣統辛亥冬，予既避世海東，得聖祖仁皇帝御書「雲窗」二字横額，張之寓樓，晨夕瞻對，坐起其下者七八年。每於是刊訂古遺籍，或終日足不履地。予之雲窗，蓋即顧云美處士之松風寢矣。今年夏，擬編寫平生所藏古今書畫録於此，以銷永晝。録分六目：曰天章，敬記列聖宸翰；曰玉椀，記石渠舊藏之落人間者；曰景行，載古名臣大儒、忠臣孝子、獨行遺老之作；曰資聞，以録前賢詞翰、圖象、簡牘之有裨問學者；曰書録，曰畫録，則專載哲匠宗工之製作。

予爲此録，欲一變前人譜録之體。蓋書畫者觀感之所繫，學術之所資，非徒供人玩好已也。尋以家人抱病，問醫尋藥，訖不果成。比秋夜方長，病者漸起，乃就「景行」、「資聞」二録中品物，日寫定一二，課兒子輩録之。久而成帙，顏之曰「雲窗漫録」。此録之旨，與近日言鑒藏者固未必盡合，然以美人倫、厚風俗，下之亦爲多聞博學之資，則此編無多讓焉。當世君子倘亦覽而許之乎？戊午冬臘。

唐風樓金石文字跋尾序

玉年十有六初治金石學，先後十餘年。三十以後，奔走四方，稍稍輟業，然結習未忘。仍隨時記録，積稿篋中，大半遺失。比來郎署浮湛，歲寒多暇，將舊日題記，擇可存者命兒子福成寫出百餘則，爲《金石文字跋尾》。爲此無益，以慰寂寥，良自哂已。光緒丁未正月。

俑廬日札序

予居京師三年，杜門不通干謁。曹務餘閒，頗得温習舊學。間與二三同好，討論金石書畫以自遣。廠肆知予所好，每以吉金古刻名迹善本求售，顧以食指繁夥，俸入不能給朝夕，故所見不少，而所得良嗇。然齋頭壁上，往往留翫浹旬，是亦不啻我有矣。又每就觀友人藏弆，見聞所及，暇輙隨筆記之，日久積稿狼藉。比冬寒，人事益簡，乃略加類次，手自寫定，顔之曰「俑廬日札」，以詒好事者，且以誌吾之枉抛日力爲可惜也。光緒戊申歲暮。

世説新語校記序

予喜讀《世説新語》，苦世無善本。光緒辛丑，在武昌曾詢亡友楊星吾舍人守敬曰：「君在海東，曾見《世説新語》佳刻否？」舍人曰：「見之。楓山官庫藏北宋槧三卷本，每卷不分上下，予曾倩人影寫，會西江李氏欲刊入叢書中，乃以畀之。後其所居火，遂失其本。恨未及校其異同也。」因相與太息。

宣統紀元，予再游扶桑，觀書於宫内省之圖書寮，則此書在焉。亟以告舍人門生某之客東京者，勸以影寫，某君許諾。明年，在京師遂得見影寫本，爰手校於長沙新刊本之上。又明年春，得明寒山趙氏刊本，上有張孟公朱筆校勘。卷末手記云：「康熙庚子，借蔣子遵校本略加是正。子遵記其後云：『戊戌正月，得傳是樓宋本校閲，是淳熙十六年刊於湘中者，有江原張縯跋。舊爲南園俞氏藏書，有耕雲俞彦春識語，上黏「王履約還書」一帖。雖多脱誤，然紙墨絶佳。未知放翁所刊原本視此何如也。』并抄之使餘兒知所自來。老民孟公。」書凡五行，書迹精雅，類何義門學士自記。署孟公而不名，後有數印，曰「原名拱端字孟公」，曰「震巖老人」。疑是義門弟子，而義門弟子姓名中無其名，蓋拱端乃其初名，其改何名不可知矣。蔣子遵名杲，則著録於義門弟子録中。意孟公與子遵同門，殆無疑也。其校勘至精密，取校北宋本，則兩本互有勝處。因欲據斯二本改正今刻，别爲善本。未幾亂作，竟不果斯願。

辛亥東渡，聞彼邦有古寫本《世説新書》卷六，殘卷存第十至第十三凡四篇，而裂爲四，四家分藏之。予得見第十二、十三兩篇，其第十、第十一兩篇則僅見博物館所印數十行而已。雖一鱗片甲，而以校天水兩刻，知宋槧皆祖晏元獻校本，此則爲十卷本之舊。復據以校勘，於是吾齋中《世説新語》稍稍成善本矣。去國既久，刊刻之願不可復尋，而念此三本者，求之數十年，僅乃得見之，使久錮篋中，則與西江某氏之付之烈燄者何以異。因寫爲校記三卷，但比列異同，不復定其得失，俾世之同志欲刊此書者有所抉擇焉。至校語原書於長沙刊本之上，長沙本乃復刻紛欣閣本，初非佳槧。而復刊時復增譌誤，兹並爲之校正。行篋所携，有寒山趙氏野鹿園、周氏博古堂兩本，並取資參校。而嘉靖袁氏本，經亂失之，則不獲取校也。附識之以告讀是編者。丙辰七月。

陸詩授讀序

予六歲入塾即受《毛詩》，顧僅塾師爲授章句，不能明其義也。八歲聽師爲長兄講授，乃粗明詁訓，讀《大序》「詩者，志之所之也。在心爲志，發言爲詩。情動於中而形於言，言之不足，故嗟歎之；嗟歎之不足，故永歌之；永歌之不足，不知手之舞之，足之蹈之也。情發於聲，聲成文謂之音。治世之音安以樂，其政和；亂世之音怨以怒，其政乖；亡國之音哀以思，其民困。故正得失，動天地，感鬼神，莫近於詩。先王以是經夫婦，成孝敬，厚人倫，美教化，移風俗」。始知詩教之由與與詩之體用蓋如此。

及年十二，業師羅彦林先生授予《唐詩三百首》，乃當時家塾習用之本也。予讀之，覺其與《大序》所論詩旨合者一二，不合者恒七八。以質之師，師大其問，顧對以「汝年尚幼，姑緩其時，乃可語汝」。予訝其不見答，鐙下以語先大夫，先大夫曰：「師大汝問而緩其答是也。」因取案上《浣花》、《劍南》兩集以賜曰：「汝讀此，久自得之。」予受兩集，昕夕披覽不去手，久乃返而觀之師所授，乃恍然曰：「古今立辭之得失，殆誠與僞所由分歟？古人本乎性情之正，爲身世遭遇所感觸，而傾吐其胸中所蓄，其立言也誠。後世則以此爲羔雁，充行卷，應制科。否則亦以博風雅之名，故撫襲前人，依傍門户。第求工拙于字句之間，争得失於聲調之末，情不發乎中而出於外，襲此所謂僞也。今讀《浣花》、《劍南》詩，所謂别裁僞體親風雅，與古者六義、四始之旨，古今出一轍矣。」將以此質之師而未敢。

及年十六，返里應童子試，既竣，侍先大夫北歸。父執蕭山單棣華廣文恩溥坿舟至吴門，日與先大夫論詩譚藝，先大夫忽問予：「往者授杜、陸兩集必已熟讀，汝往者之疑已涣釋否？」予乃以所知對。廣文傾聽，爲之莞爾。先大夫又問：「兩家詩汝試舉汝最服膺之章句爲何？」予對曰：「杜詩『致君堯舜上，再使風俗淳』，陸詩『外物不移方是學』，竊慕斯語。」廣文瞿然執予手，賀先大夫曰：「此子異日成就必遠大，不可以儒生限之。寂寞人寰，何幸得此小友，將拭目以俟之矣。」予因以往者所集陸詩「外物不移方是學」、「百家屏盡獨窮經」二句求廣文作楹帖，廣文欣然命筆。此予童年所得於庭訓與父執所期許者如此。

今回溯往事，匆匆垂六十年。自媿畢生無所樹立，而其事則可以詔我後人。予既手録杜詩百餘篇以授長孫繼祖，更録放翁詩二百餘首爲《陸詩授讀》，而書童年所致疑、所漸悟之往事於卷端。繼祖于此其曉然于古今詩家得失之故與詩之所以爲教也夫。康德戊寅新秋。

亡兒福萇遺著三種序

英法兩京所藏《敦煌石室書録》各一卷，《寫經後題録》一卷，亡兒福萇所輯録也。英京《書録》乃得之法儒沙畹博士寫寄，及臨時陳列之目録見之雜誌中者會最成之。法京《目録》，則就日本狩野博士直喜游歐時録本，與得之伯希和博士者，參考移録，寫經後題則就所聞見隨時記録，尚未成書者也。予往居海東，校印西陲卷軸，兒皆助予董理，或傳譯歐人説解。返國以來，擬付印之書，十不一成，而兒之亡亦且八閲月矣。

兒早慧，方予長江蘇師範學校時，兒方八歲，携至吴門，親課之讀。校中庋置教科書，兒暇輒取讀，略能了解。嘗默記日本地圖諸道地名，舉以難吾友藤田劍峯博士豐八，博士或不能對，兒伏博士膝，一一備舉，至數十百不爽失。博士摩其頂，寵異之，則大喜。及予官郎曹，兒隨侍至春明，習法蘭西語。及相從海東，習德意志語。又從榊博士亮三郎習梵語。頗瀏覽釋藏及流略，欲窮究梵學以補我國學術之缺。又與其兄福成習西夏文，均粗有端緒。比以病返滬江，病榻中尚習英、俄語，乃卒至短折，不獲竟一藝爲可哀也。

兒性傲岸，尤卞急。予嘗戒之，以爲非壽徵，顧不能改。在海東，每令渡海將命于諸耆宿，耆宿多愛其才秀，其所著雜記，沈乙庵尚書至録副存之。其卒也，尚書每語及輒涕，並爲文誌其墓以傳之。嗚呼！兒亦庶可無憾耶！

今年夏，馬君叔平就予徵兒遺著，欲刻入雜誌中。他著多屬草未竟，惟此三卷有清本，因以授之。並識語于其首，以記舐犢之私，非謂其學已有成也。壬戌六月。

郼庵仿古印草序

古印璽出於鎔鑄，其文字皆爾雅深厚，如對端人正士。逮漢末季，始有鑿印。或軍中急就，或出自拙工，雖天趣間存，而法度已失。近百年來，作者每取法於此，心輒非之。兒子福頤，年十七矣，性愛雕篆。每聞予説，頗能了解。其平日橅仿古璽印數十，不失典刑。爰命輯而存之，循是以求，自日進於古人。慎毋與時賢競逐，以期詭遇。一藝之微，亦當端其趨向，汝曹其勉之。辛酉秋。

遼史拾遺續補序

長孫繼祖爲《遼史校勘記》，予既爲之序，頃輯諸書之可補者，爲《遼史拾遺續補》十六卷。予復爲序其端曰：

吾友王忠慤公，曩撰《南宋人所傳蒙古史料考》，斥王大觀《行程録》、李大諒《征蒙記》及宇文懋昭《大金國志》爲僞書。謂所記蒙古事多虚誣不實。復申論之曰：「凡研究史學者，於某民族史，不得〔不〕依據他民族之紀載〔一〕。如中國塞外民族，若匈奴，若鮮卑，若西域諸國，除中國正史中之列傳、載記外，殆無所謂信史也。其次若契丹，若女真，其文化較近，記述亦較多。然因其文字已廢除，漢人所編之遼、金二《史》外，亦幾無所謂信史也。」予深韙其言，而於宋人諸書所記遼事，益徵公所言之確當不易。

考契丹既併奚部族，益强大，以兵力雄長朔方，然未嘗爲暴於中國。當唐之末葉，神州板蕩，固亦嘗窺中原矣。及朱梁代唐，遂願備藩屬，其無入主中原之心可知。雖親梁遠晉，蓋因朱氏代李氏撫有區宇，知有統而不知其立國之正否，爲一時之失。及梁唐易代，契丹復以兵力佐石氏定中國，石氏酬以燕雲十六州。及石氏背盟，僅覆晉報怨而止。是時中國無主，契丹全師北旋，不留一旅。劉漢得乘機自立，尤爲契丹無利中土之心，僅保守其已得之燕雲十六州而已。及天水肇興，太祖固曾與遼締盟矣。暨太宗收河東，欲趁此復燕冀，遂開兵端，是啓自宋非自遼也。至真宗澶淵之役，兵耗一傳，舉朝變色。幸寇萊公奏請親征，僅得一捷。而遼人遽允納幣退師，此乃承天太后不利土地與休兵息民之本心，非宋之兵力足以制之也。既盟之後，玉帛往還，稱兄弟之國，疆埸無烽燧之驚者百餘年。厥後宋納遼降人馬植之言，邊釁再啓，其渝盟仍在宋，非由遼也。於時遼之國勢已衰，而兵力亦未嘗挫於宋，矧其全盛之日乎？及宋人聯金伐遼，翦手足而親虎狼，於是徽、欽遂身擄而國辱矣。當澶淵之役，遼之聖宗方在冲齡，承天稱制，身在行間。當景宗崩御，主少國危。承天知人善任，斜軫、隆運，左右夾輔。以斜軫留守南京，而一以内政委隆運。逮聖宗親政，爲遼令辟，固秉承天懿訓，亦資隆運輔相之力，是承天與隆運無負於宋，乃宋人記録遼事，《東都事略》謂隆運爲承天之辟陽侯，而路振《乘軺録》至謂承天幼子貌類韓相，乃承天通隆運所生，其誣謗至此。抑思承天果如吕、武，隆運果如審、張，能致生民樂利、國勢日隆，成五十年之盛治乎？予嘗觀《遼史》，至興宗求宋主肖像，其真摯之情，千載之下，猶爲歆動。而宋行人記事乃誣謗至此，忠懿之言，於是爲有徵矣。

或曰：洵如是則《拾遺》之書不必作，《續補》尤爲多事。予曰：正惟如是，益當采集諸説辭而闢之。至其他遺聞佚事，亦宜掇拾，與本史相參證而補其佚漏。固不得因噎以廢食也。厲太鴻先生作《遼史拾遺》，既載《東都事略》之説，亦謂辟陽之幸其説近誣。予乃更申其説，爲此序以告世之言遼事者。己卯暮春。

碑别字續拾序

宋洪文惠作《隸釋》，每記漢刻中别字於跋尾中，此記碑版别字所自昉。其輯爲專書者，則始於邢雨民先生《金石文字辨異》，顧其書采集未能宏富。予少時佐先伯兄輯碑别字，頗補邢氏所未備。已復一再增輯，去歲又爲之《拾遺》。然去歲《拾遺》之作，爲據諸石刻校訂《新唐書·宰相世系表》之副業，非專力於是也。葆兒今復補輯《拾遺》之所未備爲《續拾》。

予謂前之諸編，固未盡碑版所有別字，即今之《續拾》，亦未能網羅無佚漏也。矧古刻日出不窮，異日若更事補輯，其仍有出諸編外者可預必也。夫一碑版別字耳，以先後數十年，兩世之業，猶未能竟其事，學問之大於是者，其無窮盡益可知也。嘗怪當世少年，乃務倡隱怪之説，肆嚮壁之談，一若學問之事，前賢已發揮無餘藴、非另闢畦徑不能標新領異者，吾殊不知其何心也。葆兒既郵是編至，爰書其端以戒之，並以質當世之從事學業者。己卯三月。

〔校記〕

〔一〕　不得　下奪「不」字，據《觀堂集林》補。

貞松老人外集卷二

齊侯壺舊拓本跋

齊侯兩壺，文在器腹，拓本至不易精善，以吴平翁屬徐籀叟康所拓者爲最佳。此徐拓中之尤善者。生平所得兩壺墨本不下十數紙，此爲第一。光緒戊申三月。

毛公鼎初拓本跋

毛公鼎爲三代古金之冠，顧拓本極不易致。予曩在南中既得陳氏精拓本，去歲來都下，復得此本，乃秦中初出土時所拓，雖氈墨不及陳氏之精，而神采有轉勝處。爰裝成册子，與陳本並存之。丁未冬。

又影印陳氏拓本跋

毛公鼎吴愙齋中丞有石印本，然頗漫漶不可辨。予既得陳氏精拓本，乃選工精印，與拓本不爽銖黍。爰裝于初出土拓本之後。丁未冬。

大敦跋

此敦之「章帛束」之「龍帛」，當釋如《周禮·巾車》「革路龍勒」之「龍」，鄭氏注「龍勒」云：「龍，駹也。以白黑色飾韋，雜色爲勒。」此之「龍帛」殆亦謂白黑雜色之帛與？

此敦之「章馬兩」與史頌鼎之「章馬三匹」，「龍馬」釋當如《周禮·廋人》「馬八尺以上爲龍」。吴平齋氏言「龍」通作「寵」，誼未可通也。

王子申簠跋

此器第二行「孎」下脱「簠」字，第三行「壽」下脱「無」字，他器亦往往文中有脱字，然無此簠僅十五言而脱二字之甚者。

散氏盤跋

此盤往歲由内庫搜出，少府諸臣不能定真贋，邀振玉審定。番禺商承祚實侍行，並拓墨，故與拓本之賜。今此盤已如金人之辭漢，瞻對之餘，爲之泫然。戊辰冬。

匋齋藏廢禁全器墨本跋

寶鷄所出古器計禁一，上列卣二，尊、斝、觚、爵、角盉各一，觶四。卣旁一勺，坿以六匕。《匋齋吉金録》已著録。惟題「古禁」作「柉禁」，殆據《漢韓勑造孔廟禮器碑》。然《碑》稱「爵鹿柤梪籩柉禁壺」，柉與禁自是二器。考之禮家所言：禁之無足者曰廢禁；敦之無足者曰廢敦。則此當爲廢禁，不當作柉禁也。又勺以挹酒漿，匕以取物。寶鷄所出卣旁下有一斗者爲勺，其葉端鋭者乃匕而非勺。匋齋概題爲勺，亦誤。此器十餘，爲匋齋重寶，近年爲其後嗣售諸異邦。淮生學部選工精拓一本，裝册屬題，爰書其首。乙丑端午。

鷄鳴戟跋

此雞鳴戟象雄雞引吭而鳴之狀，傳世甚少。寒齋所藏，尚有一小者，諸家譜録所未見也。

燕弩機跋

古弩機傳世者漢魏爲多，先秦者未嘗或見。三年前，始得此於易州，蓋燕物也。

下宮車輨跋

古車輨傳世甚多，均無文字。其有文字者，平生見嬗妊作安車及下宮二品耳。

異文劍跋

此中土邊裔一種文字，以劍之形制考之，殆千七八百年物。嘗質之歐洲諸語言學者，皆不能識。

郡權跋

秦以前古權，此品外定海方氏亦藏其一，前人未嘗見也。

元封二年雒陽武庫鍾跋

《漢書·地理志》「河南郡雒陽」注，師古曰：「魚豢云，漢火德，忌水，故去洛水，而加佳。」如魚氏説則光武以後改爲雒字也。今此鍾作於武帝元封二年，已作雒。則光武以後改雒之説爲未確矣。乙丑五月。

上黨戈跋

兩漢古兵，傳世極少。平生所見僅此戟及河陰戟而已。武梁祠畫像執戈者皆刃向上，誤以勾兵爲刺兵。則此二戟者，必西京物也。乙丑六月。

古銅貝跋

古泉家所載：蟻鼻錢，前人不能斷定其時代。或有議其非泉貨者，玉以爲乃古貝也。古貝之制，最初時代用骨刻爲貝形，福山王文敏家有之。後乃範銅爲之，蓋古代文明發達之地在西北，去海甚遠，不能得真貝，故刻骨製銅以擬其狀，俗稱爲蟻鼻泉，非也。但向來所傳，僅一二品，上面似文字而不可識。予近年得此二品：一文曰「全」；一文曰「君」。文字極精雅，與彝器同。則此幣爲三代時物無疑。此爲昔賢所未見，爰手拓一紙，並斷定爲古貝，考古家或不以爲妄也。

四朱泉跋

右四朱泉三種：一圓郭、圓穿，文曰「四朱」，陰文，平列，面幕俱平。一方外圓内，文曰「臨菑四朱」，二枚，銅一、鐵一，亦面幕俱平。一方郭而穿在側面，如革帶之穿，而粗才如綫，面文平列，曰「四朱」，幕文曰「騶」。乃近年所得，諸品中惟第一品陳壽卿家有之，《古泉匯》列入異品，他均未見著録。考此泉爲山東出土，乃齊魯用幣。臨菑爲齊地，騶即鄒，魯地也。古陶器「鄒」字亦作「騶」。此諸品均甚奇，可補古泉譜録所未及。故手拓入册，吾友蔣君伯斧云：此恐非幣，殆權衡物，其言亦有理致。附著其説，以質海内鑒藏家。

北魏造象跋

此象塗金極厚，記刻金上。後人摩金，致損文字，其存者十僅三四。筆力健拔，爲北魏製無疑，非周隋物也。宣統二年正月，沈盦侍郎見示，敬觀並題記。

佛説阿彌陀經銅磬跋

戊辰客大連，若木居士出古銅磬見示，四周刻《佛説阿彌陀經》，楷書至精。居士請定爲何代物。予觀其文字極類天台國清寺唐大中銅磬，因定爲一時所造。大中磬四周刻《般若波羅密多心經》，佛頂尊勝總持經呪，年號在磬口。尚有一鐘，亦刻陀羅尼經文，與大中磬如出一手，而無年號。私以爲與此磬皆一時所作，均國清故物也。居士聞之喜甚，以文字爲塵垢污積，平漫不可拓墨，乃囑兒子福頤以二十日之力滌出之，復取與國清二器相比校，其出同時無疑義。且銅鐘首行署「弟子慧先」名，此磬亦然。此三器者，一署年號而不著人名；它二器則署人名而不著年號。合觀三器，乃知爲唐大中五年慧先所造。居士既屬兒子拓墨，裝册屬題，爰書册尾以質居士。己巳仲秋。

印入牌出銅牌跋

《文獻通考》諸王節度使、州府軍監縣印，皆有銅牌，文曰「牌出印入」、「印入牌出」。此牌文字極草率，旁注四小字僅「印」字明白，餘三字筆畫不全，細審之乃「節度使印」四字。古印唐、宋、金、元四朝傳世者不尠，牌則僅此一見耳。

梁維□買地券跋

此石今在楊君硯農處，券首稱「皇明直隸淮安府山陽縣舊城西南隅南市橋地方居住奉道奠土信官返孝父梁兆明爲亡冢男郡庠生員梁維□」云云。末署「萬曆叁拾陸年」，其文大半漫滅，返孝父之名甚奇，蓋里俗有此稱也。

關帝廟銅香爐款識跋

此爐鼓鑄極精，大逾一圍，遍體斑駁。四周刻廟祝、施主姓名，末署「崇禎庚午仲秋桂月吉日立」。文内有「廟祝厶厶侍老爺香火」云云。案老爺之稱見厶史厶厶傳，然爲官長之稱。今人稱關壯繆云關老爺，觀此知明人已然。

泰山殘刻跋

秦刻傳人間者，半出傳撫。其真者惟泰山、郎邪二石耳。然泰山殘石既燬於火，郎邪又爲野火所燒。於是相斯之蹟幾絶，往欲求泰山殘字火前本，不可得也。光緒己亥，於亡友章碩卿許見之，允以十萬錢相讓，乃爲丹徒劉君所豪奪。後二年，於吳中見一本，則湏卅萬，不果得，至今憾之。昨滬上友人寄此本至，則道州何氏所藏，至精善，遠出往所見二本上，而價又倍於吳中本。喪亂以來，生計垂盡，睹斯寶墨，但有浩歎。因念當世好古而無其力如予者當不少，因留影而還之。亟以玻璃版精印百本，與原拓乃不殊銖黍，將以詒我同好，亦以謀存相斯書法於一綫云爾。宣統癸丑十二月。

漢石經周易家人至小過殘石跋

往歲壬戌，洛陽漢太學遺址發見漢石經殘石，然均數字至二三十字而止，未見百名以上者。嗣聞縣人張氏藏《周易》一石表裏凡數百言，苦不得見。壬申夏，滬上友人始爲致墨本，則已折爲二，上截歸萍鄉文氏，下截關中于氏。此本尚是石在張氏未分售時初拓，存《下經·家人》至《小過》廿六卦。

以宋刊朱子《本義》本校其異同，第三行《蹇》卦石經諸「蹇」字均作「寋」。六行《益》「利用攸往」，今本「用」作「有」。十行《萃》卦「一握爲笑」，今本「芺」作「笑」。案：《説文》本「笑」字，段氏據《玉篇》、《廣韻》等書補「笑」，云：「從竹從犬。」以六經字樣從夭爲非，而亦不能得從犬之誼。今石經實從犬，與犬相似而實非犬。古金從夭之字皆作犬，即夭之古文。又隸書從竹從艸之字雖往往不别，而此「笑」字實從艸非竹。許書《艸部》有芺字，訓苦。芺，艸。雖不以爲言笑字，而「媄」注則云「女子笑貌」，知許書之芺即言笑字，後人誤艸爲竹也。十一行「孚乃利用瀹」，今本「瀹」作「禴」，《漢書·郊祀志》引《易·既濟》「不如西鄰之瀹祭」亦作「瀹」。十三行《困》卦「于㓷劊」，今本作「于𨉖卼」。《釋文》：「𨉖，《説文》作㓷，卼，《説文》作𣧍。」又「劓刖」注：「王肅作𨉖𨈓，京作㓷劊。」《説文》㓷或從鼻作劓，則京本之劓劊即㓷劊，與石經同。十五行《革》卦「大人虎辯」，今本「辯」作「變」。十六行《鼎》卦「其荆剭」，今本作「其刑渥」。《釋文》：「渥」鄭作「剭」。吕氏《音訓》引晁氏曰：「荆」，九家、京、荀悦、虞作「刑」，一行、陸希聲亦作「刑」。「渥」，九家、京、虞作「剭」，一行、陸希聲同。並與石經合。十七行《震》卦「躋九陵」，今本「躋」下有「于」字，「震行，無省」，今本「省」作「眚」，眚、省古通，《書·盤庚》釋文：「省」，本作「眚」。其證也。十八行《艮》卦「艮其止」，今本「止」作「趾」。《釋文》：「趾」，荀作「止」。「不抍其隨」，今本「抍」作「拯」。《説文》「抍」注引《易》「抍馬壯，吉」。《明夷》及《涣》釋文並引子夏傳作「拚」。十九行《漸》卦「鳿漸于般」，今本「鳿」作「鴻」，「般」作「磐」。《説文》：「琟，鳥肥大，琟琟然。從隹，工聲。或從鳥，作鳿。」段氏注謂琟即《詩傳》大曰鴻、小曰雁之鴻，本當作「鳿」。「鴻」訓「鵠」，假字也。磐，吕氏《音訓》引晁氏曰《漢・郊祀志》作「般」。「飲食衍衍」，今本「衍」作「衎」。衍、衎古音同部，通用。《穀梁・襄廿六年》釋文：「衎」，本作「衍」。廿行《履》卦「𡯁能履」，刊本「𡯁」作「跛」，《釋文》：跛依字作「𡯁」，今《釋文》𡯁誤作「破」，盧校作波，今依《音訓》引。《説文・尢部》：尢，𡯁也。𡯁，蹇也。尢從大而曲其一足，象人足不良之形，其從足者，俗作也。廿三行《旅》卦「得其齊斧」，今本「齊」作「資」，《釋文》：資，子夏傳及衆家並作「齊斧」。廿四行《巽》卦「顛巽」，今本「顛」作「頻」，義謂九三之爻，過剛不中，居下之上，必致顛蹶，非能巽也。作頻，則義不可曉。然《釋文》不載作「顛」之本，則「顛」之譌「頻」亦已久矣。

熹平刻經是正文字之功，顧不偉哉。康德三年七月既望。

漢石經周易繫辭文言説卦殘石跋

《周易下・繫》二行，《文言》十四行，《説卦》五行，總廿一行，在《下經》之陰。與刊本文字，亦有異同。《文言》第五行「聖人作而萬物睹」，今本「睹」作「覩」，《説文》：「睹，見也。古文從見，作覩。」石經作「睹」，用今文也。十二行「臣試其君，子試其父」，兩「試」字今本作「弑」。《隸釋》載《公羊・隱公傳》「何隱爾試也」今本亦作「弑」。試君試父，非一朝一夕之故，故言「試」。「試」爲本字，「弑」爲後起之字也。「非一朝一夕之故也」，今本「故」下無「也」字。十三行「而以□□□」，缺處爲「從王事」三字。今本無「而」字。十四行「美在中」，今本作「美在其中」。「而暘於四支」，今本作「暢」。《說文》：「暘，不生也。從田，昜聲。」段君注：「今之暢蓋即此字之隸變。」石經乃正字也。《說卦》首行「□□□剛柔而生肴」，今本「肴」作「爻」。次行「故易六畫而成章也」，今本無「也」字。三行「巛以臧之」，今本「巛」作「坤」，「臧」作「藏」。《坤》卦《釋文》出「巛」字，注「本又作𡿺」，即巛。四行「鄉明而治」，今本「鄉」作「嚮」。五行「飮者水也」，今本「飮」作「坎」。《坎》卦《釋文・習坎》注：「本亦作埳，京、劉作飮。」石經與劉本合。此均文字異同之可考見者。漢世今文諸經亡于晉永嘉之亂，何意千年以後轉得窺見一斑。古刻之益，顧不重哉！

舊拓魯峻碑跋

此本文末「遐邇」二字尚存，以紙墨觀之，殆二百年物。魯峻碑佳拓至難得，曩見武進費氏所藏明拓本最佳，今則並視此二本，亦不易致矣。丁未六月。

舊拓韓仁銘跋

此本「謂」、「京」二字之間，尚無剥泐，當是百年前拓本。丁未六月。

明拓曹全碑跋

此本「悉以簿官」之「悉」字未損，爲明拓無疑。叔未先生云「乾」字未穿，不知順治初年「乾」字亦尚未穿也。但「悉」字則已小損，此予合數本比校而知之者。辛丑春。

舊拓多無碑陰，予得稍舊拓本附裝，異日得善本當再易之。

成陽靈臺碑復本跋

此碑久佚，小蓬萊閣得拓本，雙鈎刻之。《兩漢金石記》著録此碑復本，殆即據黄本也。予得此本，紙墨甚舊，當是二三百年前物，然決非原石。今以翁書校之，殆是一本。但有可是正翁氏者二事：翁氏謂重刻本或未具界格，知翁氏所見乃翦裝本。今觀予所藏整紙本，界格隱隱可辨，一也。文内「歷紀盈千」，翁氏謂重刻本作「四千」，今審此本實是「𥁕千」，翁本或上半偶泐耳，並非逕作「四」。二也。此碑原本既不能得，此本乃三百年前拓本，典型具在，亦復可寶。爰重付裝池，記之如此。

殘碑陰跋

此石近出洛陽，但存三十餘字，壬戌秋得之都下。予所藏漢石，以此石字爲最多，殊寒儉可笑也。「妙」字不見許書，小學家書「妙」皆作「眇」，此石有「韓妙□」字，正從女旁，是漢人已習用之，不必以「眇」代「妙」也。

延年石室題字景本跋

此石出蜀中，即歸貝子溥倫延鴻閣，求拓本不可得。往廌海東，托寶沈庵宫保向貝子乞之，宫保復書，言此石到京，僅拓二三紙，因寄墨本假觀，乃精印五十本。頃聞貝子捐館，延鴻遺物已星散，此石則置亂石下，已一字不存，摩滅殆盡。此雖影印，亦不異原本矣。爰付裝池，並記其後。丁卯四月。

賀齊冢記跋

此《記》刻塼上，楷書五行，每行十字至十餘字不等。文曰：「徐州牧賀齊墓會稽山，宇九畝半。正向趙良，北道左界餘姚虞公，墓憑石□臨道，東側溪水之陽，北鄰太原家廟坵墟。」云云。末行已殘，僅一「勢」字可辨。考賀齊《三國・吴志》有傳。齊，山陰人。此塼不知藏誰氏，殆吾越出土者。書法寬博厚朴，字僅三分許，而有尋丈之勢。極似鍾太傅。孫吴遺刻，存世者僅禪國山碑及窆石殘字與谷朗、葛祚兩刻。窆石本在吾越，今又得此，吾鄉古刻可謂富矣。爰與建初玉買地券及天保《上官長孫氏冢記》合裝一册，並識語於後。

□熊造象記跋

宋元嘉十三年始康□晉豐縣□熊造象，爲福山王文敏公舊藏。文敏游蜀時，得之成都西關萬佛寺。其象無頭，即《蜀碧》所載明末獻賊斫去者，今歸端午橋制軍。考南朝造象極少，此雖寥寥數十字，不啻韓陵片石，洵可寶貴。書法極似爨龍顔、寇謙之碑。其時方由古隸變今隸，故字體極朴厚，其中别字：「佛」作「佛」、「亮」作「亮」、「壽」作「𡬶」。

上官長孫氏冢記跋

此《記》刻玉版上，五行，每行五字。文曰：「大齊天保三年，平舒鄉上官長孫氏卅九娘千秋窌，永登九天界。」此版方才二寸，書法寬博似《趙郡王造象記》，可寶也。戊戌冬得之揚州，與吴越玉龍簡合稱雙璧。寒齋得此，爲之生色矣。「窌」字，字書所無，不可識。其義似與窀穸同。

古匃、割二字通用，許惠鼎「用匃眉壽」作「用割眉壽」，此《記》「匃滅家珍」即「割滅家珍」。二字音近，假用也。

水拓本瘞鶴銘跋

《鶴銘》水拓本，平生所見以尤水村所藏王弇州五十二字本爲第一。墨黝如漆，筆鋒穎鋭若不可手觸。後有魏國公印，乃半閒堂遺物。此外所見，大半出水後拓本，偶見水拓，亦麤劣漫漶，二十年來所遇皆如此。此本爲吾鄉楊畊夫舊藏，楮墨精善，用筆穎利處猶可見，爲水拓最善之本。文後「夆岳徵君」之「岳」字，諸家考釋，皆僅見下半「山」字，此則「岳」字上半朗然可見。「岳」字全者，曩見江都成沂藏本，今又見此，未見第三本也。戊申十月。

百峰山諸刻跋

百峰山諸刻，宗室盛伯羲藏石，秘不示人，故外間絶無傳本。此爲拓贈王文敏公者。三年前，予訪此石於鬱華，後人云：庚子之亂，石已不存。初未之信，今年鬱華所藏，盡鬻於都市，而此石仍無所聞。意此石不存之説，殆果然矣。予謂北朝書迹，可配《鶴銘》者，惟鄭文公碑，此刻鋒穎具存，可窺見運筆之妙，又遠出鄭碑之上，當定爲北朝石刻第一。但不知人間尚傳幾紙，安得好古之士，以玻瓈版精印而流傳之乎？

辛亥之變，予所藏拓本多紛失，此紙獨存，意有鬼神呵護耶？癸丑十月。

又

元魏自孝文遷洛，河北人文與江左競爽。滎陽鄭氏，世傳文學，史稱道昭「少而好學，綜覽羣言」，《傳》載其從征沔漢，與高祖賡歌。又稱其「詩賦凡數十篇」。今掖縣有《登雲峰山論經書詩》、《觀海童詩》、《詠飛仙室詩》、《登青陽嶺太基山置仙壇詩》、《天柱山東堪石室銘》及此《百峰山詩》，大書深刻，照耀宇内。其刺光、青二州史，稱其政務寬厚，不任威刑，爲吏民所愛。當南北爭衡，戎馬不息，獨能流連山水，與民休息。其文采風流，千秋如見。

拓跋一代，河北貞珉，不外刹銘象記，其刻詩什者，鄭氏一人而已。沈庵宫保考百峰山在益都，謂可補《一統志》之闕。案：鄭氏諸刻載東萊名山若太基、天柱，雖并見《一統志》，而太基《志》作「大基」，至雲峰之名，亦不見《一統志》。鄭詩稱出萊城東南九里登雲峰山，記其方位道里甚明，而《志》亦失之。惟於青州載「雲門山亦稱雲峰山」，則當日館臣之疏漏，固不僅一百峰也。然予檢《青州府志》，亦不載百峰山，則館臣疏漏有自來矣。至此石，凡八行，行存七字。以句末留字韻考之，知用尤韻。中間邱、幬、幽，皆韻也。以此推之，知每行下闕九字。《觀海童詩》九韻，《置仙壇詩》十五韻，《論經書詩》廿五韻，均不换韻，此則十韻也。己卯七月。

又代

此碑舊藏伯羲祭酒盛昱鬱華閣，祭酒得石，矜惜殊甚，不出墨本，故人間罕傳。後爲臨清徐氏所得，尋由徐氏歸銅山張氏，今年又由張氏歸叔章參議之冠斝樓。石存上少半截，字大二寸，勁健浩逸，爲六朝楷書之冠。與鄭文公碑及雲峰諸刻同，知爲鄭道昭作。首題詩五言《登百峰山》，亦與道昭《論經書》及《觀海童詩》同均，爲道昭作之確證。雲峰兩詩題下，皆著鄭道昭名，此亦必有之，當在下截，今不可見矣。

案《魏書·鄭道昭傳》：「出爲平東將軍、光州刺史，轉青州刺史，將軍如故。」魏之光州領東萊郡，爲今之萊州，故鄭氏諸刻皆在掖縣，乃刺光州時所作。惟白駒谷題刻在青州之益都，則在青州時刻也。檢嘉慶《一統志》，萊、青兩郡均不載百峰山，惟段氏松苓《益都金石記》載白駒谷題字云：「在城西南廿五里北峰山北白駒谷。」所云「北峰山」殆即「百峰」，段氏詳載此山距城方位道里甚詳，則今尚有此山。且知此刻與白駒谷必在一處，並可據此以補《一統志》之缺文。碑側字一行曰：

「平東府兼外兵參軍。」下缺。乃道昭府僚題名，或爲書人或刊碑人，下半文缺不可知矣。《魏書·官氏志》神麚元年「七月，詔諸征鎮大將軍依品開府，以置佐吏」。故《官氏志》載軍府僚佐皆有刑曹參軍，四平將軍屬從第二品上，道昭以刺光州加(安)〔平〕東將軍而轉青州，則將軍如故，故仍置(安)〔平〕東府也。

予耳此詩久矣，苦不得見。今叔章以精拓贈並屬爲考證，爰書所見，以質方雅。

舊拓司馬景和妻墓誌跋

此誌原石尚在孟縣，然鋒稜已殺。《孟縣志》言此誌出土未久，然較三十年前拓本，已不及此本。當是出土未久時拓本，以較近拓，缺泐尚少。惟「延昌二年」之「年」字中直已泐耳。

舊拓高貞碑跋

此初出土時拓本，以新拓相校，第七行「敬讓著自閨閣，信義行於鄉黨」，今本「閨」字損下角少許，「閣」字全泐，「信」字僅存「口」字，「行」字半泐。八行「英華於王許」，「於」字損下半，「王」字全泐，「許」字泐「午」字之半。九行「除秘書郎」，「除」字損下一角。十一行「式揚三□」，「三」字僅存首筆。十二行「君戚愈重」，「愈」字損下小半，「重」字全泐。十三行「而不幸揠命」，「幸」但存形迹，「揠」損下小半，「命」但存少許。十七行「使來□無聞焉」，「使」字泐半，「來」存上小半。十九行「赫矣安東」，「矣」泐下角，「安」全泐，「東」泐上大半。廿二行「其風可慕」，「風」損半，「慕」字下截漫漶。今人但知「於王」二字新舊本不同耳。

造交龍碑象記跋

《造交龍碑象記》，碑首紀年已殘損，惟末一字似「酉」。幸所記「二月乙未朔三日丁酉」字尚存，以長術推之，隋開皇九年己酉二月爲乙未朔，知碑首所泐爲「開皇九年己酉」也。此初出土時拓本，近已多殘損，爰取付裝池，並記其後。戊辰仲冬。

隋元仁宗墓誌跋

此誌出土已久，石不知存佚。文頗簡質。《誌》稱仁宗爲「魏尚書右僕射、晉昌王之孫，上開府魏州刺史義寧公第二子，以開皇元年任東宮左親衛，十年十二月二日卒」。稱祖父官爵而不及其名，乃古人常例。考《北史·魏宗室傳》：陳留王虔子崇，崇子建，建子琛，琛子翌，官尚書左僕射，翌子暉字叔平，初封義寧子，隋文帝總百揆，加上開府，進爵爲公，官至魏州刺史。子肅，嗣位光禄卿，肅弟仁器，位日南郡丞。是仁宗之祖爲翌，考爲暉，兄肅而弟仁器。《傳》誤翌官「右僕射」爲「左僕射」，又失書其爵，又載其兄與弟而失仁宗。予近作《魏宗室世系表》，乃據《誌》補正之。此誌寥寥百餘言，而有裨於考古，爰書墨本後以章之。

張通妻陶氏墓誌跋

此誌近年出土，前人多未著録。《誌》稱夫人諱貴，丹楊人。以開皇十七年三月卒，即以其年葬長安龍首鄉。案：張通名見唐韋述《兩京新記》。中土此書久佚，據日本殘本。《記》稱「東門之北慧日寺，開皇六年立。本富商張通宅，捨而立寺。通妻陶氏，常於西寺鬻飯，精而價賤，時人呼爲陶寺」。《誌》有云「懇志董修，歸依正覺，莊嚴供養」，其慧日寺者乎？與《新記》所述正合也。

温泉銘跋

此銘無題目、年月、書撰人姓名，亦駢麗可喜。作者自稱朕，而字迹頗似《晉祠銘》，圓勁流麗則過之。中間「民」字、「基」字均未缺筆，故知爲唐太宗御製、御書。其文《太平御覽》及《全唐文》與諸類書中均不載，細繹文旨，乃頌温泉，故知爲《温泉銘》。宋人《寶刻類編》載：「温泉碑，太宗撰並書，題額爲散隸二字曰『貞觀』。」《金石録》及《通志・金石略》並有太宗《温泉銘》，《墨池編》有太宗撰及書之《温湯碑》。稱名雖各殊，殆均即是碑矣。紙尾有墨題一行曰「永徽四年八月三十日圍谷府果毅見」，下缺。藉知爲初唐拓本，真人間之墨皇也。

九成宫跋

信本《九成宫醴泉銘》，宋拓善本至少，平生所見，號稱宋拓不下十餘本，然或爲秦刻初，否則拼配墨填。往山左吕尚書以二千金得翁閣學士藏本。閣學手題數千言，謂某字後配，某字描失。其實閣學所舉，不逾三之一，未舉者尚不少。世俗重前賢題識，往往不加審察。此本爲沈盦宫保所藏，字畫腴厚，爲宋拓之佳者，固不待前人題識可以斷定。雖册首有劉文清題記，固不以此加重也。至有翦失之字，殊可惜。古拓固恒有之，不足爲病。戊辰十月，借觀並題。

皇甫明公碑跋

皇甫明公碑百年前「無逸」字未泐，明季則「三監」字未泐。若「函然」間無泐迹，成弘以前拓，若首行「碑」字未泐，則南宋拓。「機務」之「務」未泐，則北宋拓矣。此本乃「務」字初損時拓，爲南宋氈墨，寒齋舊藏王文敏日光室故物北宋本拓法轉不如此本之精善。己巳冬，沈盦宫保出以見示，謹書後以志眼福。

紀國陸先妃碑跋

唐紀國陸先妃碑，《雍州金石記》云：「存六百餘字。」王蘭泉少寇始併下截拓之，著録於《金石萃編》者，得千五百七字。予往歲據何夢華藏足拓本，又考以諸舊拓本，得千七百八十二字，寫入《昭陵碑録》。此本亦半截拓本，殆在三百年前。取校予曩歲所撫，於「漢池之國」「池」字以前，所見舊本均泐。「避嫌遠別」「別」字他舊本似「引」，據此乃確定爲「別」。「遘疾彌留」之「留」，他舊本泐盡，此本上半尚可辨認。三十年予所見此碑舊拓，以此爲第一矣。己卯夏，從沈庵宫保借觀，得記其後。

明拓雁塔本聖教序跋

右雁塔本《聖教序》明拓本，爲劉子重先生舊藏，後爲盩厔路山夫丈伾所得。山翁身後歸于予。近日鑒賞家言是碑「聖教缺而復全」之「聖」字未改刻者，爲宋拓；《記》内兩「治」字所從之「口」末畫未穿者爲明拓；三「玄」字末筆未改鑿者爲國初本。今此本兩「治」三「玄」並完好如舊，紙墨亦精，洵明拓之佳者。小窗静對，快幸無似。癸卯正月。

破邪論序跋

虞伯施書《破邪論序》，玉以爲假託。觀伯施官銜，書「太子中書舍人」，考之《唐書》，但有「太子中舍人」無所謂「太子中書舍人」也。然書迹精妙，要出唐賢手，非宋人所能及。此本氈拓極舊，張叔未藏本「中書舍人」下多「吴郡」二字者，與此本正同。張氏所藏，乃不全本。此則首尾完具，尤可寶也。光緒癸卯正月。

王居士塼塔銘跋

王居士《塼塔銘》，出土未久即佚。海内所傳，皆複本也。世人皆謂陝庫本爲原刻，然其陰刻宋東坡詩，唐誌固無陰刻坡詩之理，其爲複本無疑。乃今人得陝庫本「説罄」尚存者，已矜爲難得，原石傳世之難得可知。此爲洞庭葉石君藏本，精采四射，與傳世出於重摹者迥異，人間孤拓，平生未見第二本。爰精印以傳藝林，己卯秋。

宋拓道因法師碑跋

得此本之次年，得見道州何氏藏本，有元翰林院朱記者，題宋拓本，中「冰釋善逝」四字已損，則此確爲宋拓。沈庵以爲明初本者，非矣。壬戌春。

明拓王徵君口授銘跋

此石今尚未殘缺，而漫泐殊甚。此本不但字畫分明，且筆法了然，乃明中葉拓本，至爲可珍。乙丑秋。

舊拓高延福墓誌跋

《高府君墓誌》，癸卯春得之滬城，此石今藏吾友蔣君伯斧許。以此舊拓本校之，已泐一二字。又《金石萃編》不載此誌額，此本有之，尤可喜也。三月晦。

此石歸靈巖山館，後轉徙歸張叔未先生，蔣丈敬臣又得之張氏。此本紙墨甚古，殆未歸畢氏時拓本也。

雲中郡夫人阿那氏墓誌跋

此石久佚，拓本傳世甚少。此是初出土時精拓，辛亥二月得之趙聲伯太守，以明拓《雁塔聖教序》報之。

賀秘監草書孝經跋

賀秘監書，傳世至少，今日石刻之存者，惟吾越《龍瑞宫記》，寥寥數十字耳。史稱其傳右軍筆法，恨不得多見其筆墨。乃於海外忽得此本，(竣)〔峻〕拔婉秀，更在孫虔禮上。執此上窺山陰，殆不難由門户而升堂奥，可寶也。墨迹存日本宫内省，此刻本亦宫内省所藏，民間傳拓極稀。曩擬影摹上石，以廣流傳，乃力量綿薄，不償此願，久秘篋中，得無罪過。

宋拓顔魯公畫像贊跋

《畫像贊》今日傳世者，爲凌縣、郯城兩複本。凌縣本雖差善，然僵直無味，神韻全失，此乃宋拓本，墨黝如漆，疑是北宋拓，因此碑南宋已漫漶也。魯公書此碑時，悉用右軍法，而於和婉中露剛介不屈氣象，則爲魯公本色。與魯公所書他碑較，則大似《宋廣平碑》，雖大小肥瘠不同，而婉曲矯健則一。回視複本，直塵土耳。册有伊墨卿、吴荷屋諸先生鑒賞印，殆伊、吴諸先生舊藏也。壬寅除日，得於滬瀆，摩挲竟夜，爲之不寐。

論坐帖跋

此兩罍軒舊藏，吴平齋氏謂是三百年前舊拓，然審其楮墨，實宋拓也。予向藏南匯沈氏本，有明人彭務敏跋，定爲敝齋第一。及得「右」字下半之「口」未泐本，因降居第二。今以此本校前二本，則此本鋒穎如新，用筆及使轉處朗然可見，覺前兩本直是石上刻字，但見筆畫耳。宋拓之可貴如是。丁未九月。

又

魯公《論坐》書，善本罕遘，世人以「右」字之下半「口」字不泐爲宋拓，亦未盡然。要在使轉挫頓，朗然如出自手書者，乃爲佳耳。寒齋有張痩銅先生藏本，覃溪閣學題字千餘，考其波磔點畫，細極豪髮，與所作《蘭亭考》正同。玉嘗合舊拓十餘本校之，知所考仍多未合。此本爲毅甫副憲所藏，楮墨俱古，氈拓精善，望而知爲數百年物，至可珍貴。壬戌仲冬，同客春明，出以見示，謹誌眼福。

舊拓中興頌殘本跋

《中興頌》善本至難得，此殘本乙巳春得之虞山史氏，絜以近拓，不但殘泐處無損，且魯公用筆之意了然可睹，爲國初濡挩無疑。予於魯公書碑，多得善本，今復得此，歡喜無量。四月下澣。

臧懷恪神道碑跋

顔太師所書碑，玉平生所儲殆備，且多得善拓。惟《臧懷恪神道碑》，求之二十年不得善本。今年夏，于亡友邱君畬盦家得其所藏劉子重專祖齋本。比返京師，又得此本，乃法梧門先生舊藏，末有「運昌」、「時帆」二小印。運昌乃梧門先生初名也。此本與專祖齋本紙墨均三百年物，拓法雖非至佳，在今已不易得矣。丁未六月。

明代拓工，喜用濃墨，字口往往爲墨所掩。若此拓用今日撲墨法，其精妙當何如耶？然視南宋用粗墨厚拓已較勝。

大字原石麻姑仙壇記跋

玉平生見大字《麻姑壇記》凡二本：一沈均初舊藏，今歸武進費氏，一爲吴平齋舊藏，三年前在費西蠡坐上見之，議價尚未成。均爲原石舊拓。前年秋，又見此本，亟購得之。以較前兩本，墨色略淡，而神采焕發則無殊，爲之驚喜欲狂。考魯公書碑，此石鐫勒最善，筆筆生動，不異于毫素間見之。昔人謂《家廟碑》乃家僮刻石時修改筆畫，使整齊圓到，大失真相。斯言殆非誣也。玉平日最嗜顔書，所藏魯公碑刻，于《多寶塔碑》、《畫象贊》得宋拓本，于《干禄字書》、《郭家廟碑》、《論坐帖》、二《祭稿》得元拓本，于《八關齋會報德記》、《家廟碑》、《元次山碑》得明拓本。古緣不淺，又得此本，差可自豪矣。所恨腕下有鬼，學公書二十年，不能得萬一。對此佳拓，愧恧愧恧。

舊拓八關齋會報德記跋

顔太師書刻，予蒐求且五年。於諸碑多得善本，惟此《記》及《元次山碑》苦無佳拓。今年苦雨，秋稼不登，斗米值千餘錢。老友路山夫大令出此易米，亟以白粲五石易之。夜起展觀，鷄鳴與雨聲都不復聞。想老友亦得三月飽食，忻快何如。光緒乙酉九月。

此雍乾間拓本，凡與近拓不同之字，皆加小印識之。甲子春，檢付頤兒學書又記，距乙酉題字四十年矣。

宋拓顏氏干禄字書跋

顏魯公《干禄字書》蜀石本今殘泐已甚，舊本至難得。嘉興錢氏《曝書雜記》載「金檜門先生有舊藏本。卷末勾詠跋今存一百七十餘字，闕文凡三百餘字。金本則首尾完具」云云。此本爲盩厔路山夫丈葦西草堂舊藏，與金本相伯仲。校以近拓，第一石計五列，今本第五列三十五行，每行皆泐下半，此本則僅中間十六行每行損末一字、或二字，計泐字才二十餘。第二石計六列，今本僅五列，而第五列之下半幾泐其半，勾詠跋存上半二十三行，得字一百三十有九，視錢氏所記，又泐三十餘字。此勾跋共五十八行，存字四百九十有四，視今本多第六列，增字三百五十有五。葦西翁珍惜甚至，署爲宋拓。光緒己亥夏以歸予，予雖不敢遽定爲宋拓，然確是五百年間物，重以亡友故物，兒子輩當寶藏之。丁未九月。

舊拓離堆記跋

《離堆記》舊拓本計殘石五，存全字四十七，缺半字七，共存字五十四。今但存殘石四，其「處置使入忠貶邵陽太守冬十」一石又亡。郭蘭石先生芳堅館題跋言：此記存四十四字，知此記嘉道以來已失去一石矣。此五石尚全，當是雍乾時拓本，可寶也。丁未六月。

又今本「尚未」之「未」，「水者」之「水」，「虛□江」之「虛」，三字又有殘泐，此本尚完好。

景教碑跋

《碑》記景教流行中國事。景教，錢氏侗《景教考》及杭氏世駿《景教續考》均指爲回回教，徐氏繼畬《瀛寰誌略》謂即波斯之火教。玉考之泰西艾儒略《天主降生引義》及《天主言行事略》等書，知景教即天主教。錢氏、杭氏、徐氏之説非也。西書載造物主于六日内造成天地、日月、土地、人物。《碑》所〔云〕「判十字以定四方，鼓□風而生二氣，暗空□而天地開，日月運而晝夜作，近成萬物，殺立神人」，〔一〕即指此也。西書又稱天主之母馬理亞，幼字於若瑟，二人誓守童貞。天神命耶輪隆孕於馬理亞腹中，生耶輪於如德亞國即猶太，今土耳基地。之伯利恒地方。當漢平帝元始元年。是時天顯異星，如德亞左近有鈒罷等國，三賢主精天文學，知必有救世真主降生，乘驢瞻星來朝，抵伯利恒地，入見耶輪與馬理亞，頂禮貢獻而去。《碑》所云「神天宣慶，室女誕降于大秦，景宿告終，波斯覩耀而來貢」，即此事也。西書又載耶輪嘗在深山，四十晝夜不食不飲。方饑魔誘之食，復誘之傲與貪，耶輪叱之曰：娑殫去。魔遂退。娑殫，譯言欺罔人之邪魔也。《碑》云「娑殫施妄」，即此事也。西書又

〔一〕整理者按：「近成萬物，殺主神人。」《金石萃編》作「匠成萬物，然立初人。」

稱天主古經，先聖所録共廿有四部。《碑》云廿四聖有説之舊注即指古經也。西書又謂天地真主，至一無二。然天主一體之中，原含三位：一曰罷德肋，譯言父。一曰費略，譯言子。一曰斯彼利多三多。譯言聖神。雖分三位，然總爲一性一體。後降世救人之耶蘇，乃費略也。《碑》有「三一妙身無元真主阿羅訶」，又有「三一分身景尊彌施訶」語。三一妙身，謂天地真主。三一分身，謂耶蘇也。其他如今天主教皆供奉十字架，七日一禮拜，與《碑》所謂「判十字以定四方」及七日一薦洗心反素之制均合。其爲景教即天主教無疑也。《碑》下截及《碑》側有夷字，與今泰西各國通行之羅馬字迥別，乃如德亞文也。

諸葛武侯新廟碑跋

此碑貞元十一年立，撰者沈洎，書者元錫。《碑》記貞元三年，嚴武修廟事，文章爾雅，書法朴厚，乃金石家但著録元和四年裴晉公所撰一碑而不及此，豈石出較晚而佚較早與？不然，何劉燕庭先生撰《金石苑》搜訪蜀中古刻至備，乃獨遺此耶？予亟著之録，並爲題記而表章之。

同州澄城縣令鄭公德政碑跋

鄭楚相碑，今尚存澄城。顧石質粗鬆，幾成没字碑矣。曩得舊拓整本，以紙墨觀之，乃百餘年間物，然已漫漶太甚。今此本了了可辨，殆二百年前拓本，至可寶也。鄭衛尉書，頗近徐季海、張司直，惜傳世甚少，僅此一碑耳。丁未九月。

秦州上邽縣令豆盧府君夫人墓誌跋

《誌》稱夫人鉅鹿魏氏，曾祖行覽，祖知古，父喆。夫人年十二適豆盧府君，年二十二而府君喪，夫人年三十四丁先府君憂，四十三丁先太夫人憂，以辛巳歲七月二十九日終，年七十有一。其年十一月十四日，權窆龍門山西原。卒年但署辛巳，不記年號。案《唐書》知古傳，知古卒於開元三年，以夫人卒年七十一逆推之，乃生於開元十九年，嫁年十二，乃天寶元年，二十二丙寅乃天寶十一年，三十四喪父，乃廣德二年，四十三喪母，乃大曆八年，年七十一而卒，乃貞元十七年。則此誌乃貞元十七年所立，《誌》但書歲名，不著年號，故爲考之如此。

唐嗣曹王妃鄭氏墓誌跋

此誌穆員撰，往歲予得此誌，檢《全唐文》見七百八十三、四兩卷載員文三十二篇，而未檢第七百八十五卷，遂誤謂此篇爲佚文。頃覆檢《唐文》則七百八十五卷尚載員文廿一篇，而此誌在焉。惟校以墨本，則誤字甚多。「歸於先王贈尚書左僕射戢之居」，「戢」誤作「職」。「山墳泉隧」，「墳」誤作

「壤」。「太妃諱中」，誤「中」作「仲」。「郴州司户休叡之子」，「叡」作「璿」。「溢於世聞」，「聞」誤作「間」。「居廿四歲而先嗣王即世」誤作「又十四歲」。「嗣王年甫及弁」，「弁」誤作「笄」。「則以父嚴師敬之道，兼而濟之」，「敬」誤作「教」。「於時天下晏然」，「時」誤作「是」。「不患不貴，患不更賤」，「貴」誤作「負」，「賤」誤作「踐」。「享其孝敬、勳庸、禄位三者日躋之報焉」，「勳庸」誤作「勳榮」。「廼用魯公伯禽有爲爲之之變」，誤奪「爲之」二字。「换江陵」，「换」作「援」。「其展墓也如平生之侍」，「展」作「事」，「侍」作「養」。「隣寇僅滅」，「隣」誤作「降」。「員以爲否」，脱「否」字。「在此舉也，其至德要道之事歟」，作「使爲子者悦，事君者勸，以感人心，以順天下。不然，何卒葬弔贈天王之錫命，視於同盟有加等焉」。銘文「我從我友」，「從」作「徒」。異日當更以《穆參軍集》校之，《唐文》殆從《集》本出也。

明拓大達法師玄秘塔銘跋

《大德法師塔銘》，明初精拓本，鋒穎具備，視近日新拓之孱弱僵直者判若霄壤，殆五百年佳拓。若張叔未等諸老見之，又題爲宋本矣。光緒乙巳八月。

錢忠懿王墓誌跋

此誌以校《宋史》本傳及《十國春秋》多符合，間有小異處。如《誌》稱忠懿爲「安時鎮國崇文耀武宣德守道中正功臣」，《十國春秋》無「中正」二字。《誌》稱忠懿諸子長惟濬，次惟治，次惟渲，次惟灝，次惟溍，惟濟，惟愃。次序既紊，又誤惟灝爲惟灝，當據《誌》正之。《傳》又云「以愛子爲僧」，據《誌》則王之第六子也。《史》及《十國春秋》並載俶妻賢德順穆，夫人孫氏封吴越國王妃，令惟濬齎詔賜之，宰相以爲異姓諸侯王妻無封妃之典，太祖曰：行之自我，表異恩也。碑云「册妃之典，自王而始」，即指此。

郝武莊公夫人朱氏墓誌跋

夫人爲郝質之妻，質武功甚著，《宋史》有傳。史叙質歷官與《誌》略異，《誌》載質官「安武軍節度使，贈太師，追封永國公」，《傳》作「安德軍節度使，贈侍中」，其追封永國公則略而不書。質子五人曰惟立、惟京、惟序、惟幾、惟賢，《傳》並失載，皆賴《誌》知之。《傳》稱質與朝士董熙善約爲婚姻，熙死家貧，質已爲節度使，竟以女歸董氏。《誌》稱質四女，其一適奉議郎董遂，殆即董熙子也。據《傳》質以元豐元年卒，夫人以元祐三年卒，相距十一年矣。質之葬在河南河清縣賢相鄉陶牙村。故此誌近年出於中州。乙未夏初，得墨本爲參校史事，記之如此。

北宋拓豐樂亭記跋

東坡碑版徧宇内，然中遭黨禁，摧撲殆盡，當時原刻，百不存一。故今日流傳之《豐樂亭記》復本，形貌荼劣，奄奄如泉下人，嘗以爲憾。乙巳夏，在吴中，端午日忽有持此碑至者，纔一展覽，便覺精采射人於百步外，爲之目眩。審爲北宋拓本，詳細諦觀，端勁流麗，鋒穎如出新硎，不異墨迹，亟如所索值購之。惜碑首缺十九字，然終不以此損其瓌寶也。爰顔吾堂曰「豐樂」，而定此本爲堂中石墨第一。

又

予曩得北宋拓本蘇書《豐樂亭記》于吴中，爰以「豐樂」名吾堂以志喜。辛亥携家浮海，貧無宿糧，不得已鬻以繼炊。居恒憶及，輒悔恨。乃癸丑，返滬江，復覯此本，與舊藏無二。聞是潘文勤公二蘇仙館舊藏。二蘇者，此及《醉翁亭記》也，均北宋精拓。去年予既得《醉翁》，今又獲此，與蘇公殆有夙世緣。嗣當易吾堂名「二蘇」矣。

宋遊丞相藏定武蘭亭卷跋

光緒戊申二月景，張先生出示遊丞相藏《蘭亭》二卷及秦方量，並爲海内重寶。此卷又爲遊氏所藏諸本之冠。近日定武本之存人間，若趙子固落水本、汪容甫本皆漫漶如在雲霧中。此本精朗如新，鋒稜締構，一一可見。不僅爲龔氏世寶之冠，當推傳世定武本第一。上虞羅振玉敬觀於京師永光寺中街龔氏邸。

此卷舊藏王壯愍公許，公時方開藩吴中，赭寇之亂方熾，公特造契蘭館以貯之。此語聞之先大夫，先大夫並言壯愍死事，浙中此卷殆已入劫灰，今是卷儼存人世，而先大夫棄養則已再踰歲矣。展觀此卷，曷勝感咽。四月十六日羅振玉再敬觀題記。

宋拓汝帖殘本跋

《汝帖》殘本，存第二、三、四、五、六、八、九、十、十一、十二卷，失第一、第七兩卷。張叔未先生舊藏，册首有叔未先生題識曰：「《汝帖》原刻宋拓，海昌峴上陳帶溪秀才文通歸來，價銀十餅。廷濟。」二十五字。同治丁卯，歸南匯沈氏，上有均初先生題籤。考此帖有原本復本兩石，《汝州志》言石舊在望嵩樓，後樓燬，瘞馬廐中，積數十年。成化中，廐有光怪，石因再出。《六研齋隨筆》云：萬曆壬子，在汝州署見此石横陳於禮房，以拓多，石有裂紋，字皆磨泐。《中州金石考》謂明末寇亂殘缺，順治七年，巡道范承祖搜輯，置道署，增十三、十四兩卷。似謂僅十三、四兩卷爲後人增刊，不云别有復本。今考此本墨黑如漆，剥泐處尚少，當是原刻。元末明初所拓，叔未先生題爲宋拓，又跋話雨樓本云：真宋拓用墨極重，墨光可鑑。玉意此未必確，但此是原石實無疑耳。近流傳者皆係重刻本，亦通體剥泐不知爲何時所刻，又曾見原石本，紙墨約二百餘年前拓者，則較此本漫漶爲甚，然則此本爲元末明初拓審矣。若是宋拓，不應在當時已有損泐也。予於此本外，更有殘本二册，其一存卷與此同，其一缺第十二卷，均墨光可鑑，與此本是同時所拓。又有原石全帙，則似較此本略後數十年，然亦是明代未入土時拓本也。李竹嬾時已難得善本，予乃先後得四本，古福可謂侈矣。又何必如叔未先生必題以宋拓始足驕人哉？丙午臘月。

北宋拓唐摹十七帖跋

右軍《十七帖》，傳本至多。玉平生所見不下四五本，而以姜西溟先生所藏此本爲第一。此本在國初知名海内，載入王漁洋《易居録》。用粗麻紙拓，墨黑如漆。丁龍泓先生跋謂：「紙是秦中搗麻，墨是上黨松烟，唐拓無疑。」細審之，當是唐槧北宋拓也。此本較邢子愿本多不同，邢本《胡母氏帖》後「五帝以來備有晝」，此本則《胡母氏帖》後乃《吾有七兒一女帖》及《譙周有孫帖》。此本「勑」字上、「晝」中段皆渴筆，邢本則但邊際微渴。此本「僧權」二字全闕偏旁，邢本則人旁、木旁均不缺。又邢本所缺之字，此本皆有之。是此本之爲唐本審矣。册之首尾題名及跋尾尺牘凡四十家，國初諸名宿如祁止祥、王烟客、朱竹坨、王新城、吴梅村、閻百詩、曹秋岳、錢飲光、王于一、何義門、徐健庵、立齋、曹顧庵、陸冰修、吴蓮洋、楊大瓢、陳香泉、孫退谷、汪舟次、徐壇長等諸人具在，烏得不秘爲鴻寶乎？

盧江陳氏甲秀堂帖原刻殘本跋

宋拓《甲秀堂帖》殘本一册，歙鮑建興氏舊藏，存石鼓文譜、率更仿右軍帖、魯公仿右軍帖、二祭稿、李太白詩、缺首數行。素師藏真帖，凡七種，後有董文敏公跋五行。鐫石精絶，二祭稿尤精，非餘清齋、停雲館諸本所可同日語。此帖《墨池篇》始著録，不言卷數。王弇州《四部稿》言「凡五卷」，又言「近忽盛行，想是摹本」。吴匏庵言舊藏此帖，亦不完，石亡且久。是此石明代已久佚，匏庵尚及見原本殘卷，弇州所見僅摹刻者耳。孫北海《庚子銷夏記》則作廬江李氏甲秀堂，誤陳爲李，恐原本、復本均未得寓目也。卷後董華亭跋言甲秀堂帖，丹陽姜宗伯家再刻亦具形模。以此帖較之，全失風致。弇州所見，殆即姜宗伯復本耶？以弇州、北海未得一見之本，一旦入我篋中，欣快何似！丙午殘臘，出此册披玩，心神澄寂，不知身在長安軟紅中也。

甲秀堂帖周秦篆譜復刻本跋

予既得甲秀堂宋拓殘卷，又得此本，計存周石鼓文譜、秦泰山詔譜兩種。册首有「曹溶印章」及「潔躬」二印。道光辛丑，爲吾鄉張叔未先生所得，珍爲宋拓，與漢陽葉氏所刻翁學士跋本合裝一册。有跋語載《清儀閣金石題識》卷四。中，而此本無之。亦無葉氏復本，不知何時爲人割去。玉以原本細校，知此乃復刻，其異同處甚多。如原本首行題「廬江陳氏甲秀堂法帖」而此本無「法」字，一異也。石鼓文譜原本每鼓之文及釋文行間甚密，此本則每行距離甚疏，二異也。石鼓文兩本筆畫多有不同，三異也。至以楮墨新舊及鐫勒巧拙絜之，則此本爲復本無疑。玉所藏宋本後華亭跋云：「不見古刻，不得妄下語。以叔未先生之精鑒，且有此誤，則董華亭語，豈不信哉。丙午嘉平二十五日審定題字。

宋拓巴州東坡蘇公帖跋

坡公書，後世法帖所刻爛漫多肉者，大半贋迹。若宋人所刻姑孰帖、成都西樓帖、齊州長清縣舍利塔記，皆多力豐筋，勁達朴厚，得平原遺意。往歲於章碩卿大令許，見貝簡香舊藏巴州東坡帖，有吴匏庵、彭行先二跋，較近拓多九十餘字。豐勁朴雅，與西樓比美。後有韓焕臨本，署天啓元年，以爲數百年前佳拓，世所罕遺，亡友費屺懷以重金攫去，爲之健羡。

予往歲既得徐紫珊藏本齊州舍利塔記，碩卿謂是佚石可珍，顧恨不獲巴州帖以儷之。乃今年春，滬友寄此本至，字之存者較往昔所見更加倍，殆無殘字。册内有江上外史印，江上夙摹蘇書，此其所藏，較貝簡香本又先數百年，乃宋拓也。後歸吾鄉陳德大子有，子有多藏石墨善本，而不能知爲宋拓，但知較新本多二百十四字而已。碩卿、屺懷墓草已宿，不獲並几展觀，爲可憾也。癸丑暮春。

宋拓蘇帖跋

宋四家書皆從顔出，坡、谷晚年尤得力於《鶴銘》。此刻尤極縱横。自然浩逸，其骨氣洞達，出于當時良工無疑，其紙墨亦五六百年物。傳本甚罕，不知刻于何地，佚于何時。辛酉穀日。

郭景修墓誌跋

此誌光緒間始出土，前人未著録。景修武功甚著，官至鎮戎軍事兼管勾涇原路沿邊安撫司公事、武功縣男。官品甚崇，而《宋史》不爲立傳。據《誌》：元豐四年，种諤拓地米脂，景修功爲最，《諤傳》亦不之及。崇寧三年，平吐蕃七，旋降潘、邦、叠三州，拓地數千里，厥功尤偉，而史文一字不及，賴此誌出土得知梗概。不然，郭君勳績不聞於來世矣。《誌》又有可正史文之誤者。《宋史·李乾順傳》載其將有嵬名阿理，此誌作「嵬名阿埋」，考之《哲宗紀》及《郭成傳》，並作「阿埋」，則《西夏傳》誤也。惟《誌》稱元豐中，鬼章誘知河西軍景思玄、偏將王宣令踏白城，二將戰歿。據《神宗紀》叙景思玄之死在熙寧七年，《吐蕃傳》叙此事亦在熙寧中，《誌》殆誤也。景修勳績爛然，《誌》文累累將五六千言，墓誌中所僅見也。

朱文公書易繫辭刻本跋

予年方冠，於淮安郡學觀釋奠禮，見屏扉上刻朱文公書《易·繫辭》，「易有太極」以下至署款凡百有七言，大字逾四五寸，博厚蒼勁。末有蔡元定刻款，知從石本傳橅，苦不知石刻所在。嗣讀《訪碑録》，始知在湖南之武陵。又讀《金石萃編》及《潛揅堂金石文字跋尾》，又知常德、嘉定皆有此刻，而常德爲祖石。因託知交求墨本，二十餘年不能得也。

比去冬國變，避地東土，萬事灰冷，不復留意於文事。乃今年二月，寶沈堪侍郎書來，言恭邸以貧故鬻其世藏，中有朱文公書《易·繫辭》，曾編入《石渠寶笈》，乃先朝賜恭忠親王者，真稀世寶也。顧索值奇昂，不能有。且爲詳言其字數行款大小，知確爲宋石祖本。乃亟割棄舊藏之精好者，得金寄侍郎，爲余致之。逾月郵來，函笈甫啓，精光浩氣四射逼人，如仰觀蒼旻，近瞻喬嶽，令人氣肅神懾，莫可讚揚。始知公書法之妙，至於斯極。屏扉所刻但存體魄耳。竹汀先生得常德初本，已歎其險勁，使見此本，其忻慕更當何如耶？念予生四十有七年，于人世福祉，百不得一。獨文字之福，不讓昔賢。意者彼蒼以此慰其顑頷無告之苦，兼使盡流傳之責歟？爰託博文主人精印以廣其傳，寰宇中之得此迹者，幸共寶之，不復數常德初本矣。

又書黄中美神道碑跋

此碑朱文公撰並書，中美《宋史》無傳，然此碑載其當信德失守時，官吏多拜降，公獨不受脅而逸，及張邦昌僭立，公又不污僞職，投檄以去，則大節凛然有可稱者。文公書碑，傳世者極少。此石立於淳熙十五年正月，文公時年五十九矣。文字沖雅，深可寶貴。況此碑金石家皆未著録，以拓本紙墨觀之，殆百餘年前物。石之存没不可知，不益可珍惜耶？丙午秋得於都門，爰記歲月。碑文與《集》本異同甚多，當據石本是正。

漢王刻經殘石跋

《雜阿含經》四十六，凡二石。端午橋制府所藏。無年月，末署「皇伯漢王爲先皇世宗聖明仁孝皇帝造」。《匋齋金石目》列《雜阿含經》於唐代，又於宋代列「皇伯漢王爲世宗造佛經碑」。玉以《金史》考知此經宗乃金世子鎬王永中爲世宗所造，據《世宗諸子傳》載，鎬王當章宗即位時進封漢王，章宗以世宗皇太孫入嗣大統。故永中稱皇伯。明昌二年四月，永中即進封并王，此石殆立于明昌元年。《匋齋金石目》誤以此二石分列唐、宋兩代，殆失考矣。

重修淮安府儒學碑記跋

此碑萬曆十年二月建，吏部尚書李春芳撰碑記。淮安守樊克宅修《學事大略》，記「萬曆庚寅秋，克宅莅任，見學舍荒落，明年三月，葺而新之。又於學宫後拓地四丈，築倉四楹。學宫前拓地四丈，投梐柢三周，改泮池南丈許，濬其水通瑞蓮池。池南架文昌閣三楹，號舍十楹，又引其水貫衢入印池梁池上，東接射圃堂三楹，兩廂如堂楹數。侍房八楹，棲諸生之貧者。費九百餘金，四閲月乃訖工」云云。考《淮安府志·學校門》載：府學于萬曆元年知府陳文燭修，三十六年署守亓詩教重修。于樊君事一字不及，疏漏甚矣。兹爲詳誌之。又《碑》稱「是時二守，劉公應民，永豐人；王公琰，解州人」。《府志·職官門》載「清軍貼堂同知劉應民，隨州人，以隆慶二年任。王琰，以萬曆三年任。劉順之，以萬曆七年任。莊桐，萬曆八年。鄭複亨，萬曆十年任」。此碑立於十年，時二守爲劉應民、王琰，然則《志》所載任年當有錯誤。倘以《志》爲信，則是時二守當是劉順之、莊桐，不應仍爲劉應民、王琰矣。著之俟後人之修志者考焉。此事所關甚小，然《淮志》多誤，即此已見一斑。

重建關帝廟記跋

此碑横刻，凡二石。前一石爲記文，後一石爲助錢人題名，在北門關帝廟。碑稱廟有元天曆二年鼎，又有宋嘉定時歷朝額勅，「天啓丙寅，廟祝尹珣等碑文原是「尹」字，今改作「何」，緣何姓與尹争爲廟祝，尹氏式微，何氏據之遂改碑文作「何」。糾資重葺」云云。據此知此廟建於有宋以前，淮郡祠宇之甚古者。《淮志·壇廟類》絶不之及，當據碑補入也。

臨淄古陶文册跋

三代陶器，有文字者，皆登與量，無他物也。山東之臨淄所出爲多，北方則易州亦有之，其文字與臨淄不同。臨淄所出多記里名，易州所出則曰「左攻□」、「右攻□」，或有「□□年」，多至十餘字者。此册皆臨淄所出，不知誰氏所藏。叔儁道兄出以屬題，漫書其後。甲子二月。

五穀滿倉瓦跋

此瓦前人未著録，乃近日關中新出土者，文曰「五穀滿倉」。篆書精絶，非兩京諸瓦所可及，殆秦瓦也。考《太平御覽》載「秦始皇四年七月立長太平倉，豐則糴，歉則糶，以利民」。此秦倉之見載籍者，然則此瓦殆長太平倉瓦歟？近人藏瓦最富者，推丹徒劉氏、濰縣陳氏，均無此品。而予篋中藏瓦皆常品，乃獨有此，差可自豪矣。丁未穀日，手拓一紙，以爲豐年之祝，並書其後。

羽陽千歲瓦跋

瓦當著録之最古者爲羽陽瓦，曾載歐陽公《研譜》及《研北雜志》，見明董説《七國考》。今日則流傳至少。嘗見丹徒劉氏抱殘守缺齋所藏羽陽四瓦，輒健羨不已，乃丙午歲闌，忽於意外見此瓦二，予與蔣君伯斧各得其一。考羽陽宮造于秦武王，其時實當晚周，爲傳世瓦當之鼻祖。歲寒得此，足慰寂寥矣。

與天無極瓦跋

《説文·勺部》：「與，賜予也。一勺爲與。」案：「一勺爲與」，曲説未妥。考與字當作「□」，作「□」者譌變也。石鼓内鱮字從□，此瓦與字亦從□，齊侯鎛有□，吴中丞釋與，中亦從□，□非牙字，乃□之變形。蓋象賜予時兩手授受之狀也。並可正「一勺爲與」之説之非。

半兩莢錢範跋

傳世石錢範甚多，然其質脆而不堅，實非石也。己亥春，予得此範，細審，其實乃石膏所製。曾見寶六化範，亦石膏爲之。今泰西工業家用石膏爲模範，觀此知中國三代以來即已發明利用之法，可見中國文明開化之早也。

善業泥跋

六朝以降，象教大昌，範金鐫珉，殆無虚日。自劉燕庭先生於雁塔得善業泥，知更有匋土爲之者，近濰縣陳氏，得周天和泥造象，關中前年出魏神麢泥造象，雖年代較遠，然實不如善業泥之楷法精妙。此爲沈盦侍郎所藏，乃諸範中尤精妙者，矧邇來流傳日少，至可寶也。宣統二年敬觀題記。

建康府禁城専跋

此専陰刻「直行」在専側，按紹興二年，以建康府治爲行宫，增築子城曰皇城，此専蓋即行宫専也。

貞松老人外集卷三

顧亭林先生金石文字記書後

亭林先生所録諸碑別體字，疏舛甚多。有正字而以爲別體者，有以不誤爲誤者。如《孔彪碑》「抍馬」，顧先生以「抍」爲「拯」之別字，案「抍」字見《説文》引《易》「用抍馬壯，吉」，是「抍馬」字本當作「抍」，非「拯」之別體。《李仲琁修孔廟碑》「夤賓」，先生以「夤」爲「寅」之別字。按「夤賓」之「夤」訓敬，《説文》「夤，敬也」，惟干支之寅作寅，是「夤賓」字本當作「夤」，非「寅」之別字。《澤王府主簿梁君墓誌》「主薄」，亭林先生以「薄」爲「簿」之別字。按《説文》無文簿之「簿」，古「簿」字皆作「薄」，薄非簿之別字。《神策軍聖德碑》「大特勤勤没斯」，亭林先生以「勤」爲「勒」之誤字。案《契苾明碑》亦有「莫賀特勤」，他碑均作「特勤」，無作「特勒」者，亭林以《唐書》作「特勒」，乃以碑書皆誤，此以不誤爲誤也。又《禮器碑》「士仁」蓋「士人」之假借，而亭林先生注曰疑。《受禪表》「璿機」，先生以「機」爲「璣」之別字。按「璿璣」字本作「旋機」，蓋其體能旋轉，字本作「機」，「璣」乃「珠璣」字，「機」非「璣」之別字。《魏孝文弔比干文》「寘樹號英風」，「寘」即「寘」別字，又「嗟人生掟多殃」，「掟」即「旋」之别字，而亭林先生于「寘」、「掟」字，皆注曰疑。《南陽寺碑》「惚峰虧搆」，「惚」即「腦」别字，而亭林先生亦注曰疑。此又一時之疏也。以亭林先生之博雅，尚有此誤，考據之不易如此。

羣經字類跋

《羣經字類》殘卷第一、二，高郵王石臞先生撰，乃手自繕寫，書法端厚。予藏石臞、伯申兩先生手校《廣雅疏證》，故知此爲石臞先生手筆。書本五卷，依韻編次，今卷三以下已佚，不知世間尚有别本否。此書未刊行，不爲藝林所知，戊午冬在北京，寶瑞辰侍郎爲介得之同鄉某姓。並得文簡手寫應制詩卷及《讀文選剳記》，皆手寫本也。聞尚有他著作，以行程匆促，不及徧觀。爰將此書付之影印，異日當再訪他遺著，並擬遵原書體例，補成後三卷。但草草勞生，不知何日償此願也。己未春。

海鹽澉水志跋

《澉水志》八卷，明嘉靖中董穀重刻，後附穀所撰《續志》九卷。前有董穀重刊序，謂求傳寫數本參互考訂，始獲其全卷。第蓋一仍常氏之舊，並廟諱抬行亦依宋人原式。《鹽邑志林》所刻，併爲二卷，以一至六爲上卷，七、八爲下卷，並佚卷八末二葉《税亭即事》以下詩七首，足徵善本在明代已難得矣。董志亦詳贍有法，傳本尤少。此爲兔牀先生舊藏，前有先生手書簽題，書眉亦有手校數處，卷首有「朱馬思贊印」、「數村子」、「仲安吴郎」三印，末有「吴兔牀書籍印」、「拜經樓」二印，末有先生手題朱識二行，云：「澉浦，吴爲龍號，知希秋圃中丞孫。著書甚富，有《再續澉水志》稿，藏其元孫寧家。」是此書尚有《再續》，不知曾刊行否。卷首董序後有嘉興唐蕉庵手録羅叔韶序及常棨自序二篇，乃自《鹽邑志林》迻寫者，又有「鷦安校勘秘籍」印。此書蓋由馬寒中歸吴兔牀，唐蕉庵得之吴氏，予又得之唐氏後人也。馬仲安先生，一字叔静，號寒將，又稱寒中。海寧人，雍正癸卯進士。收藏至富，竹垞題跋嘗稱「宗人寒中」，葉氏昌熾《藏書記事詩》謂「寒中殆本姓朱氏」，今觀此書小印稱「朱馬思贊印」，並著原姓，是寒中原姓朱之確證矣。

萬柘坡元氏略稿本跋

宣統紀元八月，聞法人伯希和君獲敦煌石室秘書，往觀並見張介侯先生批校柘坡先生此書。伯君迫欲返，吾友王君静安以二日力，臨寫於此本上。予校讐一過，而還其原書焉。

高鏡亭墨刻印譜跋

此卷首題高鏡亭，不知何許人。癸卯正月，得之金閶書肆。卷中多國初名宿名字印，則高亦國初名手，技術雖不甚高，然在當日自稱作家。異日檢《印人傳》正、續編，當有其名也。此君當是皖人，以其所作印卜之當不誤。否則，學皖派者耳。

三峯集跋

《三峯集》，高麗鄭道傳撰。道傳，《高麗史》有傳，筮仕於王、李易姓之際而爲李氏佐命，以文章名當時，而卒以事誅，蓋功名之士也。此集刊於成化間，近甚難得。高麗屢經國亂，古書流傳日希，百年前刊本已自可貴，矧此已將五百年乎。壬戌五月，借觀並題記。

居易初集跋

大集敬讀一過，字字從性真流出，刻刻以利物爲心，洵當代第一等文字。後生小子，若得日誦此編，則成德不難矣。昨議餘上農工頗有不易就緒勢，然天下事以寧武之愚行之，終當大償所願也。戊戌仲夏。

戊戌年中國農産物貿易表跋

右戊戌年中國農産物貿易表，乃陳逸如大令從西人各報輯譯而參以海關税册者。表中所載農貨出入，瞭如列眉。其持論謂中國農事之不修，由於士夫不講農學及無工商輔農，故不能起其業。此語精確，可爲韋弦之佩。昔西人有觀東方商務而評論中國與日本將來商業之衰旺者，謂日本商務必突過中國。日本以機器入口，製造其土貨爲品物而輸出之。中國則以原料輸入他國，他國以製物品復輸入焉。此其所由分也。此論精核，與此表所言，殆足鍼吾之膏肓。識之以告秉鈞者，幸留意焉。己亥冬十月。

黔蜀種鴉片法跋

《黔蜀種鴉片法》一卷，不知何人撰。既删潤授之梓，爰書其後曰：鴉片之害，中國人人知之。種煙獲利之厚，亦人人知之。故今倡禁煙者日少，謂宜廣種植者日多。玉竊以爲大惑也。倡廣植鴉片之説者，意謂中國種産日盛，值亦日廉，印土之輸入者將日寡，欲救利權，捨是末由，非不知鴉片之流毒，蓋不得已也。其實廣植以敵外貨之入，實非上策。有人於此，堂榭樓觀，壯麗完固，鄰之無賴者日折其檻以爲薪，主人病之而無如何，於是有進策者謂：盍亦盡摧其户牖門闥而自爨之，庶免利益之他適。於是廣庭夏屋，倏焉俱盡。今欲杜利之外溢，而不顧自賊自斃，何以異於是。

雖然，今欲令民罷植鴉片，民必不從，何也？鴉片之利數倍於植穀，今乃勸民捨煙而植穀，是猶奪其千百而與以一與十，夫誰從？必擇一物利埒于鴉片或且過之者，諭令徙業，意者其信我乎？攷種植之利過鴉片者，莫如樹桑，約計地一畝可蓺百八十株，三四年後，每株售葉可得錢三百，是每畝獲值百萬餘。若能自蠶利且倍，每畝之獲將十萬，以視種煙之畝得萬餘錢已沾沾以爲利莫與京者，相法何遠哉！且以種煙與種桑較，桑之利有三：煙之害亦如之。種桑之勞力少，種煙之勞力多，種桑如法無不活者，成林以後，歲食其利，不必歲歲種之。一也。種煙逢歉歲多種，桑逢歉歲少種，煙成敗決於割漿之時，雖平日滋長暢茂，割時若值久雨，即無纖毫之獲。二也。種煙之家吸煙者恒過半，自種自吸，已去其利之十二三，何如種桑之有利無弊。三也。又以種煙之地與種桑之地較貧富，就江浙兩省言之，若浙之象山、江蘇之徐州産煙非不富，利亦非薄也，以視湖州，其民則有原顔陶猗之殊，何也？種桑之害少，種煙之害多也。聞近來印度植煙之處，政府令其改植桑、茶、木棉，印度爲鴉片起點之處，彼已翻然改圖，而我仍瞑然不知變計而日竭脂膏，於一呼一吸之間，腦筋何太頓耶！惟煙田改桑田，亦有難焉者，桑之利在三四年後，令民驟改，民將有忽近圖遠之疑。今議民有田三畝者，令二畝植煙，一畝樹桑。三年以後，桑林既成，亟興蠶利。蚩蚩之民，目覩桑利厚於鴉片且數倍，彼植煙之二畝，將不令而自改。但必須官紳協力，將煙田編籍，行三畝改一之法。若象山、徐州等地，果實力奉行，三年將有桑數十百萬株，于焉立繭廠、學織造，其利可勝計哉！

兹述此書而發斯議，起而行之，在賢有司，勿負言者之苦心孤詣斯可矣。丁酉八月。

傳青主先生年譜跋

宣統辛亥二月，山陽丁衡甫中丞出繆藝風參議、段笏林廣文所撰《青主先生年譜》，屬爲增補。兩家所製殊簡略，因别撰此譜，青主先生大節，略可見矣。謝山先生所作傳，最能傳先生心事，然事實疎舛實甚，爲一一正之。

唐風樓藏墓誌目録〔跋〕

玉年十有七，始治金石學。三十以前，蓄古今石刻拓本才千餘通。其中六朝以來墓誌二百餘。三十以後，奔走四方，略有增益。近年猷門無俚，復加搜求，所得三倍於昔。去年春，入都以來，益復無俚，日檢校石刻以消歲月。篋中舊藏墓誌，頗多散失，復裒集之，僅百餘種。乃以一歲之力，購求所得，合之舊藏，得五百餘通，稍稍富矣，而昔賢所著録者，所缺尚多。姑寫定目録，續有所得，當别録之。丁未秋。

三國志殘葉跋

西陲文物沈薶土中者，以燉煌石室所藏發見較早。然最先者不能逾魏初，且多梵典。吐魯番古卷軸出土較晚，中多高昌遺迹。往在海東，見大谷氏光瑞所得，陳之所居二樂莊者，有兩晉人書，然亦梵典耳。此《三國・吴志》雖僅存數尺，而傳世卷軸之最古者，莫逾於是。矧可見張鍾筆法，並可證今本之失，豈非人間有一無二之鴻寶耶？謹書卷尾，以誌眼福。乙丑三月。

敦煌本論語集解殘卷跋

《論語・學而》末數章及《爲政》篇凡五十行，尾題「論語卷第一」，後有題識二行，曰：「大中五年五月一日，學生陰惠達受持讀誦。」書記曰：「貞明九年癸未六月一日，莫高鄉。」文未完。書體甚粗率，譌奪頗多。然以校刊本，知此卷所據之本淵源甚古。如「未若貧而樂道」，「樂」上有「道」字，與皇侃本、唐石經、高麗本同。「卅而立」，三十作「卅」，與漢石經及高麗本同。「人焉廋哉！人焉廋」，無句末「哉」字，與漢石經同。「舉直措枉」，「錯」作「措」，與《釋文》所載鄭本同。「奚其爲政」，不重「爲」字，與《釋文》所載一本同。「子張問『十世可知』」，無句末「也」字，與《釋文》所載鄭本同。又「其諸異乎人之求之與」注「明人君自願與」，下缺。今本作「明人君自與之」，皇本作「明人君自願求與爲治也」，與此略同。「三十而立」注「有所成立」，諸本無「立」字，皇本有之，與此卷合。「五十而知天命」注「知天命之終始」，閩、毛、北監三本「終始」作「始終」，《文選・閒居賦》引《集解》亦「終始」，與此卷同，足正閩、毛諸本之失。「回也不愚」注「説釋道義」，《釋文》及北監本、毛本作「説繹」，皇本作

「釋」，與此卷同。此卷書拙，殆出鄉曲陋儒之手，而尚可訂正文字。此唐本之所以可貴也。

又《顔淵》篇二十一行，書迹稍工。「民」字缺筆，爲中唐寫本。經文中「君子之德，風也；小人之德，草也」兩句，末多「也」字，與皇本、高麗本合。「舉直措諸枉」，「錯」作「措」，與敦煌鄭注本及《釋文》或本合。「向也」，今本作「鄉也」，鄭注殘卷及皇本、高麗本作「嚮也」，此作「向」，與嚮同。「忠告以善導，否則止」，鄭注殘卷作「忠告□此字殘。善道，否則止」，皇本、高麗本作「忠告而以善導之，否則止」，均與此略合。「草上之風，必偃」注「草上加之以風」，與鄭注殘卷合。壬戌暮春得此於江陰何氏，因與卷二殘卷同付裝池，合爲一卷，並書其後，九月十有四日。

巨然山居圖卷跋

山水畫至五代而大成，以董北苑爲南方大師，淋漓浩瀚，如臨溟渤而登泰嶽，雄奇不可一世。巨師從受衣鉢，氣魄不讓於師，而化其縱肆處爲深穆，清和精粹，如春江花月，挹之不盡。顧董蹟傳世者，平生所見七八幀；巨師真蹟，僅一二見而已。此卷尤爲巨師傑搆，下筆如古篆籀，筆墨之痕俱化，洵傳世巨師真蹟第一。往歲曾藏大癡江山勝覽卷，後有徐守和題。清逸粹穆，亦不見筆墨痕。以振南中水災讓契海東友人，恒念之不去懷。今觀此卷，知大癡全從巨師得法，而浩瀚超逸究遜于巨師，此時代使然，不可强也。

趙子固墨蘭卷跋

此卷殘本，寫墨蘭二叢，旁有荆棘，墨筆清潤，雋妙入神，與予舊所藏彝齋蘭譜筆墨正同。無題署，下方有「橋西草堂」印。畫後元明人題跋九家：曰郭麟孫，曰陳方，曰錢良右，曰陳基，曰朱梓榮，曰湯彌昌，曰錢逵，曰釋本中，曰吴寬。陳方跋後又題二詩，一詠蘭、一詠蕙。知此卷兼畫蘭蕙，殆蘭存而蕙逸，其款殆在蕙後也。匏庵跋載《匏翁家藏集》卷五十三，題曰「跋趙彝齋畫蘭蕙」，則此卷云蘭存蕙佚，於《匏翁集》又得一證矣。「橋西草堂」乃馬士英印，予藏馬瑶草山水上鈐此印，則蕙之佚殆在明之晚季。予平生篤愛子固畫，去年冬，彝齋蘭譜鬻以振直北水災，念之恒不去懷，今乃無心得此，殆彼蒼隱以償我之失耶？爰書尾以志之。戊子春三月。

予每得書畫，不喜檢前人著録，頃偶檢《鐵網珊瑚》及《書畫大觀録》，則均有趙子固蘭蕙卷，《鐵網珊瑚》詳録諸跋，與此卷畧同。惟多李皓、蔡一鶚、龔璛、陳大有、蔡景傳、姚翥、唐升、張適、盧熊、趙友同十跋，而少匏翁跋。《書畫大觀》與《鐵網珊瑚》同，但少郭麟孫一詩。以此卷與彼互勘，文字頗有異同。此卷湯彌昌詩後附注「趙子固，號彝齋」、「郭祥卿，號寄齋」，《鐵網珊瑚》則無之。知二書所載，別是一本。其款云：「春濃露重，地煖草生，山深日長，人静透香。子固云宣城有宗叔，居水陽，亦以此得名，可容小侄在雁行否。翔齋試寫寓士畧之。」凡四十八字。文詞鄙拙，全不可通。彼本未嘗寓目，雖未敢決其必僞，而以此卷畫迹及諸家書迹觀之，則決非後人能彷彿什一者，此固有目者類能知之，無俟予言矣。六月十日又記。

方正學憶釣舟詩册跋

此册去年春得之滬上，前有正學先生遺像，朱椒堂先生題字，鐵某庵先生象贊。日月昏，神鬼泣。浩氣冲，地天塞。三宮火，十族赤。兩字畫，一腔血。賜忠文，闡正學。五百年，精英集。先生墨迹十六行，字逕二寸，末署「洪武丙子二月廿四日」。青山小隱枕潺湲，一葉垂綸幾沂沿。後浦春風隨興去，南塘秋雨有時眠。慣衝曉霧驚羣雁，愛颭殘陽入亂煙。迴首無人寄惆悵，九衢塵土困揚鞭。後有嘉慶丙子番禺劉樸石彬華跋，嘉慶丁丑翁覃溪先生題七古一章，彭邦疇、陳希祖、楊懌曾三跋，吴荷屋、朱椒堂等題名，汪守和録陳眉公《求忠書院碑記》。

據跋知此册乃順德人家破墻所得，葉雲谷先生以六百金得之。翁詩後言嘗見董文敏所作《松江書院求忠祠記》，載有徐公善安以浙江僉事奉詔收方氏族，脱其娠婦。又云「吾郡三方有元」，又云「復姓始末，吾友陳布衣能言之」云云。據此知正學有後，而深惜其所言不詳盡。兹觀汪君所録陳眉公記，則始末甚詳盡，載先生抗命時，魏澤以刑部尚書謫寧海尉，受詔捕方氏幼子德宗，垂九歲，澤匿之。有台人秀才余學夔者，乞食唱歌於市以諷澤，澤知其義士，乃密托德宗於余，入松江島嶼中歷青村諸鎮，以織網貿米得活。余又潛入郡，屬祠部郎俞允護翼焉。時先生弟子任勉聞之，與余陰相往來。允妻以養女冒俞氏，恐同姓賈禍，乃改余。轉徙白河鄉，學夔乃遠遁。德宗三子：俞生者友直、友諒；繼許生者友竹。子孫繁衍，具居華亭。萬曆己酉，督學楊廷筠訪其事於司理毛一鷺，一鷺訪之陳繼儒，楊乃捐俸三百金馳檄立祠，復其姓，衣冠其大宗之孫顯節。太守張九德、華亭令聶紹昌乃立祠祠先生，以魏公澤、余公學夔、俞公允、任公勉、徐公善安配焉云云。據此，知正學先生有後於明，後嗣且昌大也。識之以告世之留心史事者，並彌覃溪先生之憾。考此詩之作在靖難師入前才六年耳。正學遺迹至少，此海内之至寶矣。丙午閏月廿五日。

陶雲湖白雁圖卷跋

此卷三十年前得之白田喬氏。丙午在吴中，聞顧君隺逸麟士亦藏一卷，互借相較，知此卷畫真而匏庵、篁墩兩跋乃贋作；彼卷則跋真而畫僞。與謀合併，出巨金購兩跋，顧君意猶未饜。乃解之曰：一寶其畫，一寶其跋可也。遂一笑而罷。今聞顧君老且病，舊藏恐不能保，而予亦以桑海餘生，萬事灰冷。記其事于此，尚冀他日好事君子之有力者謀爲延津之合也。甲子二月。

贋古書畫者往往以一卷爲二，于真畫易僞跋，以真跋移僞畫。此卷兩跋上有喬介夫先生名字印，知僞跋之作乃明末國初時所爲也。

沈石田山水册跋

石田先生仿宋元四家山水册，合南北宗之妙而爲一冶，工力兼擅，與溧陽端忠敏公所藏九段錦册異曲同工。九段錦册已歸海東，今沈庵宫保得此，可謂亡羊補牢。借觀匝月，書識眼福。癸亥三月。

此册作于成化丁酉，時先生年五十一。予近得城東舟寓圖，亦作于是年，神似王孟端。暇當取示宫保，與此册並几共賞之。

王文恪公畫像疏稿卷跋

明季吴中文章節義之風甲於宇内，實由王文恪、吴文定諸公爲之首倡，而文恪立朝大節，尤冠絶當代。其文采餘藝，亦彪炳天壤間。每展觀遺跡，令人肅然起敬。此卷爲公遺像並自書疏稿，公之裔孫君九學部所藏。學部與予同官，國變以後，遯世津沽間，不媿公之子孫，於是益知公流澤之永也。嗚呼！士君子立朝則繫天下之安危，在鄉里則爲後賢之矜式，又能使數百年後之雲礽守清徽而不替，其關係於世道人倫顧不重哉！

喬忠烈公詩翰卷跋

此卷古近體詩凡八章，末署「喬一琦書近作」，下鈐「喬一琦印」及「喬氏白圭」二印。《明史·劉綎傳》後附記公事迹，謂公字伯圭，上海人。以萬曆三十一年武舉，歷官游擊將軍，監朝鮮軍，與劉綎并抗大兵，軍敗入朝鮮營，朝鮮都元帥姜宏立、副元帥全萬瑞率衆降，公投滴水崖死。見《明史》。贈都督同知。我朝乾隆四十一年，賜謚忠烈。見《松江府志》。方志謂公少任俠，膂力過人，好走馬擊劍，工書善詩。此卷雖吉光片羽，然風雅可以概見。《松江府志·藝文》目不載公集，《明詩綜》、《江蘇詩徵》亦不載一什，是人間僅存此卷耳。予曩藏公爲人作壽序卷，以貧不能守，鬻以繼炊。兹卷當以萇宏碧血視之，不敢復失矣。

趙忠毅公詩翰册跋

古詩二章行草，書堅勁如屈鐵，想見公之爲人。行篋無《忠毅集》，不知曾載集中否。公詩名重一世，而書迹傳世甚少，能不矜爲枕秘乎？

又詩翰卷跋

明趙忠毅公自書詩凡十一章，乃萬曆中以言事落職後所作。雖身歸林下，而憂國之忱溢於言表。其書法亦峭勁古拙，如其爲人。嘗讀《明史》公傳，載公光宗時再出登朝，拜左都御史，慨然以整齊天下爲己任。乃卒以大閹當國，羣邪競進，善類斥逐殆盡，公亦戍死代州。每歎公之志不能申於當時，然猶能廉頑立懦於百世之後，人亦何苦不勉爲君子哉！

予生後公垂三百年，居恒慕公之爲人，冰蘗餘生，拙於身謀。往歲謬領柏臺，屢陳封事，虚庸無補，衰病乞休。遭遇聖明，不加譴謫。養疴衡泌，已將一歲。雖德業未能望公萬一，而視公所遇，則爲幸多矣。康德戊寅，海東朴君出此卷見示，既重公節槩，復以卷後有其國先輩題名，故珍襲甚至。屬爲題識，爰書平昔所以嚮往於公者，記於卷尾以應之。

周忠介公山水軸跋

曩讀《周忠介公年譜》，載公工墨蘭，兼寫山水。恨未嘗見也。丁巳在滬上得此幀，爲之驚喜欲狂。公自題云：「近溪幽㵎處，全借墨華濃。唐人此語真所謂詩中畫也。曉起無事，偶寫數筆，覺冷光滿紙，又非畫中詩耶？時天啓壬戌初冬，寓吴生心水園之南窗，蓼洲周順昌并識。」畫筆清迥，誠如公自題所謂清光滿紙者，不知人間尚有他本流傳否。予去年在津沽，於長洲章式之外部（鈺）寓齋見范文貞公山水，仿北苑法，極工，亦平生未見第二幀。附識於此。

又尺牘跋

忠介手簡兩通，一七行，一五行，其上款皆署「孟翁親丈」，不知爲何人也。書拙而健勁，凛凛大節，已於翰墨中見之。今士氣委靡，故書亦柔茶無氣骨。君子於此觀世運矣。

董文敏臨諸家書册跋

董華亭書，以唐人之體骨而傳以晉人之韻味。其平生於顔、李、徐三家用力極深，蓋楷則至唐而大備，溯晉之流而導唐之源，故卓然成一代宗工。此册雖雜仿各家而體韻兼勝，世人但目華亭書以「藻麗」二字，豈能知華亭者乎？竟山先生熟精書學，以爲何如？癸丑五月二日。

袁督師膚功雅奏圖詠卷跋

右圖但有作者姓名，而上款刓去，王幼霞侍御考爲袁督師任薊遼總督時同人贈行之作，其説甚確。卷後題識十八人，陳文忠首列。文忠與督師同舉萬曆四十七年己未莊際昌榜進士。次爲梁國楝，香山人，字景升，天啓四年甲子舉人，仕至彭澤知縣。又次爲黎密，吾鄉王季重先生爲作傳，乃與楊廷麟、萬元吉同守贛城，城破殉節，贈兵部尚書、謚忠愍黎遂球之父，字縝之，番禺人，六歲而孤，哀毁盡禮，補博士弟子，未四十謝去，時稱高士。又鄺湛若，卷中署名作「鄺瑞露」，而諸家傳記但作「鄺露」。蓋以生而甘露降于庭，故以瑞露名，後省「瑞」字，然不得此卷，則其初名不可知矣。其他諸家多不可考。此卷爲叔海方伯所藏，辛酉七月，携至津門，出以見示，爰書卷尾以識眼福。

瞿忠宣公墨蹟跋

此本以光緒戊戌見之滬上，乃隨手雜書時事，凡三則。末不署名，但鈐名印而已。觀所記瑠祠事，想見一腔憤懣。而書法顧閑雅。讀《媿林漫録》及此書，知公平日學養之深也。

萬年少人物卷跋

萬年少先生書畫，流傳至少，此卷爲北平李芝陔太守舊藏。款署崇禎辛未，時先生年二十九。先生年二十八中楊廷樞榜舉人，文名已大噪矣。此圖筆墨冷雋，少作已能臻此境，即以畫論，亦當千秋不朽也。辛酉十月。

八大山人詩畫册跋

傳世八大山人畫多苟略，皆贋迹也。此册詩一、山水六、魚鳥二，均極深厚古穆。山水由大癡而上溯荆、關、董、巨，盡斂雄肆之氣，而納之規矩，殆合惲香山、鄒衣白爲一手。山人詩，傳世尤少，惜此册僅得一篇。然亦可窺豹一斑矣。前人記載山人爲石城王孫，名耷。予往在定海方氏，見山人畫册，後有王惕甫跋，考其名爲由棂，朱耷者，蓋寓名也。檢《淵雅堂集》不載此文，附記於此。

冒巢民倚石聽泉小象卷跋

此圖禹慎齋鴻臚作，巢民先生倚磐石上，豐眉疏髯，廣顴狹頦，手持酒杯。石旁有飛瀑紅葉，滿山風景幽豔。上有南田老人題七古一章，卷後題者三家：曰王石谷，曰查聲山，曰魏浮尊，諸家均不署年月。觀巢民先生面目，約三四十許，殆鼎革未甚久，故南田詩中尚隱申出山之戒也。先生交滿天下，題者必不止此，疑被後人割去矣。

惲南田小象卷跋

此圖竹樹扶疏，前有溪水一，石案上置書硯，奴子奉畫卷從竹中出，先生負手坐石上，疏髯秀目，狀至閒逸。上有先生自題署壬子春月。别紙録自贊，則書於丁巳八月。考先生生於崇禎六年癸酉，時年三十有九。故自識有「彈指四十」語，丁巳則先生年四十四矣。

又畫册跋

往歲在滬江，東軒尚書出南田山水册，與予及王忠慤公并几共賞。尚書謂吾三人論學多同，未知論畫何如，試各密拈八字以評之。乃各以小紙書之，出以互視。尚書曰「春雲藹空，秋月照夜」，忠慤曰「黍谷生春，百昌蘇醒」，予曰「鳴琴幽壑，時來薰風」。尚書觀之，抵掌曰：「將毋同。」因命予書是日所言於册尾。今匆匆十年矣，尚書、忠慤先後棄人事，予乃塊然尚存，今觀此册之妙，當合三人之評以評之。而回思疇昔，尚有友朋談藝之樂，今且并此亦不可得。偶憶此事，書之以志慨喟。戊辰十月。

徐貫時詩翰卷跋

此卷《斷硯歌》二首，《又疊前韻》二首，以贈姜西溟者，末署「貫時徐柯具草」。貫時者，文靖之仲子澗上先生枋之弟，自稱「東海一老」者也。平日嘗疑澗上操行堅苦，過於淵明，而貫時以豪侈名家，有二株園，縱情文酒，不類其兄。嗣讀澗上《敬書先六世祖大中丞公貴人像後》有曰「小子惟願吾子孫惟日兢惕，束身勵行，以求無失中丞文靖之規矩，無隳中丞文靖之門地可也。今吾徐氏子孫又何如乎？耰鉏箕帚，德色誶語。鬩牆爍釜，併倨反唇。朱陳厮隸，何云王滿。秦越肥瘠，豈質襜帷。嗚呼！吾門雖衰，猶爲甲族。而所以致此者無他，不自念其爲何人之子孫，不自知其處若何之門地，不自敬其身，不自戒懼其心也」云云。又有《與二弟貫時手簡》言：「吾兩人寧居一處而不會面，豈容一刻有異林之感。」其言沈痛，而隱約知貫時所爲有澗上所不忍言者。及讀朱柏廬先生《毋欺録》，言：「在郡城聞有以逋賦陷昭法者，至是見昭法，得審其詳。以饘粥不繼之人，何堪此災。而又非異姓疏屬之所爲，益爲驚悼。」又記「昭法之病，鄭三山給醫藥，張英甫周其急，日侍病榻，涕淚交頤，歎爲義士。以不獲拜于其堂爲悵」。始知貫時之於澗上，不止異趣，且相煎甚急。此秦越之所不爲，而貫時泰然爲之。又讀潘稼堂先生《遂初堂集·戴南枝傳》稱：先師簪纓世家，親族故舊甚衆，身後鮮過而問焉者。又考澗上易簀時，託孤孫於楊震伯先生兄咎。貫時卒年七十五，時固健在也，而不聞臨喪撫孤。賴南枝、稼堂諸先生力，乃僅得營葬。嗚呼！貫時於文靖爲弗子、於澗上爲不弟矣。雖澗上爲弟諱，柏廬爲友之弟諱，稼堂爲師之弟諱，而事實具在，不啻爰書，終不能逃後人之尚論也。予每讀澗上《戒子書》、《病中度歲記》、《再生記》，輒爲涕下，不能自已。不謂同胞之弟，乃忍心至於此極。嗚呼！人倫至此，尚忍言哉。爰書之以爲萬世戒。戊(子)〔午〕冬，方撰《澗上年譜》，適檢此卷，漫書其後。

顧云美書河東君傳册跋

顧云美撰《柳蘼蕪傳》並畫象真迹，乙巳冬得之吴中。《傳》載蘼蕪事實甚詳，其勸虞山死國難，至奮身池水中以要之，凛凛有烈丈夫風。虞山竟不爲感動，真所謂心死者也。吴人某所著《野語秘彙》述虞山被逮時，河東君先挈重賄入都，賂當道乃得生還。其權略尤不可及，可謂奇女子矣。《傳》中記蘼蕪初歸雲間孝廉爲妾，殆先適陳卧子，他紀載所未及。其歸虞山，在明亡前三年，時年二十四。至癸卯下髮，年四十有六。逾年而值家難。云美此傳作于致命後數日，婉麗悱惻，絶似易安居士《金石録後序》。于蘼蕪表章甚力，而于虞山則多微詞，可見公論所在，雖弟子不能曲諱其師，深爲虞山悲矣。此册傳世二百餘年，楮墨完好。殆蘼蕪之風流節概，彼蒼亦不忍泯滅之耶？光緒丁未三月，將取付景印以貽海内好事者，俾益永其傳，並綴辭于後。

《傳》載虞山言「天下風流佳麗，獨王脩微、楊宛叔與君而三。何可使許霞城、茅止生耑國士名姝之目」云云。考《列朝詩集》，王脩微名微，廣陵人，號草衣道人，歸華亭潁川君。潁川君有聲諫垣，抗節罷免，脩微有助焉。有《樾館詩》數卷，又撰《名山記》數百卷，是脩微才行亦蘼蕪之匹也。潁川即許霞城，名譽卿，東林黨人，官給事中，脩微依之以老。楊宛叔名宛，歸茅止生而陰背之，後爲盜所殺。虞山挽茅止生詩：「白頭寞寂文君在，淚溼芙蓉製誄詞。」注：楊宛叔製《石民詠》詞甚工，又《文瑞樓書目》有楊宛《鍾山獻》六卷。是宛叔優于文而劣于行，有媿蘼蕪、草衣多矣。茅止生名元儀，著書甚多。見《明史·藝文志》。負經世大畧，參孫高陽軍，客死遼瀋。並附記于册尾。

高文恪公種蔬小象卷跋

此圖禹鴻臚作，款署「甲子夏日廣陵禹之鼎寫」。文恪豐頤疏髯，野服荷鍤，手携筠筐，中儲野蔌。卷上文恪自題六絶句，無他人題識，殆已佚矣。文恪小象，此卷外平湖葛氏藏一直幅，亦鴻臚所繪，騎而衣冠，當是侍從出塞時象。此卷署甲子，乃康熙二十三年。公生於順治二年，乙酉時年正四十也。

宋緘夫丹荔珍禽圖卷跋

此卷無題識。筆力古健，賦色沈厚，置之宋人真跡中，幾不復辨。後有道光六年介存居士、道光戊申拓唐二跋。介存居士者，荆溪周止庵教授濟，拓唐則山陽丁儉卿舍人晏也。周跋謂是商邱宋緘夫作，丁跋又稱爲宋隱山，均不著其名。周跋謂「緘夫工於臨摹，脱手亂真，輒得重價，不肯自署名。惜其精力耗於作僞，苦勸始相聽從，此其出手第一幅也」云云。則緘夫與介存乃故交，故不記其名。

今檢之書畫譜録，不見其人。抱此絶詣乃後世而名不稱，可悲也。我朝畫學，至嘉道以後寖至式微，竟有如緘夫者，其功力天才足與宋人血戰，每一展卷，令人變色驚歎。止庵教授謂「苦勸始相聽從」，而卷尾則不署款如故也。以藝自娱而無名心，其品誼尤足尚矣。

予平生喜收古人真跡之不經見者，此卷爲姊夫何益三孝廉福謙所贈，藏篋中數年，寶之如宋元人名迹。頃曝畫，復取觀。爰書卷尾，俾我子孫知所寶貴。異日若竟檢得其名，豈非快事，謹弆以俟之。戊(子)〔午〕長夏。

湯貞愍公畫梅軸跋

毘陵湯貞愍公，中歲解組，寄居金陵。築琴隱園，極水石竹木之勝，姬侍皆能書畫。春秋佳日，招携同好爲文酒之會，人望之若神仙。先王考高郵公與公訂金蘭之契，故當時得公翰墨獨多。及赭寇之亂，公巷戰殉國，先王考亦遽捐館舍。公之手翰與白下寓居同付劫灰，但於公集中見公與先王考酬贈之作，知兩家交誼而已。公繪事爲世傳寶，寸縑尺素，珍若琳瑯。顧傳世山水稍多，畫梅流傳稍少。此幀全法煮石山農，但以秃穎作花草，小變山農之法。然與童姚諸家粗獷縱横、全棄古法者不同。即此藝事，已是獨步一世，矧觥觥大節與日星争耀，能不爲至寶耶！甲子正月。

林畏廬雪山軸跋

畏廬老人初以古文名，以譯小仲馬小説，海内乃尊爲小説家。晚歲旅食春明，鬻畫自給，乃又羣推爲畫家。予交翁廿餘年，知翁最久。翁嘗謂生今之世，文如韓退之，詩如杜子美，書如王右軍，畫如摩詰，聖如孔、顔，皆爲社會所唾棄。今日舉世推重之人，乃喪盡天良、滅絶廉恥、一意徇利者耳。其言絶痛。今讀此畫題識，宛然見其憤世嫉俗之狀，而翁之墓草則已宿矣。乙丑仲夏。

沈乙庵尚書山水跋

嘉興沈乙盦尚書，與予訂交三十年，不知其工繪事。尚書身後，家弟子敬言尚書嗣子慈護蒐遺篋得山水數十幅，乃中年所作。因乞得四幀，付諸裝池。往歲尚書與予論國朝畫家，極推崇麓臺司農，今觀遺墨，果從司農受衣鉢者。尚書墓草已宿，披覽遺墨，爲之憮然。丙寅三月十日。

三島中洲王文成公銅象記卷跋

光緒丁酉，予寓居滬江，始與東邦學者締交。知吾鄉陽明先生之學盛行於海東，每覽明治中興史，知當日所以致隆盛者，固師武臣力所致，實以德川幕府崇尚儒術爲之基。德川氏之奉還大政，蓋凛然於春秋大義，遂使遵攘諸臣竟其功，此陽明良知之説收其效也。往歲曾與老友吴摯甫京卿言之，摯老東遊，拜德川氏家廟，爲長歌以詠歎之。及辛亥後，予避地扶桑，故老耆宿雖服膺儒術者尚不少，然後生多震驚於西洋物質文明，儒學亦稍稍衰矣。今讀三島先生此記，深以内外交修望之清宫先生，復以字號説、以親民之旨相敦勉。清宫先生必能本諸師説，以先知先覺自任，俾以良知之説警當世，以復崇儒之舊，其功將與明治維新諸臣比烈矣。謹企足以望之。己巳四月。

又字號説卷跋

戊辰仲冬，予避地遼東。明年春，始識清宫先生。挹其氣充然儒者，心焉敬之。三數見，乃知曾從三島中洲先生受陽明之學，因出此卷屬題。文中以大學、明德、親民相勗，知清宫先生所以持身立行之本源，蓋有在也。方今東方大陸邪説横行，甚於洪猛，惟扶桑三島尚能維持三千年之綱常名教，豈非崇儒之效耶？謹書卷尾，以識欽企。

吴太史王文成公銅像記卷跋

清宫先生得陽明子銅像，既請三島先生爲之《記》，復遣長沙吴太史爲此文。予固不識吴君，觀其文章爾雅，蓋亦篤志於儒學者也。方今神州荆莽，後生末學思想日歧，致人禽之界已溝而通之。

此其咎雖在青年學子，亦父老之教不先，甚至皓首老人亦盡棄平生所學以附和之，此其罪更浮於沈溺異説之少年，豈非名教之罪人哉！讀吴君文有所觸，漫書其後。

跋自臨孔宙碑

古人作書，無論何體，皆謹而不肆，法度端嚴。後人每以放逸自飾，此中不足也。卅年前亦自蹈此弊，今閲古漸多，乃窺知此恉。並知中不足而飾其外，終身無藝成之日。立身行已，亦復如是，非有二也。甲子六月，爲季纓賢甥臨此，漫書其後。

跋自臨□朝侯小子碑

□朝侯小子碑，近十年出關中，但存下截。傳世漢刻中，此碑隸法最備，如精金良玉，無纖毫浮漲。學者由此問津，當不至墮入狂怪怒張及貌爲高古之習。甲子六月，苦雨苦熱，偶臨此本以消長夏，此爲第六通，粗得筆意。

歷代監察制度因革説

古者設官而立之監，蓋始於嬴秦之世，以御史監理諸部，謂之監察。其職蓋初以察外吏，至漢初叔孫通定新朝儀，以御史執法，舉不如儀者輙引而去，乃並以察朝官。其制設御史中丞，在殿中蘭臺，掌圖籍秘書。外督部刺史，内領侍御史十五員，受公卿奏事舉劾。所居之署謂之御史府，亦謂之御史大夫寺，亦謂之憲臺，後漢謂之御史臺，亦謂之蘭臺寺。梁及後魏、北齊，或謂之南臺。後周曰司憲，隋及唐皆曰御史臺。龍朔二年，改爲憲臺。武后時改爲肅政臺。置左右二臺，别置大夫、中丞各一人，侍御史、殿中監察各二十人，掌肅清風俗、彈糾内外，左以察朝廷，右以澄郡縣。龍朔以後，去肅政之名，但爲左右御史臺。宋仍唐制而廢大夫，以中丞爲臺長，掌糾繩内外百官姦慝，肅清朝廷綱紀。大事廷辯，小事彈劾。然在唐世以諫官任諫諍御史，主彈劾，至宋則御史兼糾劾論諫之事，謂之臺諫。蓋至宋而御史臺之制爲一改進。金御史臺之制，以御史大夫掌糾察朝儀、彈劾官邪、勘鞫官府公事。凡内外刑獄所屬，理斷不當，有陳訴者，付臺治之。世宗大定八年，又令監察御史分路舉善惡。元制御史臺亦掌糾察百官善惡、政治得失。明初置御史臺，設左右御史大夫。洪武十五年，改御史臺爲都察院，設監察御史八人。十六年，設左右都御史各一人。其後分爲十三道，增監察御史一百十人，主糾察内外百司之官邪。或露章面劾，或封章奏劾，並巡視倉庫，查算錢糧。

有清仍明制，而但設都察院左都御史及副都御史，以右都御史爲總督坐銜，右副都御史爲巡撫坐銜，俱不設京員。雍正初，復以六科給事中隸都察院，聽都御史考核。其監察制度分十五道，左都御史、副都御史之職掌，在察中外百司之職，辯其治之得失與其人之邪正。率科道官各矢其言職，以飭官常，以秉國憲。率京畿道以治其考察、處分、辯訴之事，大政事下九卿議者則與焉，凡重辟則會刑部、大理寺以定讞，與秋審、朝審，大祭祀則侍儀。六科給事中掌發科鈔，親接本於内閣，而分下於各部，應封駁則以聞，稽察在京各衙門之政事，而注銷其文卷，皆任以言事，朝會則糾其儀。監察御史掌稽察在京各衙門之政事，分覈各省之刑名秋審、朝審各題，以俟勾決，朝會則糾其儀。又設巡城御史，掌分轄京城五城十坊之境，而平其獄訟，詰其姦慝，弭其盜竊。月吉各率其鄉約而宣條教，掌凡振卹之政令。視宋明之制而尤美備。蓋御史臺之設，宋以前僅掌糾彈、司風紀，至宋而合諫官爲一。蓋風紀之事，上與下交相守，僅在察吏，尚不足以賅政治之全。至有清又以給事中轄都察院，其法制盡美盡善，蔑以加矣。

今新國家監察院之制，蓋仿宋以前之御史臺，而加入審計，與有清之制户科給事中分稽財賦其意正同，然於内外百官，能去惡而不能進賢，於政治得失、民生疾苦、風化綱維均不能干與。且法規中於舉劾不職，無公布之條，俾懲一可以警百。如近日彈劾□□□省之案，以不公布之故，致報紙莠言日出，殊非國家所以明是非、示勸懲之道。兹畧述列代制度因革，冀本院職掌異日有所補正焉。

上匋齋制府第一書　**繼祖謹按：此題第一書，則尚有第二書，已佚不存。**

兩次奉謁，皆未獲接見，玉固非有私請也。因恭讀昨晨鐵路收歸國有之諭，憂喜交迸，亟欲就公面陳以謀未雨之綢繆耳。玉平日竊見今之柄政者，于國家大政，靡不因循規避，畏首畏尾，但圖目前之苟安，無敢以一身肩利害者，今乃破除積習，一無瞻顧。此竊喜者一也。路歸民辦，覩成無日，改由國造，行政既免葛藤，程工可無延曠。此竊喜者二也。而又爲之殷憂者，此次國有政策，蓋因各省自辦，徒滋紛擾，非此不足以解免之，固非與民争利也。然造路之資，仍不能不貸諸各國。往者各省争路權者，固妄詆借款爲賣路矣。今亂民思逞，危機四伏，正苦無可藉口，萬一海外奸猾指此次國有政策爲争利賣路，造作蜚語，淆惑人心，並誘導國内青年喜事之徒以附會之，一倡百和，横生枝節，其處理之難，恐更什佰倍於往事。此一可憂也。國有之議倡於毘陵，毘陵爲人專利壟斷，素爲清議所薄，矧以前又有政敵，今雖斥歸田里，而宿憤未蠲，野心不死，頗慮其暗中煽動亂黨，興起狂瀾，並假借清議，以聳動二三正人君子，利用之以報私仇，勢必一人報怨，擾及全局。平心論之，毘陵此舉何嘗不是，惟「國有」二字，實有未妥。連日都下輿論，以其平日不滿于人者多，遂並其是者而亦非之，殊非聖人不以人廢言之旨。天下事壞于宵小者半，而壞于君子誤爲宵小所利用者亦半。此二可憂也。憂喜相權，竊謂可憂遠逾于可喜，雖杞憂或未免過當，然天下之患每起于細微，正不得不早爲之計矣。

爲之計奈何？私意莫如由朝廷繼下一諭，解釋前旨謂國有之義即是國造，以後全國鐵路皆由國造，造成之路皆許民有，並可將現已造成之路利尤厚者，依利率定價，售歸民間，以昭大信。且民間購路股金，即以興造新路。新路既成，仍售於民。以此循環挹注，推廣築造，可免假借外資，俾反側者無可藉口，是一舉而兩善備焉。惟諸路收入，向歸郵部，一旦失之，毘陵或惜近利而忘遠害，致生阻梗。擬請公一面陳利害于樞府，請旨解釋；一面忠告毘陵，俾知交通之利雖爲民有，而補苴並非無術。即如各國例收通行税，若能彷行，即爲補苴之一端。此外尚多，可以徐圖。若售路于民之事無阻，而解釋之旨早頒，則不但杜絶危機，且得公私兩利。夙佩公公忠體國，今雖優游緑野，自不能不關懷國是。若迅向政府建議，立與施行，國家幸甚！人民幸甚！臨穎翹結，無任神馳，伏維照察。

答人問學篆書

承詢學篆之法，就管見所及略言其概。大約篆書可分三時期：古文一也；秦漢魏晉二也；唐宋三也。古文以古彝器款識及貞卜文爲一類，而歧陽獵碣附之。秦漢以吉金款識及碑額爲一類，而新出之魏石經直接兩京。唐以後則李少温、二徐、夢英爲一類，而元之趙文敏又直接李徐之傳。若以書勢言，則可分結字及用筆爲兩大端。古文結字，疏密一任其天然，長短大小不必整齊，以短筆、直筆取勢，故淳古。秦漢間人則筆勢漸長，結字漸整。至少温、二徐，益趨匀稱，古法大變。其所異大端則在筆法，古文及秦漢人筆法不異，古文有折無轉，如作一方□，乃合四筆而成。及秦漢人則仍用古法，但略參以圓轉暗折，至少温以後，則悉變古法，全爲圓轉。其作方圍以兩筆成之如□矣。公若學篆，鄙意或從少温起，然後上溯古文；或逕以漢魏起，徑學近出魏正始石經中之篆體。不審高明以爲何如？

又

篆書自漢人始變三古之法爲寬和，至唐益爲紆徐，宋以後古法殆絶。鄧完白用漢法，去古甚遠。近百年間，吴清卿中丞始倡復古，蓋得力於金文，然相斯真面目尚未能窺見。近發見龜甲文字及秦虎符，然後於三古及相斯篆法乃益明，此近十年間古代學術新發明之一。

答人問刻印書

刻印以摹古印爲第一，猶唐人學書從油素雙勾及嚮拓殆正相同。但漢人印多鑄成，鑿者惟私印及官印之急就者耳。故學朱文印以秦璽爲佳，又參觀古封泥亦佳。

又

近來諸家譜録，愚意吴氏子苾《雙虞壺齋印譜》爲第一，山東二家正續爲第二，抱殘守缺齋亦佳，但貪多選擇未精，若去其十之三四，其精當與吴譜比肩。吴清卿譜亦有貪多之弊，須删十之二三。

又

古璽文字乃自爲一體，與尋常古文金文異，即許祭酒謂書有八體，一曰刻符是也。此種文字多不可識，以前直至吴中丞尚不知此别爲一體，故《説文》古籀補中多采古璽文而詳爲解釋，今日多見始知之。

儒教研究會開會致辭

下走半月前由旅順赴大連，于車中邂逅石川堂長，爲言校中同學請開儒教研究會，石井堂長將嘉諸君之志而贊成之。下走聞之，既喜校中同學志向正大，復佩石川堂長以昌明正學爲己任，無任忻慰。今日爲此會成立第一日，石川堂長請下走莅堂講演，請將儒教之原始與其功効爲諸君言之。

古者政教合一，作君作師未嘗歧而爲二，其教育制度蓋四民分業，其制具載《周官》及戴氏《記》。司徒所掌自家塾、黨庠、術序，以至國學，均在國中，以達四郊。至六遂以外，則以居野人，使有治無教。至受學之年齡，以八歲入小學，十五入大學，小學之教，比年入學，中年考校。一年視離經辯志，三年視敬業樂羣，五年視博習經師，七年視論學取友，謂之小成。大學之教則由格物、致知、誠、正而脩身、齊家，以至治國、平天下。六鄉之内，三年大比，以興賢興能。六遂則興甿，其不帥教者左鄉移右，右鄉移左以恥之，再不變則移之郊，移之遂，以至屏諸遠方，終身不恥。蓋移遂則降士爲甿，不復施以教育。其制至備，法至嚴也。迨周室東遷，王化不行，學校衰廢。春秋之世，子弑父者有之，臣弑君者有之，孔子閔人道之窮乃設教洙泗，删詩書、定禮樂、脩春秋，存堯舜文武之治以法後王，是爲儒教之始。

孔子之教，以綱常爲本，中庸爲用。令人脩三達德以行五達道，以維持社會秩序，保全人類和平。當時，顔曾思孟諸大賢益發揮而昌大之，顧當時國家失政，學説朋興。儒家之外，别有道家，主清静；法家，主刑名；墨家，主博愛；楊子，主貴我，皆與儒家争席。然其説皆偏而不全，遠乎中庸，雖或能救一時之失，而極其弊害，去道彌遠。及漢之武帝，乃罷黜百家，獨崇儒術。自是以後二千年間，凡本儒術以爲治則世治；背之則世亂。于是儒教遂爲東方立國之精神而不能廢矣。今者世界思想日變，社會現象日危，故非講明正學無從挽此潮流。此會之設，實不容緩。而於貴校堂長及諸君爲之發其端，異日發充光大，孟子所謂經正民興之效將於此基之。諸君勉聃！下走將仰企以俟之。

五十一歲小像自贊

汝何人斯？汝生于義熙之季，抑丁乎秦燼之餘。是曾闚中秘之儲；披二酉之書。拾墜簡於流沙；得佚禮於殷墟。長安居而索米；滄海變而乘桴。抱遺編而永慕；鬱孤懷而莫攄。吁！嗟乎！汝殆非今之人而忍死於今之世者乎？

七十小像自贊

讀萬卷書不成通儒，行萬里路趦趄道塗。悲天憫人，集蓼茹荼。貌隨年改，憂與生俱。嗟意長而志短，空負此七尺之軀。

貞松老人外集卷四

蔣君伯斧與予同歲皆屬虎丙申八月伯斧作印見惠愛不忍釋刻詩其上詩旨所云蓋指伯斧非敢自況也 丙申

山君威望久驚人，特借貞珉爲寫真。何事年年同豹隱，白雲深處穩藏身。

別况 己亥

又作匆匆別，飢軀不自持。長貧輕遠道，久客富新詩。藜藿閨中婦，之無膝上兒。他年鹿門隱，荷鍤日相隨。

詠絮效齊梁人體

隨風因入幕，得水便成蘋。偶託清流潔，還沾紫陌塵。落花時混迹，飛雪恥爲隣。皓白真堪惜，浮沈寄此身。

舟中即事

客緒從誰訴，朝朝困旅程。寒衾欺短夢，濁酒坐深更。大地飢劬色，長河憤懣聲。賈生尚憂國，窮達念俱平。

白門感事　庚子

瀟瀟風雨石城秋，迸作詩人萬縷愁。一寸旅鐙三尺劍，打窗敗葉更颼颼。

言愁喜遇張平子，謂張郁齋。對酒因思李謫仙。謂亡友李洛才。旅舍琴尊倍惆悵，憂時感逝恰中年。去年夏，洛才没於金陵旅次，曾往弔。今一年矣。

北地蟲沙成浩劫，淮南鷄犬不能仙。野人但祝休兵早，鑄戟長耕隴上田。

官道青青柳色新，繁陰不染大車塵。攀條別有傷懷處，苦憶當年種樹人。金陵馬路旁柳皆徐星搓分轉所植，今分轉以事待罪，聞將遣戍云。

春閨 癸卯

短夢春宵睡起遲，捲簾驀地見花枝。好花落盡鶯聲老，一種春愁訴與誰。

寄網師弟

回首淮陰涕淚沱，城南松櫝近如何？北窗忍見萱花發，無復重賡陟屺歌。

讀史

閒將往迹重披尋，一霎那間變古今。憂患果能開世運，競争于以驗天心。乖時恥作唐衢哭，抱膝誰爲梁父吟。窮達自關千載事，未應朝夕論升沈。

題東游日記

先後浮槎兩少年，遠追徐市海東邊。携歸丹訣無人信，矮紙親鈔意惘然。

古意

青樓臨大道，中有絶代姝。妝成對明鏡，自擬秦羅敷。所懽期不至，荏苒歲云徂。東里集游俠，西舍吹笙竽。更有桃李花，灼灼城之隅。何如妾薄命，坐待紅顔枯。

題伯斧小像

淮浦申江共卜居，倩人爲畫耦耕圖。而今嶺海重携手，又是年華十載餘。

題天南萍絮圖

東海冥鴻太瘦生，狂談非復昔縱横。畫師猶似嫌疏放，爲補須冉學老成。畫工爲予寫真，以筆補須冉，蓋誤予已有須也。少壯無成老可知，披圖忍復見須髭。淮陰老屋今無恙，記得髫齡上學時。

悶坐

沉沉晦雨趙佗城，一日催人萬感生。鏡内鬢眉驚老大，客中書卷任縱横。愁看芳樹都無色，夢醒鄰雞已作聲。入蜀杜陵空復爾，許身禹稷竟何成。

得啬庵津門詩却寄

醉夢經旬未解酲，浮生何事日營營。邸鈔到手神先怯，舊雨關心感易生。賈傅文章空涕淚，西山寇盜已縱横。多君宿約重申訊，何處雲山託耦耕。

鳥語

此身只合守牛衣，細數平生事事非。昨日窗前聽鳥語，分明勸我不如歸。

感賦

蓬萊清淺路難通，懷刺三年意轉慵。那有夷吾定尊攘，徒聞胡廣諱中庸。神京北望衣冠盡，滄海東來戰血紅。朝菌詎能知晦朔，深山何處有喬松。

題蘇州盛氏園林

二十年來首重回，滄桑小刦不勝哀。池臺依舊春無賴，穠李夭桃次第開。壬午秋，初遊此園。中間數數，至今二十二年矣。

燕市寂寥屠狗死，要從吴苑覓簫聲。那知蘅杜都銷歇，才見紅裙照眼明。
洛下貴游何整暇，隱囊紗帽太平時。黄門遺訓雖淒切，説與吴兒恐未知。
自笑江東老布衣，談經説劍願都違。半生心事憑誰訴，且倒芳樽送夕暉。

題小像五首　己酉

三十被褐，城南蟄居。蔬食飲水，緬想唐虞。
少年意氣正縱横，何事呼朋共耦耕。種樹書成誰乞稿，海濱回首不勝情。
當時乞得駐顔方，今日依然兩鬢蒼。是否竟由丹術誤，要同徐福細商量。
生計蕭疏白髮催，素衣日日點塵埃。頻年心跡從誰説，似爲應官索米來。
東海安期與我期，爲言何苦鬢如絲。人間弱水無涯涘，還是蓬萊有到時。

題柯易堂先生鏡影圖

海外鳴琴政早成，當年寰寓鏡同清。而今怕説珠崖事，欲展遺書淚已傾。
蘭亭研與仙人鏡，石墨琳瑯照眼明。今日披圖初展拜，廿年前已夢先生。

讀寒山詩

晨興飲冰雪，細讀寒山詩。言已得真諦，字字覺癡迷。掩卷對滄海，觸我平生思。倘使無豐干，文殊竟誰知。肉眼不識佛，吾爲斯世悲。

題比叡僑居圖 壬子

故園薇蕨已全空，來作三山采藥翁。夢繞觚稜餘涕淚，心傷知舊半飄蓬。六年去國成先兆，予四十一歲至都下，言此行能行吾志未可期。六年更無所成，出國門不復入矣，不幸成讖。萬歲無疆祝聖躬。誰料幽燕尚多事，似聞遺矢及堯宮。

除夕

脩蛇赴壑惜年光，憔悴孤臣鬢有霜。浮海苦存漢家臘，偷生待舉中興觴。乍傳延渭罘罳壞，似説龍沙保障亡。遥把屠蘇瞻北闕，除凶解惡祝吾皇。

撰殷虛書契考釋成漫題 甲寅

海溢桑枯靈骨見，鱗來鳳去我生非。射牲疇復貞牢禮，卜辭中多卜牢數。去國依然夢畫衣。卜辭中有「□」字，象畫衣也。並世考文誰史許，當年抱器感箕微。摩挲法物窮鑽仰，學易曾聞屢絶韋。

失題

山館分携暮色微，歲寒情話尚依稀。湘江壯節期無恙，遼海孤踪安適歸。池水照顔予髮短，春明入夢昔遊非。階前苔蘚無人跡，猶冀重來一款扉。

失題

仰止清芬廿載餘，國門相見喜何如。無端忽遘滔天刦，莽莽神州痛載胥。

君歸海岱我乘桴，重展鬚眉向畫圖。今日誰徵文獻事，堂前書帶久應蕪。

歷下匆匆駐使車，苦搜古刻補秦餘。阮馮著録徵求徧，夢想先生新著書。

屏騶親訪膠西叟，咫尺精廬未許窺。誰料名山同講席，一時頓失兩經師。

李徐舊約隔重泉，西顧鄉閭意黯然。從此遺書忘越絶，遠輪齊乘有成編。

海內傳經尚幾人，似聞六籍總灰塵。披圖未忍重回首，一度思量一愴神。

自東瀛歸國兩京神坂諸君公餞於圓山公園賦此答謝兼以誌別 己未

祖筵悵將夕，暮色何蒼茫。主人意自厚，賤子情自傷。憶作滄海客，荏苒經八霜。國步猶未寧，歲月逝堂堂。久抱虛生媿，願言理歸裝。一昨夢觚稜，疑綴鵷鷺行。又夢遊京洛，故宮禾黍長。一心交欣戚，志意方彷徨。晨雞警虛枕，乃知身在牀。今日良宴會，不忍揮清觴。敢陳卹鄰義，唇齒毋相忘。矧復迫外侮，胡不同舟航。邦人昧遠圖，未知戒鬩牆。羈臣口銜闕，憂憤結中腸。請誦伐木詩，載賡棠棣章。

題小象留別東友

八年浮海鬢成霜，魂夢依然戀首陽。他日盲翁傳話柄，小臣有墓傍先皇。

奉勑題錢選觀鵝圖 丙寅

沙上薇香歷歷多，金鑾昔夢近如何？元虞集《題滕昌祐薇香睡鵝圖》詩「薇香不自獻，夢到金鑾殿」。霅溪遺老真清逸，却寫山陰道士鵝。

老友大村西崖謝人世七年矣哲嗣文夫孝思不匱書來乞詩賦此應之 己巳

洛下初相見，東邦稱西京曰洛陽。于今十八年。同傾蓬島酒，晚踏薊門煙。在京都時君約飲於圓山公園，君晚歲遊禹域復相見於津沽。翠墨千通集，君編佛教美術雕塑史，從予假六朝以降造像記千餘通。新書萬口傳。所著《象教發達志》一時紙貴。風徽猶未沬，插架有遺編。

元旦試筆 庚午

神州何日靖妖氛，重見蒼生出溺焚。我有篋中聱叟硯，研磨好續次山文。

彙裝歷年小像爲一册題此

一回相見一回老，昔日少年今白頭。騎虎握蛇成底事，何如海上狎沙鷗。

題溷中花小説

一卷凄凉棄婦辭，女鬼士爽古今悲。稗官亦有風人旨，如讀蚩蚩抱布詩。

題吴梅村畫

一代才名吴祭酒，千秋妙筆趙王孫。可憐頭白京塵裏，寫出江南雲水村。

答山本二峯見懷次原韻

十載桑隅逝水流，身今隱矣復何求。哀時但有心如噎，對鏡還驚雪滿頭。百歲竟教閒處老，兩京惟向夢中收。多情舊雨憐衰朽，遠寄新詩話昔遊。

叠前韻

神州廿載難横流，敷奠時從夢裏求。汎梗久嫌身是贅，飾巾不覺雪盈頭。頻年烽火鄉關渺，何日蟲沙刦運收。多謝故交山吏部，尚期蓬島作清遊。

悶極解嘲 辛未

進固無能退亦非，行藏寧免俗人譏。休嗟薄海蒼生溺，行見衝天大鳥飛。課僕試栽彭澤柳，呼兒且擷首山薇。據鞍許國心猶壯，谷飲巖棲詎所希？

狂聖

狂聖從來各是非，德衰寧免接輿譏。遠思窮髮鯤鵬運，邇察蓬蒿斥鷃飛。羆虎姬興方命卜，夷齊殷殪自餐薇。老莊妙旨吾能曉，并世何嫌知我希。

閨情

容光坐減損腰圍，屢卜郎歸尚未歸。蓬首朝朝謝膏沐，夢魂夜夜向金微。温尋殘夢倚匡床，一寸靈臺思渺茫。打户似聞聲剥啄，霏霏雨雪卸歸裝。

感逝懷王忠慤公

交公三十年，六載隔重泉。公象張素壁，瞻對每涕漣。哀公非私誼，厥誼在懷賢。緬想公平生，德藝何純全。論世目如犀，擔義鐵作肩。自公騎鯨去，世運益迍邅。邪説日横恣，大義淪深淵。念此使人懼，肝腸如熬煎。邇者觀天狼，又復指幽燕。吾皇誠明哲，終解民倒懸。誰草興元詔，慨想陸忠宣。九原如可作，吾欲叩蒼天。

題金高士畫象

巾帶猶存勝國風，遺民心事幾人同。劇憐無限滄桑感，自署頭銜號畫工。
高懷獨契符山叟，唱和詩成繼谷音。林下閣牛叟。胡天放。齊節槩，惜無文字證同心。
二百餘年里巷存，人間始識布衣尊。朱門名字多磨滅，難與先生作比論。
暗香疏影畫中身，人與梅花共歲寒。似有鬼神陰護襲，至今尺素未凋殘。

題雲汀山樓聽雨圖 壬申

木天聯步承平日，艷説機雲屋兩頭。詎意中年人事異，無端身世等浮漚。
梗泛萍飄感逝川，黑頭轉瞬已華顛。苦從海澨分飛日，回憶聯床聽雨年。
詩書灰滅人倫盡，綱紀幾無一綫存。他日披圖傳故實，流風能使薄夫敦。

殷憂六章

殷憂復殷憂，殷憂亦何益。何如長樂老，無入無不適。
殷憂復殷憂，殷憂亦何益。何如王夷甫，清談送朝夕。

殷憂復殷憂，殷憂亦何益。何如據要津，車裘耀廣陌。殷憂復殷憂，殷憂亦何益。何如近婦人，飲醇自夷懌。殷憂復殷憂，殷憂亦何益。何如隱衡門，枕流漱白石。殷憂復殷憂，殷憂果無益。蘭膏有本性，燒銷復何惜。

爲韋少泉題麗澤觴詠圖　甲戌

白頭回溯中興年，耆舊風流在眼前。會友幾人思麗澤，遺經今日有家傳。已從塵世悲桑海，尚有蘋蘩薦几筵。回首淮干遊釣處，披圖不覺淚潸然。

壽增壽臣少府七十　丙子

少府勳勞久，中朝景(令)〔命〕新。帝心隆故舊，臣節比松筠。老眼看興運，賢郎侍紫宸。杖朝期不遠，珍重受恩身。

題呂村鋤園圖

叔季女德衰，綱常日崩潰。內則無復存，人禽界幾昧。卷髮如飛蓬，袒裼出肩背。服邪志則淫，醜德騰萬喙。舞蹈錯履舄，明燈燭妖態。朋游窮日夜，千金恣博簺。舉世盡風靡，衆目等盲昧。滔滔將胡底，念念我心痗。何以挽狂瀾，所望在英乂。觥觥袁尚書，中饋有良配。祭祀奉蘋蘩，園圃躬澆溉。潔牲祀先詛，種蔬佐嘉味。節儉服澣衣，勤勞無朔晦。閭里景懿行，坤德冠儕輩。合奉作女宗，庶幾正狂悖。謹題吕村圖，持以風海内。並以語尚書，我言非憒憒。

壽陳庸盦尚書師八十

黃髮丹心世競稱，杖朝天許待中興。十年節鉞君恩厚，百歲期頤景福膺。觴泛蒲榴歌燕喜，堂盈珠履頌升恒。推公稷契平生志，壽域還將衆共登。

壽寶約盦吏部七十

宗藩勳業垂惇史，纍葉聲華邁等倫。壯歲持衡留藻鑑，晚年抗節比松筠。天開壽域蒲榴粲，職典橋山雨露新。矧值中興重耆耇，九重特爲錫恩綸。

壽劉翰臣舍人六十

當年摛藻鳳墀頭，海内争推第一流。累葉清芬傳世學，藏山造述足千秋。冰霜彌厲寒松節，歲臘頻添海屋籌。我是遼東未歸客，遥飛一箋祝扶鳩。

讀劍南詩

放翁家國無窮感，换得平生萬首詩。不死沙場死呫嗶，嵇山埋骨有餘悲。

彈棉十四韻寄品川主計　戊寅

彈姦如彈棉，愈彈棉愈起。今日公與卿，往者衣或褫。我意執邦憲，所責先首揆。不合舍秉鈞，翻自羣寮始。大義與名分，實爲邦之紀。首出紊朝綱，糾彈烏可已。表枉期影直，那復有此理。鼎足苟先折，云何飭簠簋。我昔持此言，公似不謂爾。今日更語公，倘已契吾旨。嗟予抱此懷，先後閱三祀。霜簡竟無功，毋亦彈棉似。濡豪賦此篇，覥顔志吾恥。柏臺今寂寞，從此廢冠豸。

讀老子

惟天生蒸民，樂生乃恒理。何以老子言，乃云不畏死。驟疑斯語傎，尋乃得其旨。當謂治化盛，方隅平如砥。羣生託仁宇，耕鑿安鄉里。仰事畜雞豚，俯育飽妻子。遂生及羣蠢，頑梗何由起。逮乎治化衰，在上失道揆。聚斂充府庫，追呼事鞭箠。營繕瘁民力，征徭恣驅使。搆怨更開邊，徵發及四履。白骨暴郊原，巷哭聲盈耳。哀哉此孑遺，室家已如燬。防口復弭謗，眀眀十目視。指日願偕亡，揭竿何能已。迫激致失常，恒理詎爾爾。吕誥戒民碞，厥誼正如此。

壽藥雨七十

憶昔燕雲正苦兵，春申江上蓋初傾。光緒庚子與君訂交滬上。搜奇每與劉原父，談藝頻邀王晉卿。亡友劉君鐵雲、王君孝禹均與君厚善。聯袂春明留夢影，往曾與君及鐵雲、孝禹於春明合照小象，今尚存。卜鄰滄海話餘生。予自海東返國，與君同寓居津沽。駸駸三十年中事，每一思量萬感縈。沽上分携又十年，聞君杖國健於仙。爲求洛下鴻都石，揮盡囊中九府錢。君藏歷代古貨幣爲海内之冠，鬻以購漢熹平石經殘石。難老益增文字福，君有印文曰「早罹文字禍，晚享文字福」。傳經更仰後昆賢。名山著作增多少，要乞先生《泊宅編》。

藥雨夫人七十徵詩

天開壽域值芳春，稱兕躋堂集衆賓。王母雲車駕馴鹿，麻姑鮮脯擘麒麟。共欽懿行符鍾郝，况有恩施逮窶貧。敬賦新詩祝偕老，委佗珍重百年身。

感事

黑頭白盡歷滄桑，又閲南柯夢一場。夏屋竟持荷作柱，世情乃以妄爲常。人寰何處容孤寄，天意如聞怒衆狂。海内已悲耆舊少，矧傷儒效托空王。

挽小野博士

壯志刊儒藏，期成二十年。殷勤披録略，辛苦聚陳編。覆簣功方始，修文耗已傳。悼君無限意，揮涕向遥天。

自輓聯語 附

畢生寢饋書叢，歷觀洹水遺文、西陲墜簡、鴻都石刻、柱下秘藏，守缺抱殘差自幸；

半世沈淪桑海，溯自辛亥乘桴、乙丑扈蹕、壬申于役、丁丑乞身，補天浴日竟何成。

先雪堂公三十以前文字有《面城精舍》甲、乙編，三十以後迄於乙未歸自東瀛，則有《永豐鄉人四稿》。嗣是一歲或間歲輒出一集，曰《松翁近稿》、《丙寅稿》、《丁戊稿》、《遼居稿》、《遼居乙稿》、《松翁未焚稿》、《車塵稿》、《後丁戊稿》，凡八編，備具於是，皆手訂也。繼祖弱冠後，每與繕校之役，偶見一二未入集者，亦竊録之。積漸夥，當編《松翁未焚稿》、《後丁戊稿》時皆就所録加存採，未採者四之三仍扃篋衍。前歲既刊《後丁戊稿》於都門，因發篋出之，更事旁搜，兩歲間叠有增益，數遂倍於原録，整比爲三卷。生平不多作詩，偶有作，謂不足存，隨手燬棄。辛未、丁亥間，始輯存居遼後作爲《遼海吟》，戊寅輯《續吟》，纔七十餘首耳。前此者累歲掇拾，不能盈卷。會遡園叔祖寄《陸庵餘事》一帙至，《延陵十字碑》至《感事步邱嗇庵韻》，凡三十八首。蓋光緒辛卯迄乙未五歲之作具在，欣喜逾望，亟合所録録之，略次先後爲一卷，合文三卷，顔曰「外集」，以別於手訂且踵前賢例也。梓溪叔將刊入《遺稿》乙集，屬誌厥顛末於簡尾。癸未中秋前五日，孫繼祖謹識。

右繼祖先生所附識語，乃一九四三年《貞松老人外集》刊印時所書，今編纂《學術論著集》復以《陸庵餘事》別出，爲避重複，原編入《外集》卷四之《餘事》詩什，皆不列入。同策附識。

貞松老人外集補遺目録

貞松老人外集補遺

日本古寫本華嚴音義跋

予二十年前寓居海東，嘗與内藤湖南博士訪老友小川簡齋先生于大阪。簡齋富收藏，出示古寫本《華嚴經音義》二卷，書迹古健，千年前物也。中多引古字書而間載倭名，知爲彼土學者所作，非慧苑著也。與湖南皆以爲驚人秘笈，因與商寫影以傳之藝林。簡齋翁慨然許諾，乃歐戰後疫癘起，予匆匆携家返國，遂不果寫影。未幾而翁捐館舍，又十餘年，博士亦倏文天上。前約幾不可復尋矣。乃聞翁後人克承家學，所藏均完好。爰請羽田大學校長亨爲之介，重申前約再得請，於是斯編乃得流傳人間。影印既完，謹記始末以志小川翁兩世之嘉惠，並記羽田校長之介紹以告讀是書者。庚辰開歲之十四日。

大庫史料目録序

内閣大庫史料之整理，始於癸酉秋，延松崎柔甫先生主其事，何耐庵孝廉爲之佐。明年春，乃有端緒，兒子福頤始著手編目。既成四卷，分爲甲乙二編，先付影印。嗣後續編，當以次刊行。爰記歲月於簡端，時甲戌五月。

亡兒遺著目録跋

亡兒福萇既委化，其遺書鍵置巾笥，不忍寓目。既逾月，静安書來，言沈乙庵尚書悼兒卒，每言及輒涕出，並言將爲志墓以傳之，屬寫遺著目録。乃命季兒寫此郵寄。再越歲，爲刻《經題録存》，乃附刊此目。將爲之次第寫定，以付手民，並取尚書所撰碣銘及静安徵君所撰亡兒婦碣銘附刻於後，俾姓名得傳於人間，以塞予之悲焉。癸亥夏。

題貞卜文字墨本

此予光宣間所得殷虚文字往在京邸手拓者。辛亥國難作，携甲骨渡海，舟車中損壞者太半，因取墨本編爲《殷虚書契》八卷，都二千四百餘紙。歲壬子，從田中村移居净土寺町，墨本置書叢中，又紛失數百紙。丁巳秋，乃手自粘入素册，得一千八百餘紙，鄭重藏襲。不僅爲吾齋重寶，乃殷史之遺世無復有，乃天下之至寶也。書示子孫，世世守之勿失。

題袁中舟藏盤爵墨本跋

中舟侍講藏一盤、二爵，均極精，爵制尤雋削與常爵異。予戲擬之以華不注山，侍講因以兩器合撫一紙，屬以「鵲華秋色」四字署其耑。癸亥十月。

《東坡集》有一詩詠爵而不識爵也，其序云：胡穆秀才遺古銅器，似鼎而小，上有兩柱可以覆而不蹶。以爲鼎則不足，疑其飲器也。其詩有四句狀爵形極肖云：「隻耳獸齧環，指扳。長唇鵝擘啄，指流。三趾下鋭春蒲短，指足。兩柱高張秋菌細。」其爲爵無疑，而「兩柱高張秋菌細」句似爲此器詠者。書博一笑。

整理後記

《羅振玉學術論著集》第十集收書計十一種。其中《松翁近稿附補遺》、《遼居乙稿》、《松翁未焚稿》三種爲管成學君整理。《丙寅稿》、《丁戊稿》、《後丁戊稿》三種爲張中澍君整理。《遼居稿》爲陳維禮君整理。《車塵稿》爲黄中業君整理。《陸庵餘事》、《遼海吟附遼海續吟》、《貞松老人外集附補遺》三種爲余整理。

《貞松老人外集附補遺》一書，此次納入《論著集》，由繼祖先生重新編定。對其間具體篇目之棄取，曾與余函簡往復，揚榷再三。余以「學術論著」作選取標準爲諫，最後由繼祖先生選定。時值吉大古籍研究所成立十五周年，擬出版論文集以爲紀念。余遂撰《就〈貞松老人外集〉的整理談古籍校勘三步到位》，先生見書後於一九九九年一月十六日來函，謬獎拙作「工力悉敵」，復對指出誤漏，「實拜嘉惠」。乃至以可與顧千里、陳援老相雁行嘉許。令余徒生愧怍。

各書整理匆促，誤漏當不在少。此次審校復因量大人少，難於細緻，雖經編輯諸君努力審改，勢難盡除。尚望讀者惠予指正。

王同策二〇一〇年四月十五日